Panoramawege Elbsandsteingebirge

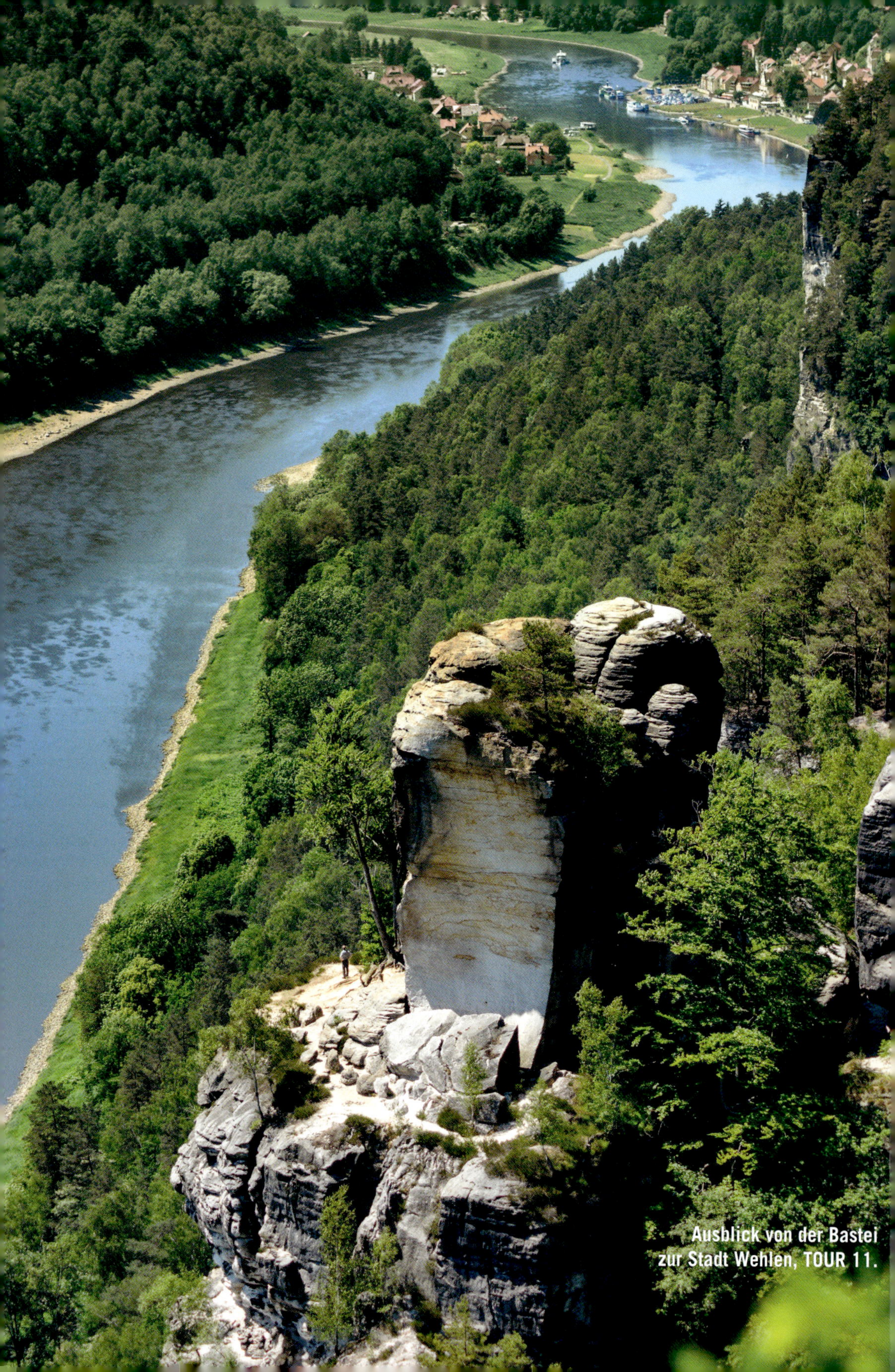

Ausblick von der Bastei
zur Stadt Wehlen, TOUR 11.

Michael Moll

Panoramawege

ELBSANDSTEIN-GEBIRGE

Die 33 schönsten Aussichtstouren

BRUCKMANN

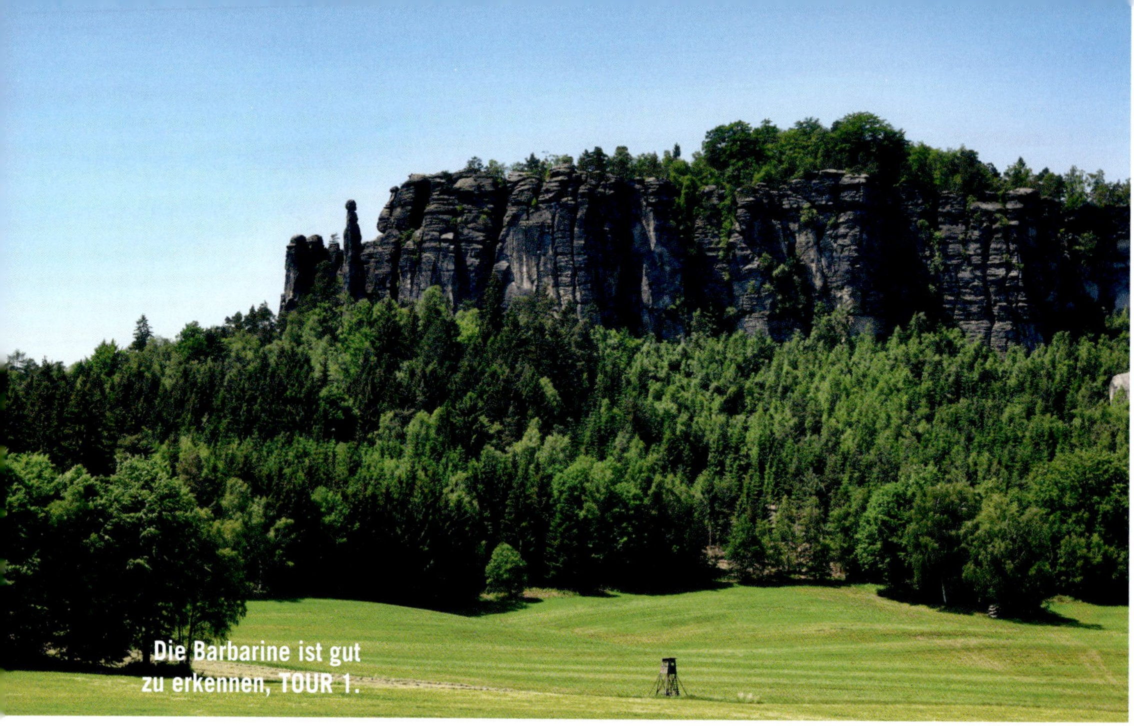

Die Barbarine ist gut zu erkennen, TOUR 1.

Inhalt

DIE TOUREN

An manchen Aussichtspunkten helfen Infotafeln weiter, TOUR 2.

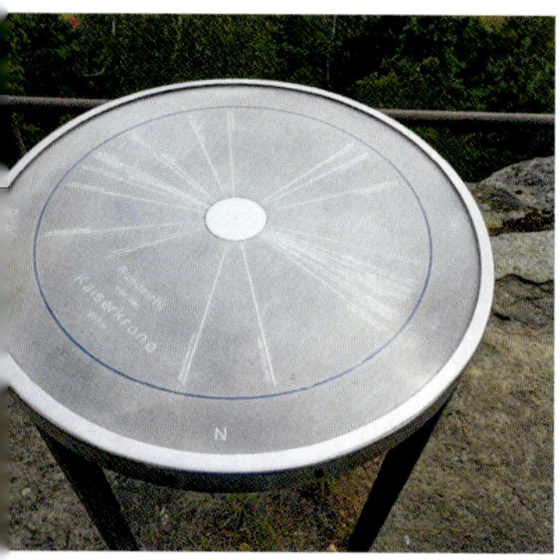

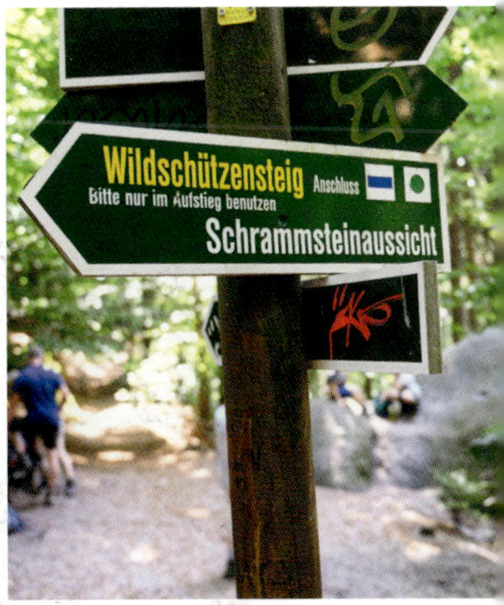

Die Wanderwege sind gut ausgeschildert, TOUR 3.

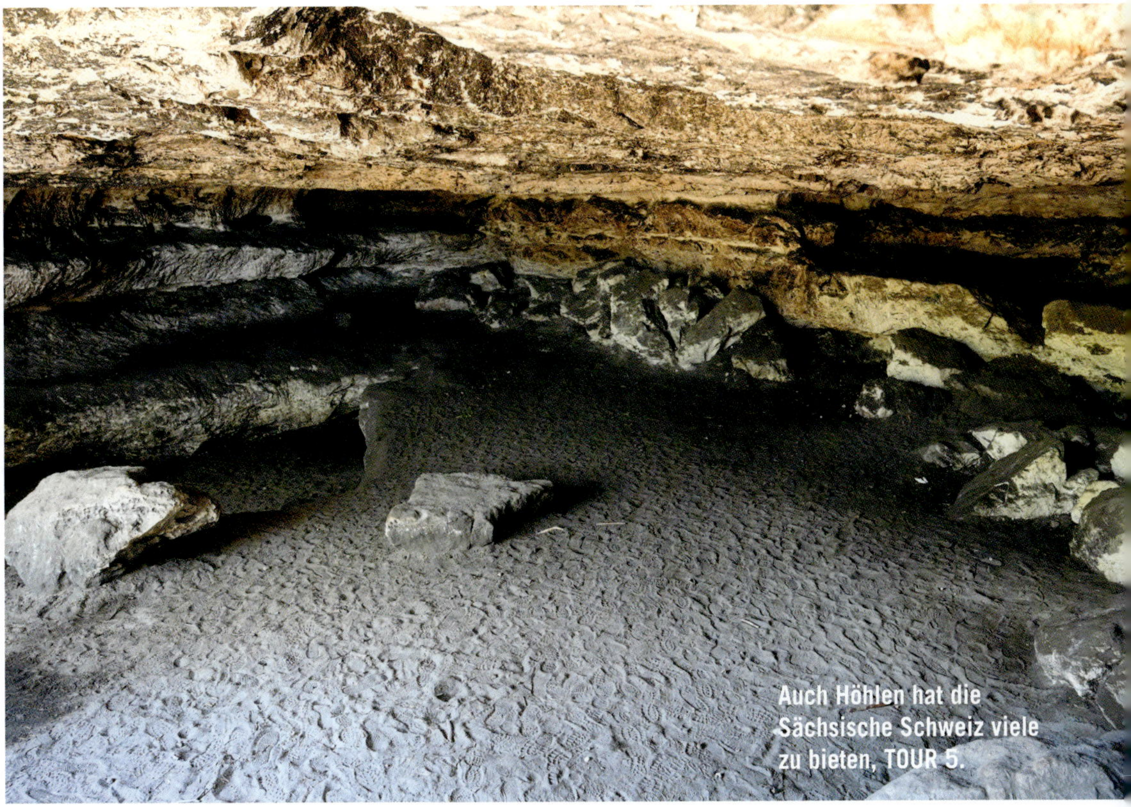

Auch Höhlen hat die Sächsische Schweiz viele zu bieten, TOUR 5.

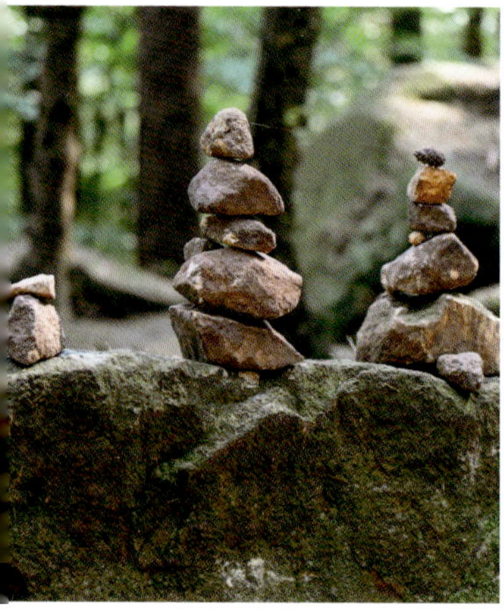

Steinhäufchen am Wegesrand, TOUR 13

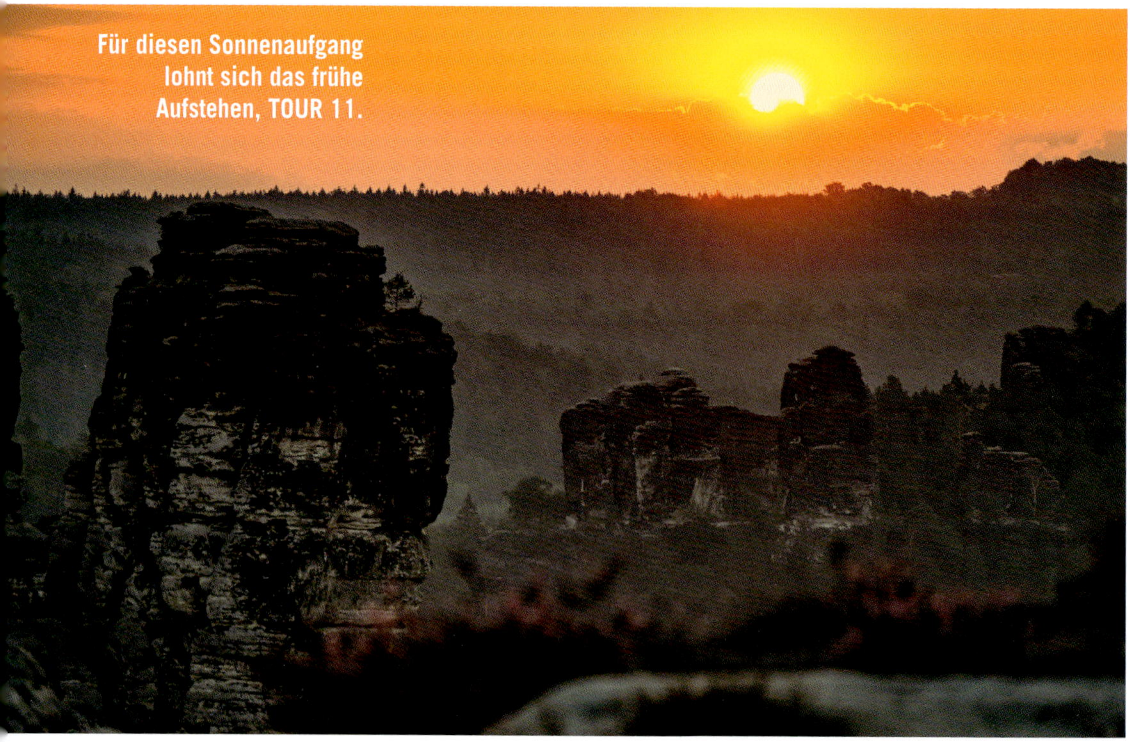

Für diesen Sonnenaufgang lohnt sich das frühe Aufstehen, TOUR 11.

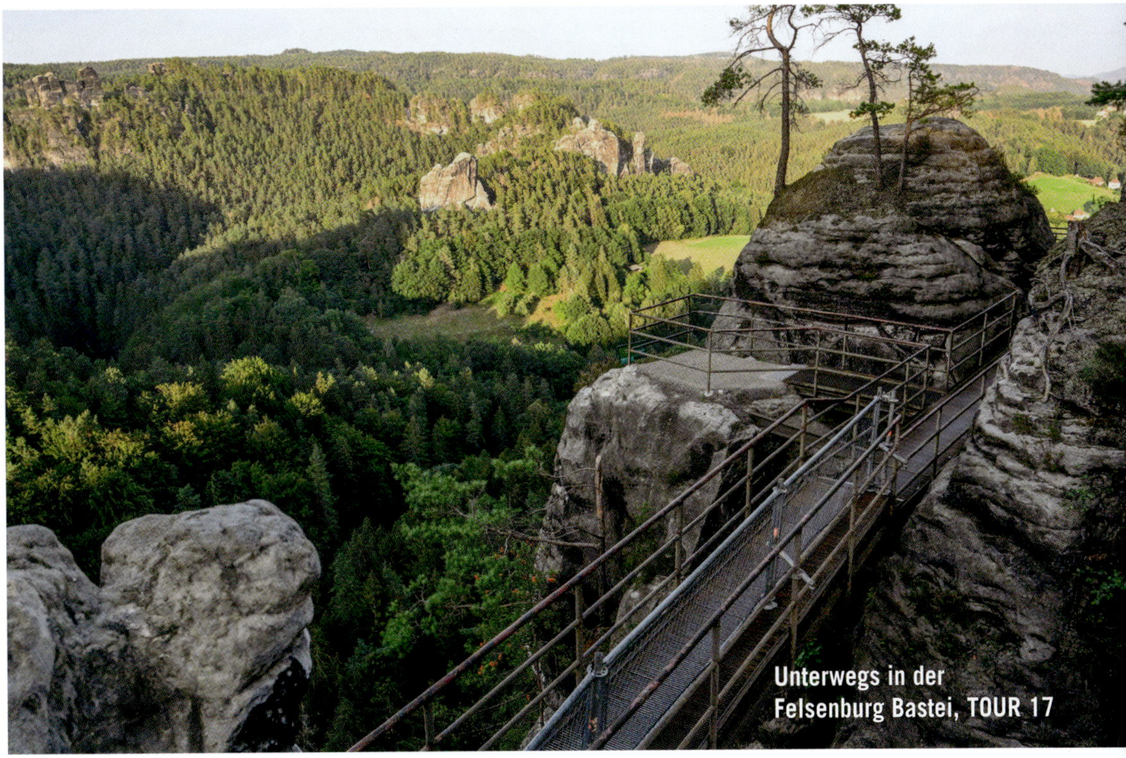

Unterwegs in der Felsenburg Bastei, TOUR 17

Geschnitzte Eule an einer Einkehrmöglichkeit, TOUR 15

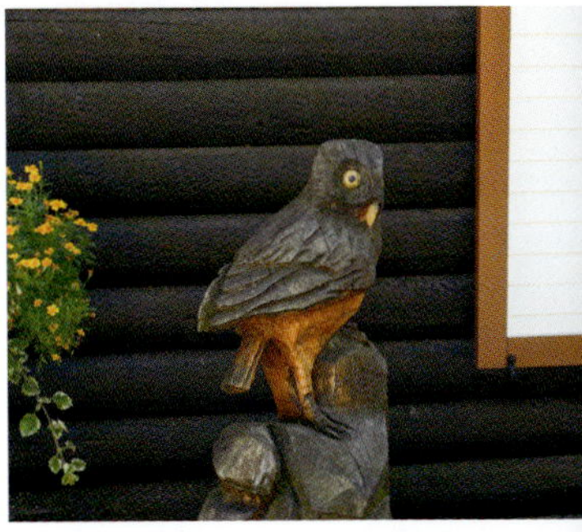

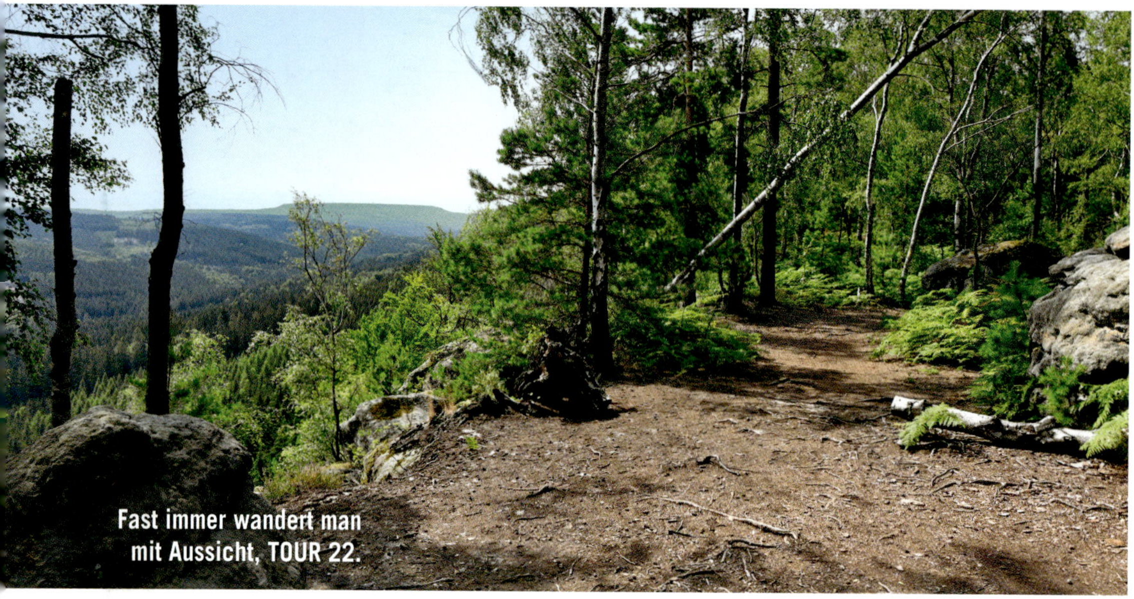

Fast immer wandert man mit Aussicht, TOUR 22.

Besser als jedes Katzenvideo, TOUR 22

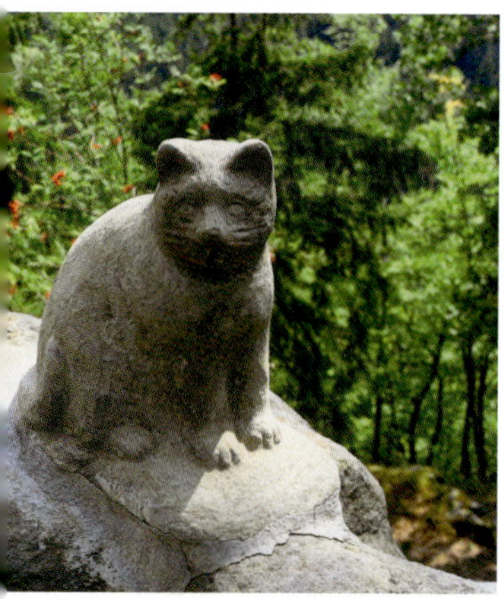

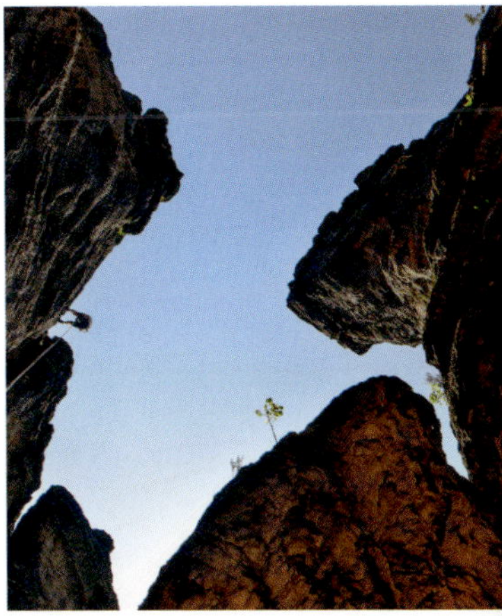

Manchmal ist man zwischen hohen Felswänden unterwegs, TOUR 25.

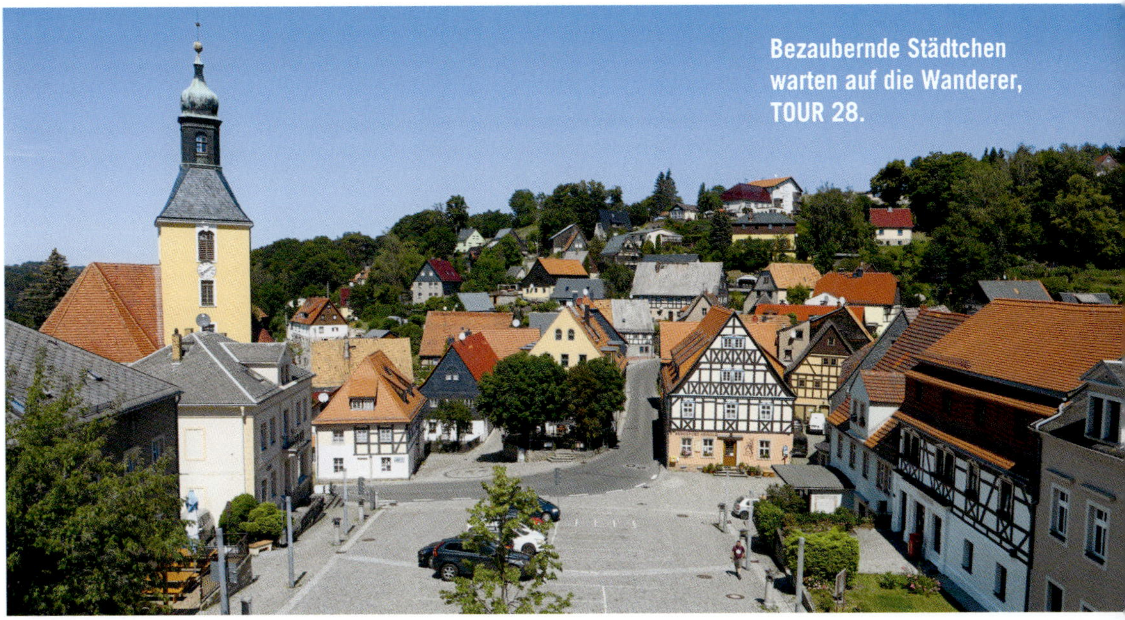

Bezaubernde Städtchen warten auf die Wanderer, TOUR 28.

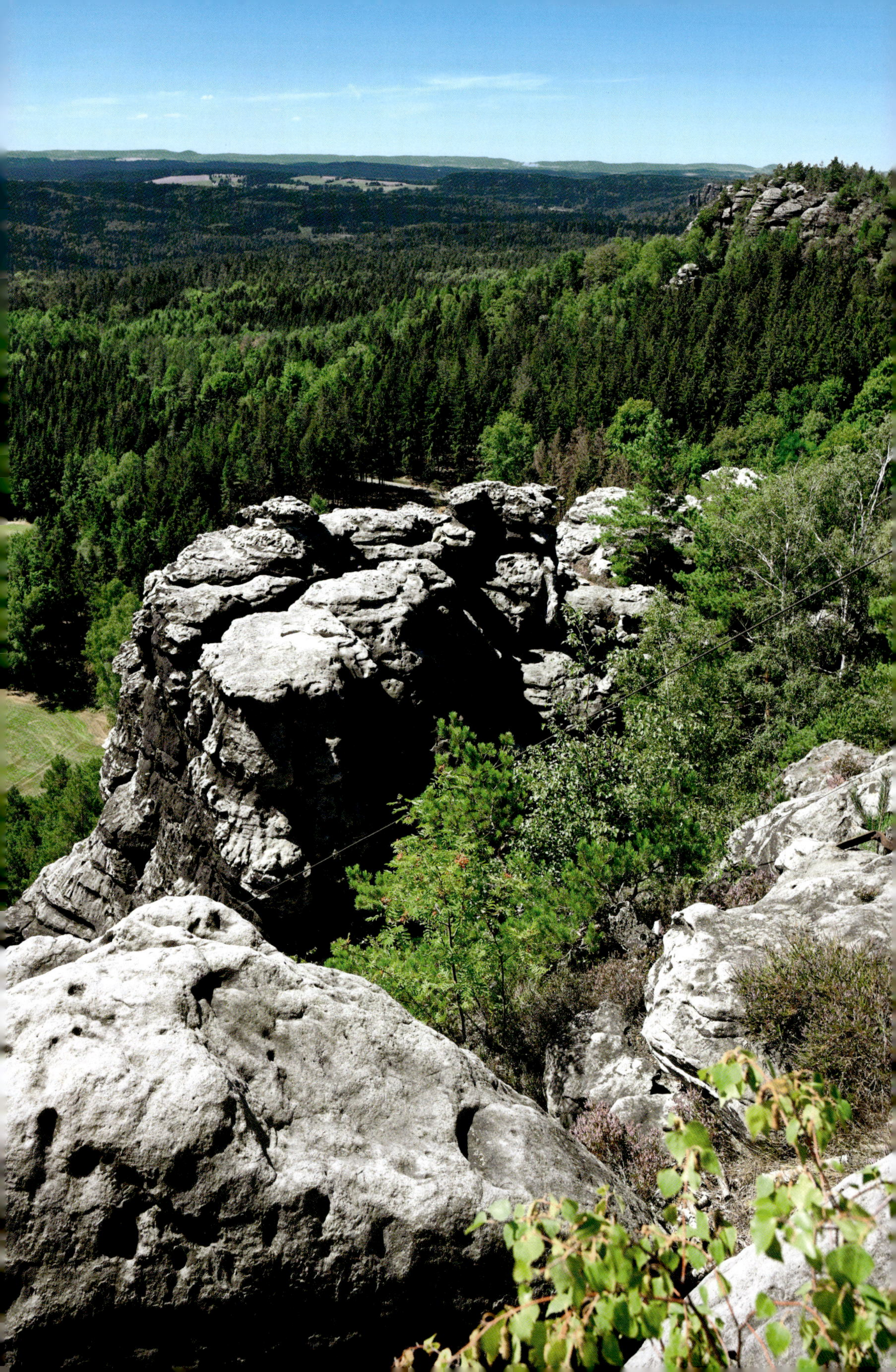

Vorwort

Liebe Leser,
in Deutschlands Regionen gibt es Landstriche, die sich zuweilen ähneln und bei denen rein optisch eine gewisse Verwechslungsgefahr lauert. Und es gibt Landschaften, die in Deutschland einmalig sind. Dazu zählt neben dem Wattenmeer und den Alpen auch das Elbsandsteingebirge in Sachsen. Rechts und links des noch jungen Elbtals erheben sich traumhafte Tafelberge, wie man sie in keinem anderen Bundesland findet. Zirkelstein, Kaiserkrone, Lilienstein, Königstein, Papststein und Rauenstein sind nur einige, die die Silhouette im Süden Sachsens prägen. Sie bieten mit ihren meist abgeflachten Plateaus eine markante Optik. Das Gute: Sie lassen sich relativ leicht erwandern oder erklimmen. Schlüpfen Sie in Ihre Wanderschuhe und lernen Sie die Aussichten von jedem dieser Tafelberge kennen. Blicken Sie vom Gohrisch auf den Königstein, bevor Sie dort die Festung besichtigen – mit Blick über das Elbtal und zum Lilienstein. Die Wanderwege in der Sächsischen Schweiz verlaufen immer wieder auf und ab, oftmals über Stufen oder Leitern. Das können auch mal über 800 Stufen am Stück sein wie bei den Brandstufen oder den Schwedenlöchern. Aber auch das ist ein unvergleichliches Erlebnis. Über die Schwedenlöcher gelangt man übrigens zur Bastei. Die Basteibrücke gilt als das Wahrzeichen der Sächsischen Schweiz und ist in ein beliebtes Fotomotiv und Ziel jedes Reisenden im Elbsandsteingebirge. Neben den Tafelbergen erheben sich zahlreiche Felsnadeln im und um den Nationalpark Sächsische Schweiz. Ob das die bei Kletterern beliebten Herkulessäulen im Bielatal sind oder die majestätisch aufragenden Schrammsteine oberhalb der Elbe – sie alle prägen die Landschaft genauso wie die Tafelberge – und sie bieten ebenfalls wunderbare Panoramen. Übrigens: Landschaftsräume enden nicht unmittelbar an einer Staatsgrenze. Das Elbsandsteingebirge zieht sich südwärts bis nach Tschechien. Dort liegt der höchste Gipfel in der Region, der Hohe Schneeberg. Er beherbergt die Dresdner Aussicht, von der man fast bis zur sächsischen Landeshauptstadt sehen kann. Gleich in der Nähe erheben sich die schroffen Tyssaer Wände und nahe der Staatsgrenze erlebt man mit dem Prebischtor eine Naturschönheit, die ihresgleichen sucht.
Es gibt also viel zu erwandern, zu erleben und zu entdecken. Dieser Reiseführer soll Ihnen dabei eine hilfreiche Unterstützung sein. Haben Sie viel Spaß auf den Touren im Elbsandsteingebirge!

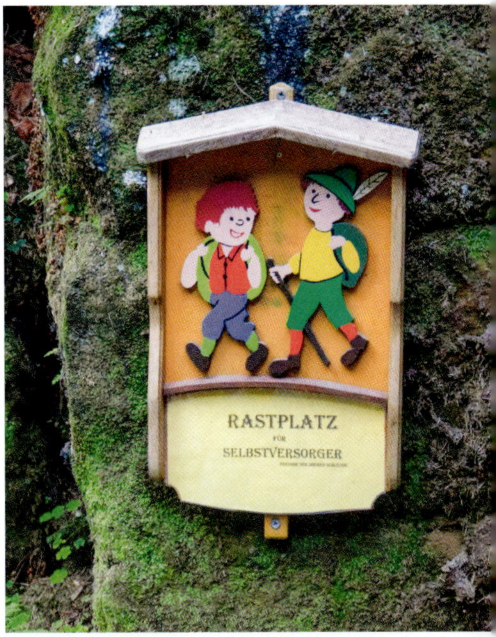

Es gibt jede Menge Rastmöglichkeiten, TOUR 7.

Michael Moll

Linke Seite: Ausblick vom Hohen Schneeberg, TOUR 5

Einleitung

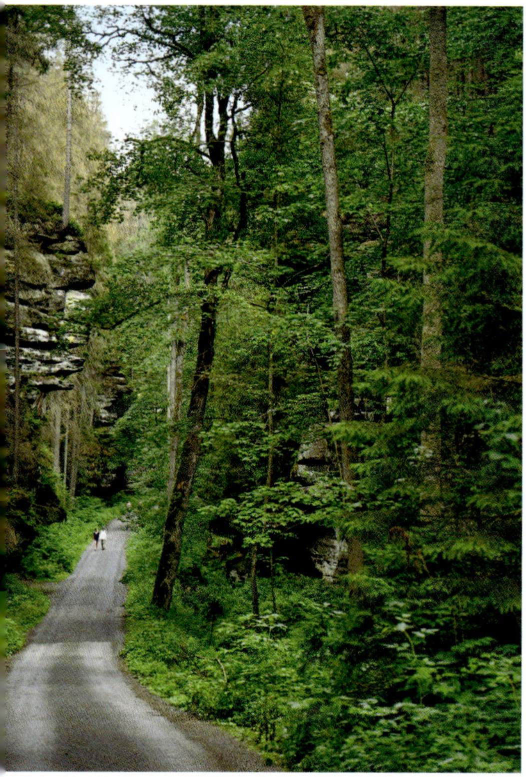

Grüne Landschaften auf jeder Tour, TOUR 9

Die Sächsische Schweiz ist genau richtig für Erholungssuchende als auch für Aktivurlauber. Egal, ob Wanderer, Kletterer oder Radreisender oder ob man einfach nur mit seiner Kameraausrüstung frühmorgens auf der Suche nach einem schönen Landschaftsmotiv ist, fündig wird hier jeder. Die markanten Felsen im Elbsandsteingebirge bieten vielerlei Möglichkeiten für einen angenehmen Aufenthalt, den man zusätzlich noch mit einer Städtetour durch das sogenannte Elbflorenz, also Dresden, kombinieren kann.

Dabei ist kaum eine andere Landschaft in Deutschland unverwechselbar wie das Elbsandsteingebirge zwischen Pirna und der tschechischen Grenze. Markante Felsformationen erheben sich aus dem Blätterwirrwarr der Wälder und ragen oberhalb der Elbe weit in die Höhe. Die Felsen sind das ganze Jahr über eine Naturschönheit, ob im Sommer, wenn sie über den grün leuchtenden Baumkronen zu schweben scheinen und zahllose Kletterer aus Nah und Fern anlocken, oder im Winter, wenn der mittlerweile selten vorkommende Schnee eine glitzernd weiße Krone auf den abgeflachten Felsen bildet.

Rund drei Wochen vor der Wiedervereinigung wurde die Sächsische Schweiz zum Nationalpark erklärt, eine der letzten Amtshandlungen, die in der Deutschen Demokratischen Republik ausgeführt wurden. Er gehört zu den kleineren Nationalparks in Deutschland und erstreckt sich über zwei räumlich voneinander getrennte Gebiete. Beide befinden sich östlich der Elbe. Schon früh, nämlich in der ersten Hälfte des 19. Jahrhunderts, wurde das Gebiet des heutigen Nationalparks für Besucher mit zahlreichen Wanderwegen erschlossen. Mitte desselben Jahrhunderts begann man zudem mit der »Wanderung in der Vertikalen« und entdeckte die Sächsische Schweiz als Klettergebiet, das sich bis heute großer Beliebtheit erfreut. Der Nationalpark Sächsische Schweiz reicht bis an die deutsch-tschechische Grenze, wo auf tschechischer Seite die Böhmische Schweiz beginnt und sich mit dem Nationalpark Böhmische Schweiz das entsprechende Pendant anschließt. Im Rahmen des Umweltschutzes und der Förderung des sanften Tourismus in den beiden Regionen wird bereits seit einigen Jahren grenzüberschreitend zusammengearbeitet.

Bei aller Freude über die markanten Felsformationen der Sächsischen Schweiz darf man darüber hinaus natürlich den Fluss nicht übersehen, der Namensgeber für das Elbsandsteingebirge war. Die Elbe entspringt im Riesengebirge, wo sie noch den tschechischen Namen Labe trägt, und überquert südöstlich von Bad Schandau die Grenze. In mehreren weiten Schleifen fließt sie durch das enge Tal unterhalb der steil aufragenden Felsen. Mit dem Erreichen von Pirna verlässt die Elbe die Sächsische Schweiz und durchquert später die Landeshauptstadt Dresden. Auch an ihrem Ufer lässt es sich entspannt wandern, während auf dem Fluss Ausflugsschiffe pendeln, von denen aus man einen herrlichen Blick auf das berühmte Basteigebiet oder die Festung Königstein genießen kann.

Übernachtung

Eine Vielzahl an Möglichkeiten hält das Elbsandsteingebirge bereit, um sein Haupt zu betten und sich für die Erlebnisse des nächsten Tages zu stärken. Klassisch sind die Gastgeberverzeichnisse der örtlichen Tourismusbüros, aber die meisten Übernachtungsmöglichkeiten sind ohnehin im Internet vertreten, wo man sie insbesondere für die Ferienzeiten vorab reservieren sollte.

Pensionen: Wer als Selbstversorger unterwegs ist und ein wenig sparen möchte, der wird bei der riesigen Auswahl an Privatzimmern und Ferienwohnungen sicherlich fündig. Meistens sind diese sehr schön gelegen, können aber auch schon mal in einer gewöhnlichen Wohnsiedlung Pirnas liegen. Der Einrichtungsstil hängt natürlich sehr vom Eigentümer ab und kann von topmodern bis zu historisch reichen. Man sollte sich auf jeden Fall nicht wundern, wenn Gästebücher aus der Zeit der DDR im Regal stehen.

Hütten: Wer sich auf die Suche nach einer klassischen Wanderhütte macht, wird nicht zwangsläufig fündig. Beim genaueren Hinsehen stellt sich meistens heraus,

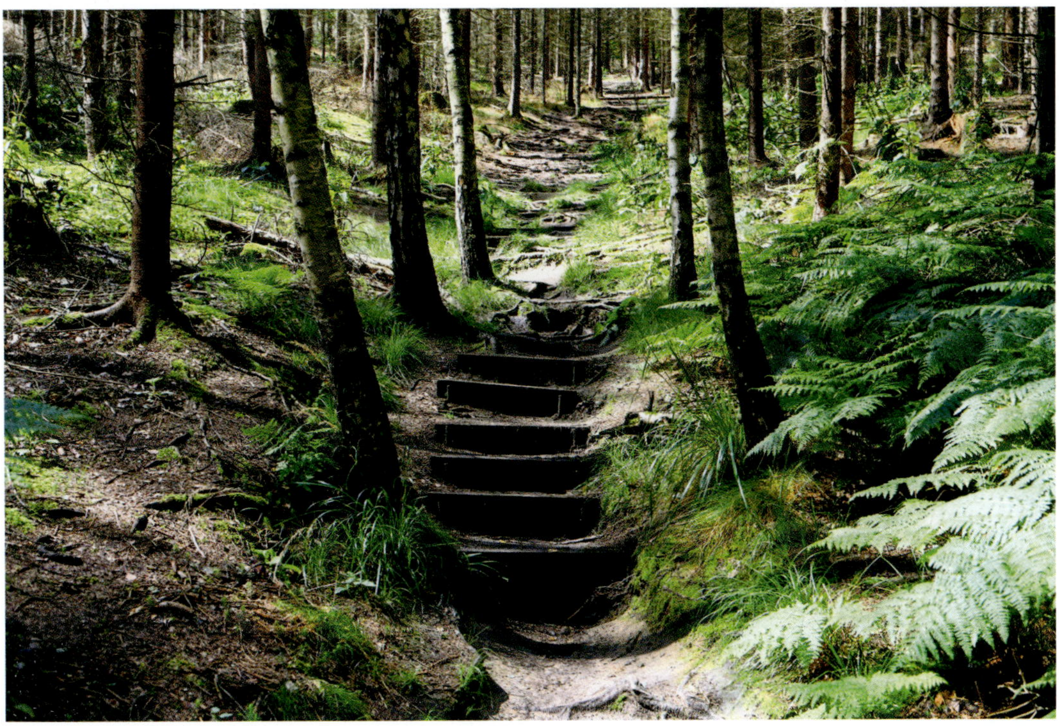

Der Klassiker in der Region: Treppenstufen, TOUR 10

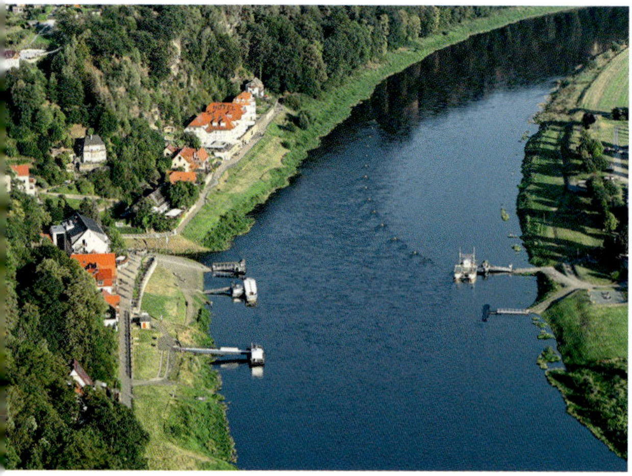

Jeder Aufstieg wird mit einer Aussicht belohnt, TOUR 11.

dass die eine oder andere Wanderhütte eher eine Pension oder gar ein Hotel ist. Diese bieten dann wiederum jeglichen Komfort, sind aber auch auf Wanderer eingestellt und erlauben praktischerweise auch die nur einmalige Übernachtung.

Boofen: Boofen ist nicht nur eine Art der Übernachtung, sondern gleichzeitig Mundart, denn es leitet sich vom umgangssprachlichen Wort pofen für schlafen ab. Daher gibt es Boofen in dieser Form bzw. unter diesem Namen nur in der Sächsischen Schweiz. Gemeint ist ein Biwakplatz in freier Natur, so zum Beispiel in einer Höhle oder an einem Überhang der Sandsteinfelsen. Allerdings ist darauf zu achten, dass das Boofen im Nationalpark nur an gekennzeichneten Stellen erlaubt ist und auch nur von Kletterern ausgeübt werden darf. Denn das Biwakieren in einer Boofe stammt traditionell von den Bergsteigern im Elbsandsteingebirge, die während ihrer Klettertour eine Übernachtungsmöglichkeit benötigten.

Camping & Wohnmobilstellplätze: Ein gutes Dutzend Campingplätze laden Zelt- und Wohnwagentouristen zum Übernachten auf ihren Plätzen ein. Die Ausstattungen reichen dabei von einfach bis komfortabel, meist mit sehr schöner Lage und natürlich der Möglichkeit, seine Wäsche zu trocknen oder das Wohnmobil an die Stromversorgung anzuschließen. Im Vergleich zu anderen deutschen Flusstälern wie dem Weserbergland, der Mosel oder dem Mittelrheintal hinkt das Elbtal in der Sächsischen Schweiz jedoch bei Wohnmobilstellplätzen hinterher. So gehört der Wohnmobilstellplatz in Struppen beispielsweise zum Campingplatz, wo auch Wohnwagen und Zelttouristen unterkommen. Hervorzuheben ist hier Pirna mit einem Stellplatz für acht Wohnmobile im Schlosspark von Schloss Sonnenstein und einem kostenlosen Übernachtungsplatz am Elbufer, wo Wohnmobile für eine Nacht geduldet werden.

Rastbank am Zirkelstein, TOUR 2

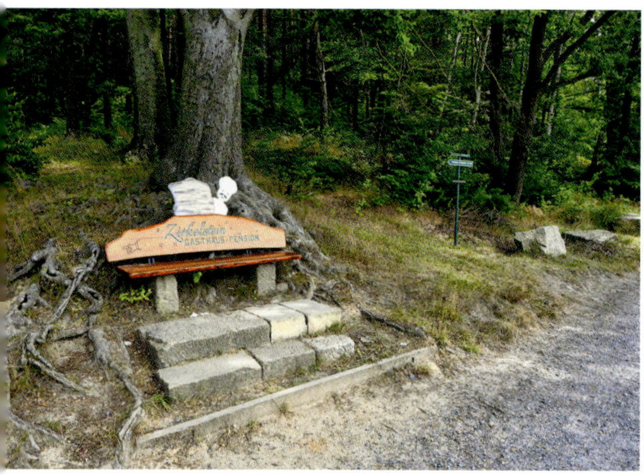

Ausrüstung

Die geringste Ausrüstung braucht man beim Wandern, das mal vorweg. Immerhin reicht ein Paar gute und sichere Wanderschuhe, mit denen jeder auf den Waldwegen und Wurzelpfaden der Sächsischen Schweiz unterwegs sein kann. Doch um alle Wege der Region zu erwandern, sollte man viel Zeit mitbringen. Die Gesamtlänge aller Wanderwege beträgt über 1000 Kilometer. Die Auswahl reicht dabei von einfachen Rundkursen, auf denen auch Familien mit Kinderwagen auf ihre Kosten kommen, und barrierefreien Wegen, die eigens für Roll-

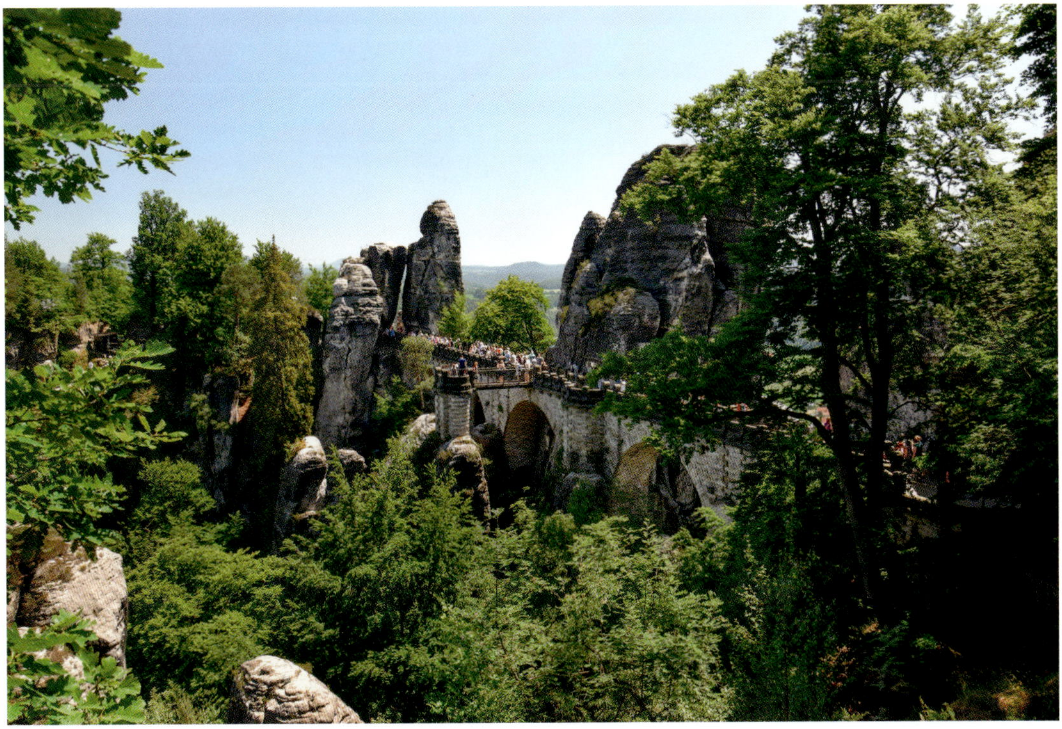

Die Basteibrücke ist ein beliebtes Reiseziel, TOUR 11.

stuhlfahrer klassifiziert wurden, da hier besonders die Wegbeschaffenheit und das Streckenprofil eine große Rolle spielen.

Eine Besonderheit bilden die Stiegentouren, die sich an erfahrene Wanderer richten. Diese Stiegen sind fest im Fels installierte Trittstufen, die zwischen engen und hohen Felswänden das Wandern in der Vertikalen ermöglichen. Auf manchen Stiegen wird zusätzlich ein Klettersteigset zur Sicherung empfohlen. Aufgrund der Enge und der Höhe sind solche Stiegentouren nicht für jedermann geeignet. Trittsicherheit und Schwindelfreiheit sind oftmals erforderlich. In manch schmaler Felskluft ist es auch hilfreich, wenn man kein Problem damit hat, sich durch Engstellen zu winden. Einige dieser Engstellen sind so schmal, dass hier eine Einbahnregelung gilt, weil es einfach keinen Platz für entgegenkommende Wanderer gibt.

Wer mehr als nur eine Tageswanderung unternehmen und dennoch auf Gepäck verzichten möchte, kann auf einen Gepäcktransport zurückgreifen. Diese Variante bietet sich vor allem auf dem Malerweg an (s. Touren 26–33). Dieser 112 Kilometer lange Wanderweg ist in acht Etappen unterteilt und gilt als Hauptwanderweg im Elbsandsteingebirge. Dabei handelt es sich beinahe um einen Rundwanderweg, der im Norden von Pirna beginnt und durch die schönsten Abschnitte der Sächsischen Schweiz bis zur tschechischen Grenze führt. Dort wechselt man auf die linke Seite der Elbe und genießt die Landschaft auf dem Rückweg nach Pirna. Seinen Namen erhielt der Weg übrigens durch die zahlreichen Maler, die hier unterwegs waren und die spektakulären Landschaften auf Leinwand bannten. Der berühmteste von ihnen dürfte Caspar David Friedrich gewesen sein, der hier sein Werk *Der Wanderer über dem Nebelmeer* schuf.

Anforderungen

Die Schwierigkeitsgrade hängen vom Zustand der Pfade und Wege sowie der Beschaffenheit des Geländes ab.

Leicht: Spaziergänge auf guten, meist ebenen Wegen mit geringen Steigungen mit einer Dauer von bis zu drei Stunden.

Mittel: Wanderungen mit einer Dauer von mehr als drei Stunden und geringen Steigungen bzw. Spaziergänge von geringerer Dauer mit teils schwierigen Wegbedingungen, z. B. hervorstehende Baumwurzeln oder umgestürzte Bäume.

Schwer: Längere Wanderungen mit Steigungen von mehr als 500 Höhenmetern, die Trittsicherheit und Schwindelfreiheit voraussetzen.

Gehzeiten

Die Angaben im Buch sind nur als ungefähre Näherungswerte und ohne Pausen zu verstehen. Diese hängen natürlich von der eigenen Kondition und Geschwindigkeit ab.

Einkehrmöglichkeiten

Nicht alle Touren führen an Einkehrmöglichkeiten vorbei. Daher ist auf Rucksackverpflegung zu achten. Außerdem sollte man sich vor Antritt der Wanderung am Ausgangspunkt über die Öffnungszeiten der anvisierten Einkehrmöglichkeit informieren. Sie können saisonbedingt unterschiedlich ausfallen.

Naturschutz

Natürlich sind die Wege nicht zu verlassen, Pflanzen sollten nicht unnötig gepflückt werden, und Tiere sind in Ruhe zu lassen. Am besten erlebt man die Sächsische Schweiz, wenn man sich selbst leise durch die Landschaft bewegt und Gespräche während der Wanderung in angemessener Lautstärke führt. Bewährt hat sich die Regel, dass man nie mehr als seinen Fußabdruck hinterlassen sollte. Besonders das Zurücklassen von Verpackungsmüll ist gedankenlos und nicht nachvollziehbar. Wer seine Verpackung gut gefüllt in die Natur bringen konnte, kann sie anschließend auch leer wieder mitnehmen, um sie im Mülleimer zu entsorgen. Nachkommende Menschen und natürlich auch die hier lebenden Tiere möchten die Natur ebenfalls genießen. Das gilt auch für unnötiges Zertrampeln und Abreißen von Pflanzen. Und auch wenn Steine totes Material sind, bleiben Felsritzungen für immer bestehen und sind keine Schönheit, sondern ein unnötiger Eingriff in die Natur.

Für eine besondere Vegetation sorgt die skurrile Felslandschaft der Sächsischen Schweiz. In den engen und zum Teil tiefen Schluchten zwischen den Felswänden und Nadeln ist es auch an heißen Tagen deutlich kühler und es bildet sich ein Mikroklima, das eher an kalt-feuchte Keller erinnert. So wachsen in diesen eher schattigen Lagen Pflanzen, die man sonst oftmals nur in Hochgebirgslagen vorfindet. Dazu gehört zum Beispiel das Zweiblütige Veilchen, das normalerweise in Höhen von über 1000 Metern gedeiht. Finden kann man es überwiegend rechts der Elbe, so unter anderem im Uttewalder Grund oder im Amselgrund. Vorkommen gibt es zwar auch im Kirnitzschtal, diese sind aber durch Hochwasser gefährdet.

Ebenfalls selten sind in Mitteleuropa verschiedene Farnpflanzen, die aber im Bereich des Nationalparks anzutreffen sind oder dort zumindest einmal wuchsen. Ein Beispiel ist der Englische Hautfarn, der Mitte des 19. Jahrhunderts im Uttewalder Grund entdeckt wurde, aber durch menschliche Einflüsse leider in der Region ausstarb.

Die Sächsische Schweiz ist waldreich. Weit verbreitet ist die Stieleiche, doch Rotbuchen, Weißtannen und Kiefern trifft man bei Wanderungen durch die Wälder an. Vor allem die Kiefer fällt durch ihre meist einsame Lage auf. Beinahe jeder zweite Baum in der Sächsischen Schweiz ist eine Fichte und sogar die größte Fichte Sachsens wächst in der Region. Man findet sie in der Kirnitzschklamm, sie ist über 60 Meter hoch und wächst bereits seit fast 400 Jahren.

Klima und Reisezeit

Die beste Zeit zum Wandern in der Sächsischen Schweiz liegt zwischen April und Oktober, wenn die Temperaturen am ansprechendsten sind. Allerdings muss man dann mit heftigen Sommergewittern rechnen. Doch auch im Herbst und Winter kann sich die Sächsische Schweiz sehen lassen, insbesondere, wenn der Tag mit Nebel beginnt und aus dem Nebelmeer die einzelnen Felstürme nach oben ragen. Trotz der Bezeichnung Gebirge ist im Elbsandsteingebirge mit heftigen Schneefällen eher selten zu rechnen.

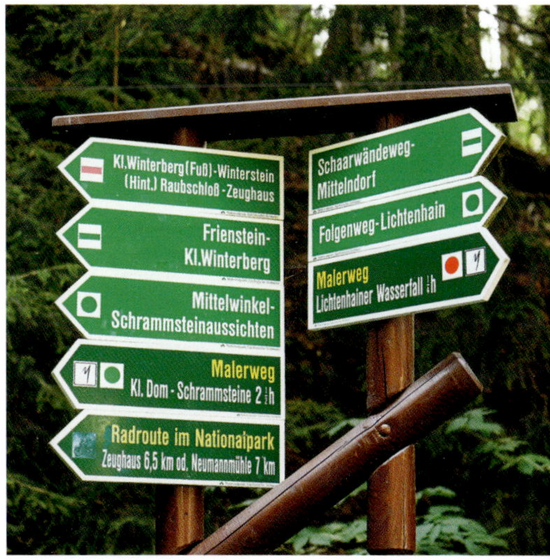

Verlaufen ist kaum möglich, TOUR 12.

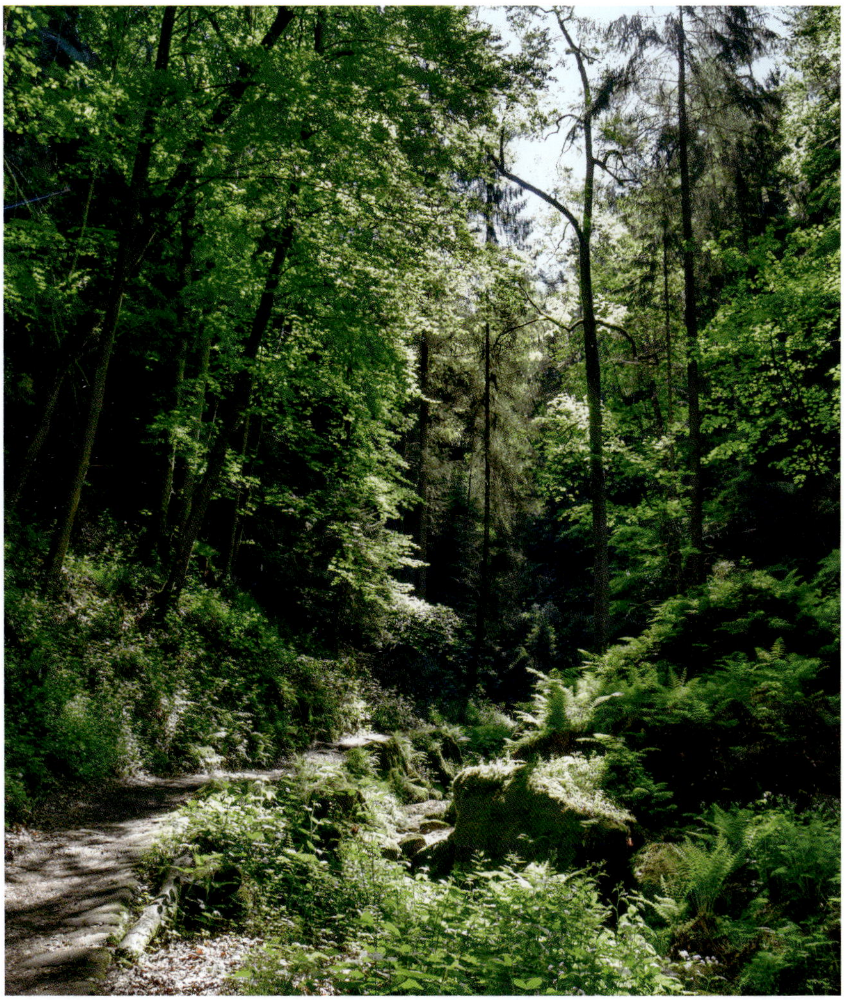

Dichte Wälder in engen Tälern, TOUR 6

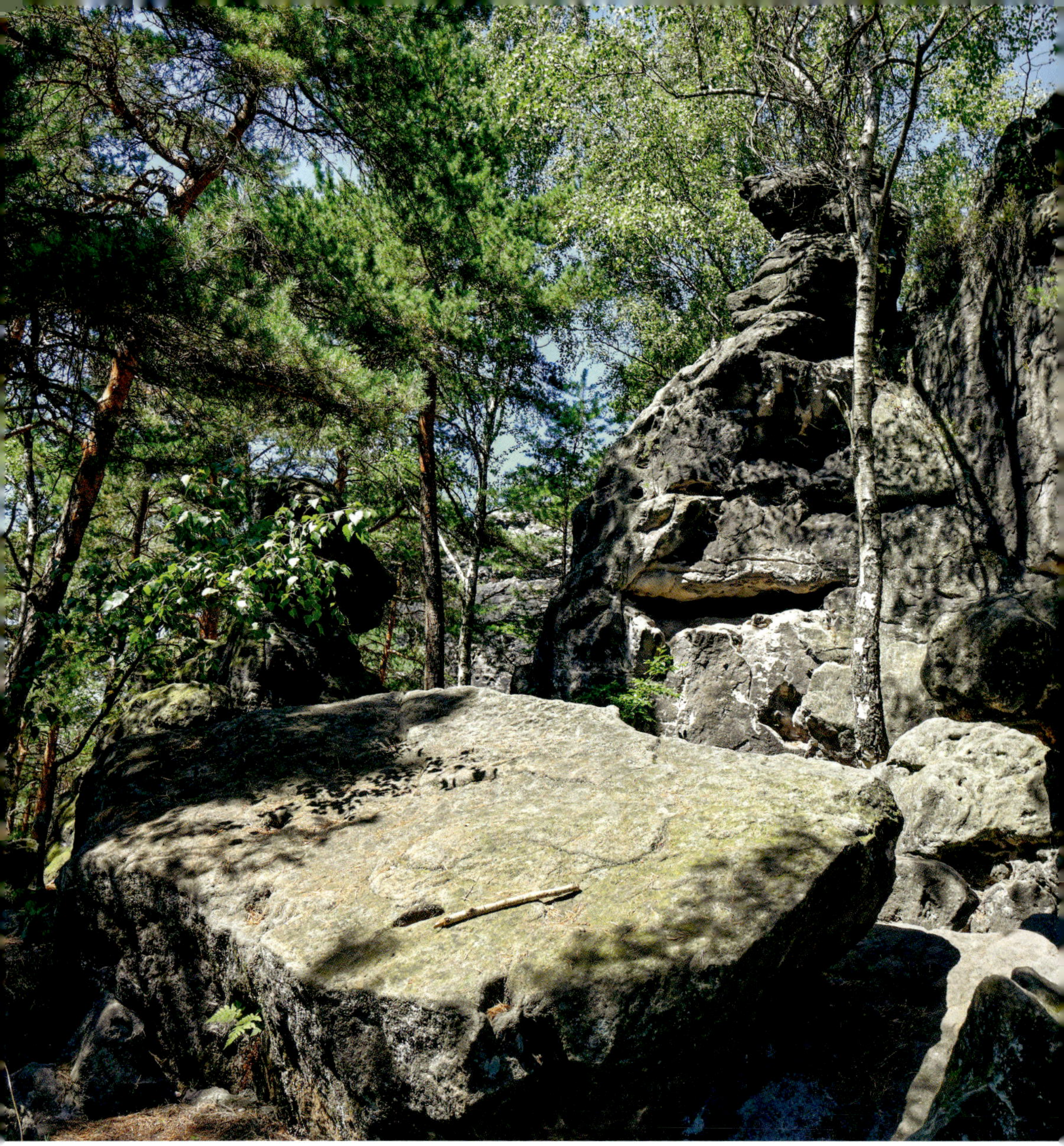

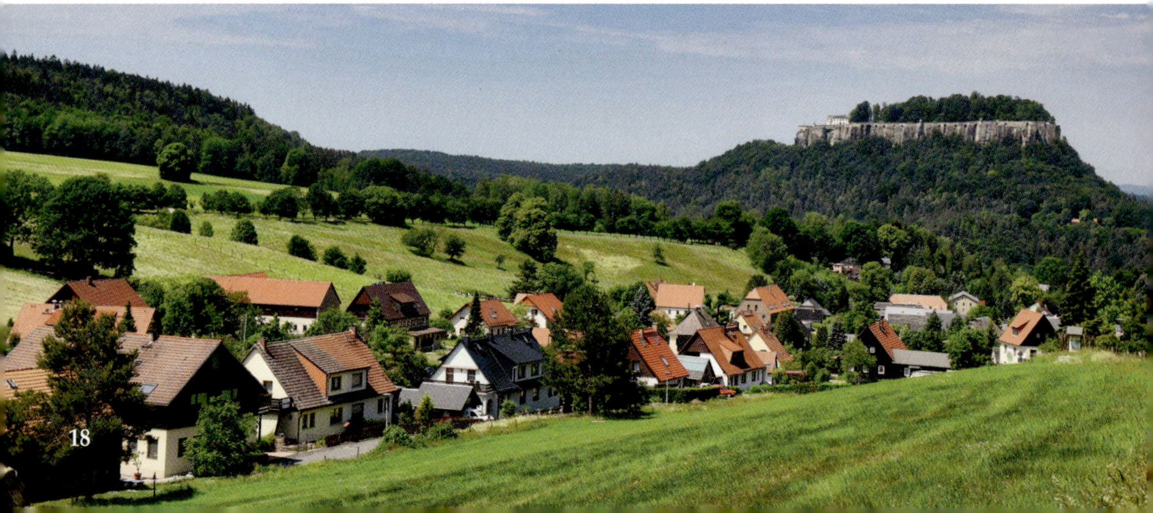

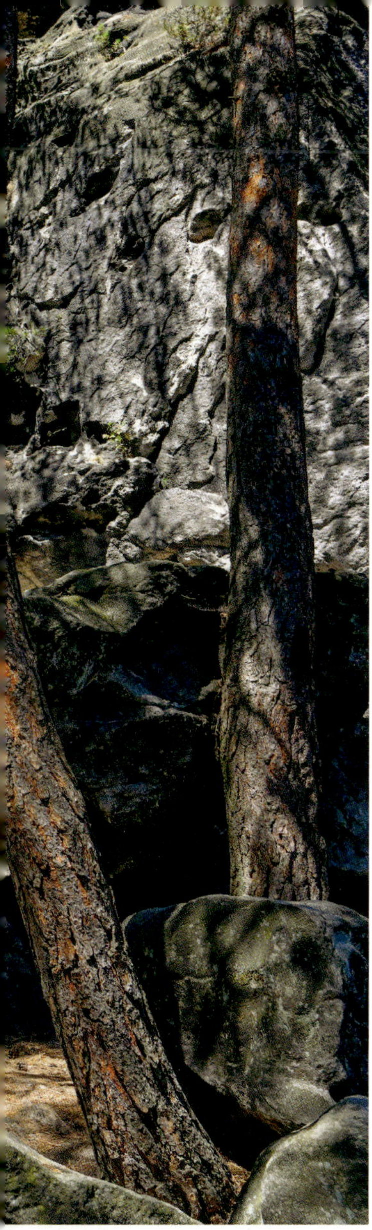

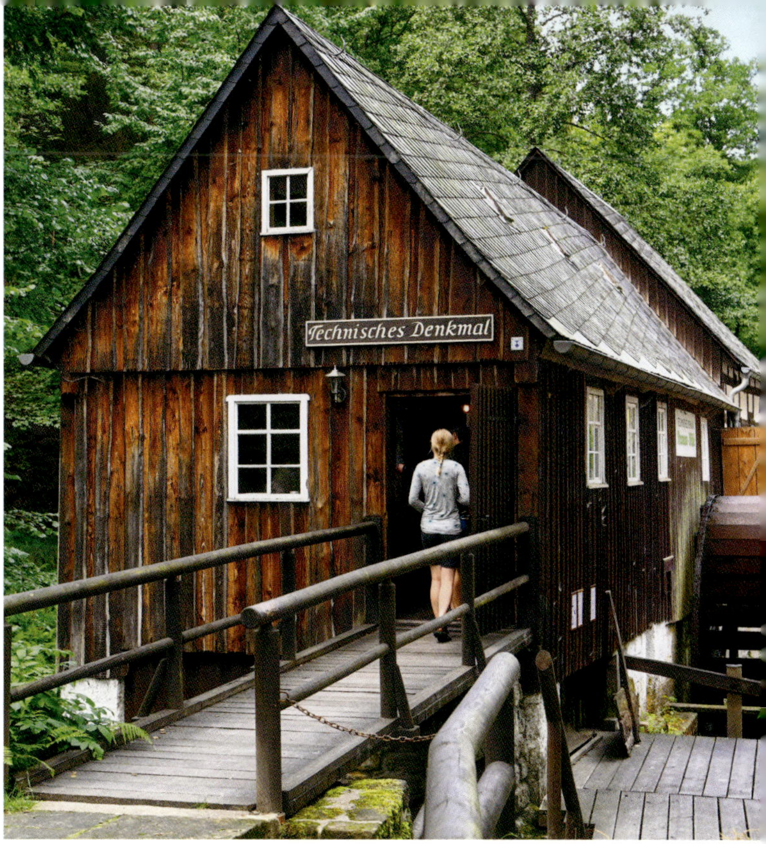

Klassiker im Elbsandsteingebirge

Über Stock und Stein wandert man vielerorts (o. li.). Beim Wandern gibt es viel zu entdecken (o. re.). Engstellen gehören zum Wandern in der Sächsischen Schweiz dazu (u. re.). Den Tafelberg Königstein erkennt man gut an der gleichnamigen Festung (u. li.).

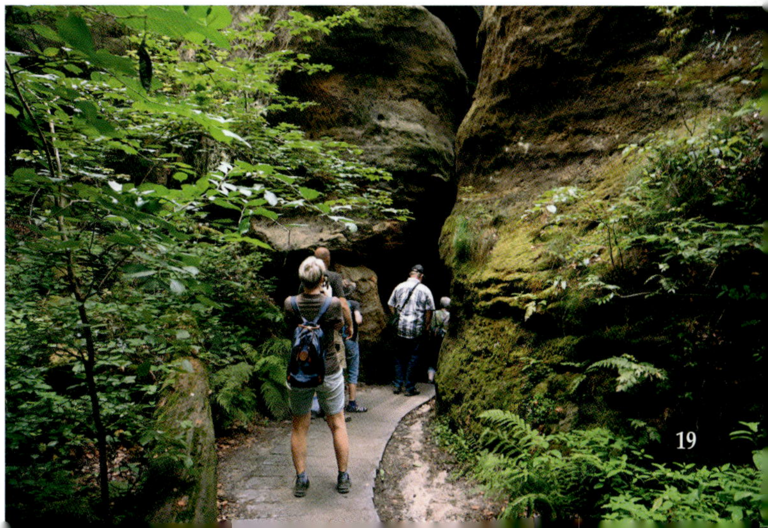

1

Barbarine auf dem Pfaffenstein

Klassische Felsnadeln und imposante Höhlen

Mittel | 2:30 Std. | 470 Hm | 5,6 km

Tourencharakter
Grundsätzlich eigentlich leichte und kurze Tour, die jedoch durch Engstellen und Eisenleitern eher als mittel einzustufen ist und Trittsicherheit erfordert.

Ausgangs-/Endpunkt
Bushaltstelle Pfaffendorf Ortsmitte

Anfahrt
Mit dem Bus 244a ab Kleingießhübel via Cunnersdorf; mit dem Auto in Königstein die B172 verlassen und der Beschilderung nach Pfaffendorf folgen. Entweder bis zum Parkplatz an der Haltestelle oder 500 m weiter bis zum Wanderparkplatz

Gehzeiten
Rundweg ab Bushaltestelle – Kreuzung am Waldrand 0:20 Std. – Berggaststätte Pfaffenstein 0:45 Std. – Barbarine 1:00 Std.– Aussichtspunkt Quirl 1:40 Std.– Diebskellerhöhle 1:50 Std.

Beste Jahreszeit
Ganzjährig

Einkehr
Berggaststätte Pfaffenstein, Pfaffensteinweg 1, 01824 Königstein, Tel. 035021/594 10, www.pfaffenstein.com

Hinweis
Trittsicherheit erforderlich; Kinder sollten wegen Absturzgefahr beaufsichtigt werden; Hundebesitzer wählen besser den »bequemen Aufstieg«, siehe Beschilderung und Hinweis im Text.

Eines der Wahrzeichen in der Sächsischen Schweiz ist zweifelsohne die Barbarine. Wie ein Fels in der Brandung, möchte man beinahe sagen, wäre hier doch Brandung, ragt die Felsnadel in die Höhe. Beim Anblick der Barbarine gibt es zudem drumherum Aussicht pur.

Auf dem Weg zur Barbarine durchquert man zunächst das Naturschutzgebiet Paffenstein auf dem gleichnamigen Tafelberg. Nicht die schlechteste Voraussetzung für eine tolle Wanderung. Außerdem sind es nur wenige Meter, bis wir das überschaubare Zentrum vom nahe gelegenen Ort Pfaffendorf verlassen haben. Gleich neben der Ⓐ **Haltestelle und dem Parkplatz** verläuft ein schmaler Trampelpfad zwischen zwei Häusern hindurch. Kaum erblickt, hat man schon die ersten leichten Höhenmeter absolviert. Am Sportplatz wenden wir uns nach links und spazieren zunächst auf dem asphaltierten Landwirtschaftsweg. Keine Sorge, der Asphalt verschwindet noch. Vor uns erhebt sich bereits deutlich sichtbar der Tafelberg Pfaffenstein und man ahnt schon, dass der Untergrund dort alles andere als asphaltiert ist.

Parallel zu den Häusern von Paffendorf und mit Blick über den Ort gelangen wir zur ersten Wegkreuzung. Von links kämen nun die Wanderer, die mit dem Auto angereist sind und sich lieber für den etwas größeren

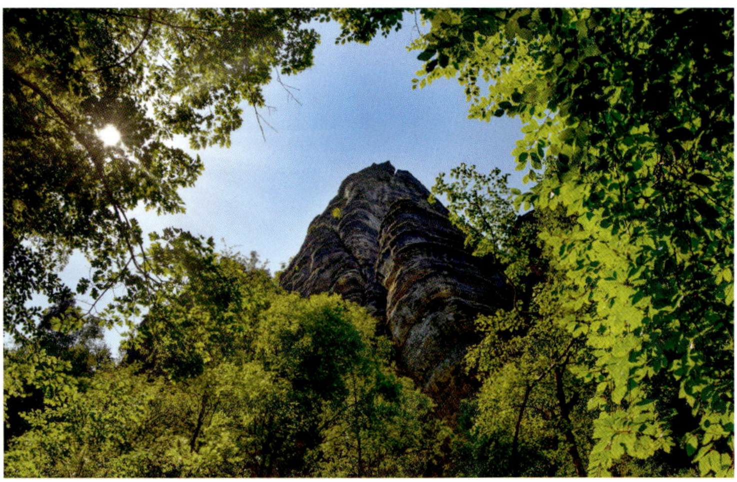

Und plötzlich ragt ein Felsen in die Höhe.

Wanderparkplatz am hinteren Ende des Dorfes entschieden haben. Die Richtung scheint klar, wir biegen rechts auf den Pfaffensteinweg ab und haben gleich am Waldrand die Qual der Wahl. Die Beschilderung schlägt vor, dass wir rechts einen bequemen Aufstieg wählen können. Ja, er ist in der Tat bequem und führt zunächst am Waldrand entlang und wenig später dann mit einem leichten Aufstieg durch die sogenannte Nasse Schlucht. Keine Frage, das ist absolut sehenswert. Aber wir mögen es dann doch lieber etwas herausfordernder und die Nasse Schlucht mit ihren engen Felswänden können wir auch von der anderen Seite aus erreichen. Und solange wir ohne Vierbeiner unterwegs und mit dem Besteigen von Eisenleitern vertraut sind, wählen wir den links abzweigenden Weg durch den Wald. Zunächst sind es nur ein paar Holzbohlen, die wir überwinden und dabei an Höhe gewinnen. Ab und an müssen wir den Kopf einziehen, weil so mancher Gesteinsbrocken neben dem Aufstieg liegt und mit seinem Überhang in den Wanderweg hineinragt. Den breiten Stufen aus Holzbohlen folgt eine schmalere steinerne Treppe. Ein Handlauf gibt uns beim Aufstieg Sicherheit und Halt, während sich rechts und links von uns die Felswände in die Höhe erheben.

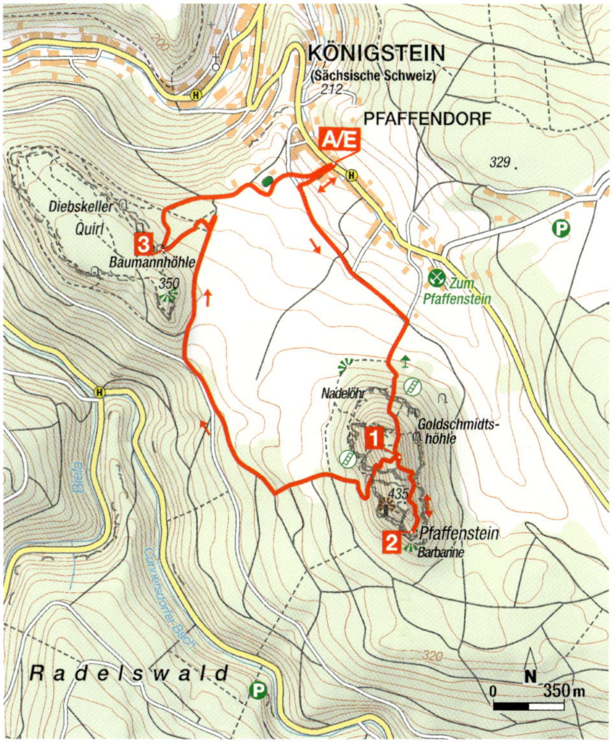

Stellenweise wird es so eng, dass wir den Gegenverkehr abwarten müssen. Und nach kurzer Zeit folgt im Anschluss an eine Engstelle die bereits erwähnte Eisenleiter. Auch hier heißt es nochmal Kopf einziehen. Der Rucksack schleift vielleicht noch ein wenig an dem überhängenden Felsen, doch ehe man sich's versieht, hat man die Leiter hinter sich gebracht. Nicht ohne Grund trägt dieser Aufstieg auch den Namen Nadelöhr. Hinter dem Nadelöhr wandern wir deutlich angenehmer und folgen der weiß-rot-weißen Markierung durch den Wald des Pfaffensteins. An einem Abzweig hätten wir die Möglichkeit zu einem kleinen Abstecher nach rechts, um die bereits erwähnten Felswände in der Nassen Schlucht zu erleben. Ganz automatisch kommen wir geradeaus an der ❶ **Berggaststätte Pfaffenstein** vorbei. Aber warum eigentlich »vorbei«? Die Tische und Bänke laden zu einer herrlichen Pause bei einer kleinen Speise ein. Und ganz nebenbei erhebt sich direkt neben der Gaststätte ein runder Aussichtsturm. Einen Rundumblick darf man jedoch nicht erwarten, denn auf dem 29 Meter hohen Turm ist das Panorama durch die umstehenden Bäume ein wenig eingeschränkt. Das mag bei der Fertigstellung im Jahr 1904 noch anders gewesen sein. Damals ersetzte dieser Turm einen bereits bestehenden hölzernen Aussichtsturm.

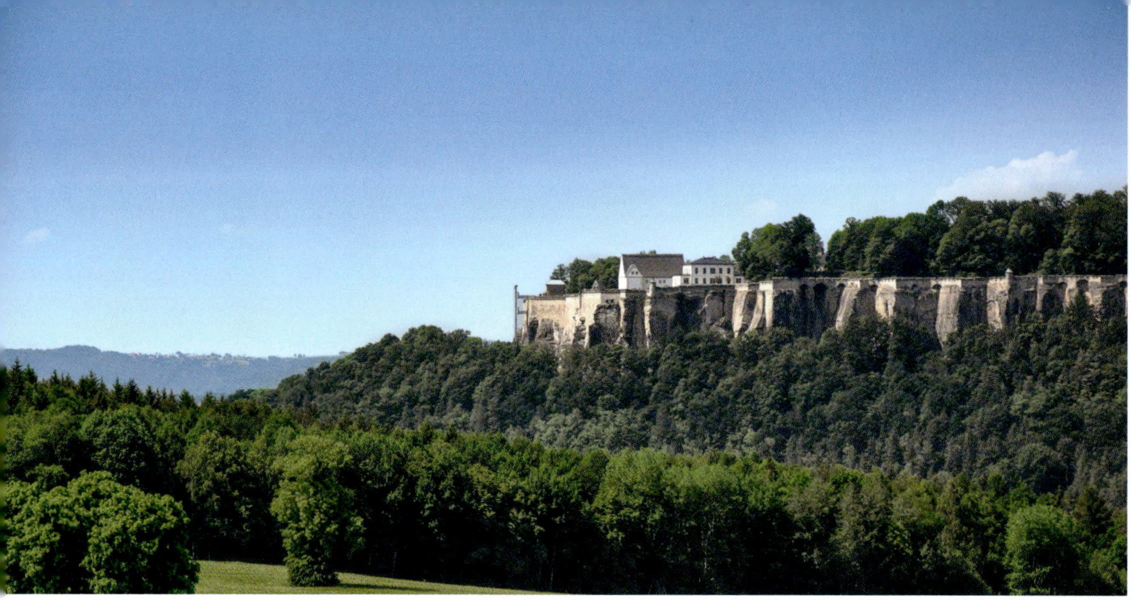

Die Festung Königstein ist gut zu erkennen.

Der Wanderweg auf dem Tafelberg bietet weitere spektakuläre Engstellen. Gerade einmal 40 bis 50 Zentimeter sind zwischen zwei Felswänden Platz, die eine weitere enge Treppe flankieren. Kopf einziehen und wieder ein wenig mit dem Rucksack an den Wänden entlangschleifen – aber das kennen wir ja schon. Am Ende des Weges erreicht man schließlich ein felsiges Plateau. Eine gute Gelegenheit, den Rucksack abzustreifen, sich hinzusetzen und einfach bei einem kleinen Picknick den Blick über die bewaldeten Hügel schweifen zu lassen. Insbesondere nach Süden und Westen kann man gut blicken. Nach Norden weniger, denn von dort kamen wir durch die Felsschluchten. Und für den Blick nach Osten gehen wir ein paar Schritte zurück und durch die schmale Schlucht hinein zum Aussichtspunkt.

Der Ausblick ist fantastisch. In der Ferne weitere Hügel und Wälder, unter uns in der Tiefe ein paar Kletterer und direkt vor uns erhebt sich die über 40 Meter hohe ❷ Barbarine. Sie scheint zum Greifen nah, ist aber dennoch unerreichbar. Das gilt auch für die vielen Kletterer, die hier normalerweise in der Sächsischen Schweiz aktiv sind und denen man während einer Wandertour immer wieder zuschauen kann. Seit 1975 darf die Barbarine aus Gründen des Naturschutzes nicht mehr bestiegen werden. Genau 70 Jahre zuvor stand der erste Mensch auf der abgeflachten Kuppe der Felsnadel. Damals wurde die Barbarine von einem Dresdner und einem amerikanischen Bergsteiger in einer Erstbesteigung »erobert«. Nachdem wir die Pause auf dem Plateau bei einer leckeren Brotzeit ausgiebig genossen haben, ziehen wir los zu unserem nächsten Wanderziel auf dieser Tour. Dafür gehen wir ein kurzes Stück zurück bis kurz vor die Berggaststätte und wenden uns nach links. Dort führt uns der sogenannte bequeme Abstieg langsam wieder vom Pfaffenstein herunter. An der Kreuzung könnten wir rechts

Pfaffenstein

Der Tafelberg Pfaffenstein trägt auch den Beinamen »Sächsische Schweiz im Kleinen«. Grund hierfür ist die vielseitige Struktur mit zahlreichen Höhlen, Schluchten und zerklüfteten Felswänden auf dem Berg. Touristisch erschlossen wurde der Pfaffenstein insbesondere durch Carl Gottlob Jäckel im 19. Jahrhundert, der erste Wege anlegte und ausbaute.

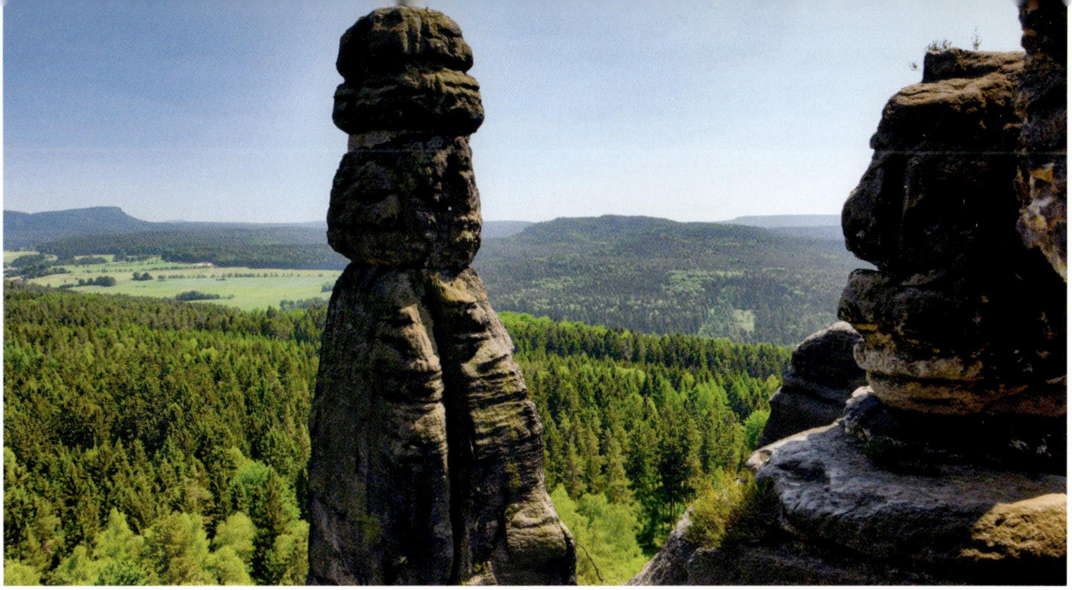

abbiegen und am Waldrand entlang wieder zum bereits bekannten Abzweig zurückgelangen. Wir gehen jedoch geradeaus und folgen dem Pfad durch den Wald bis zum Oberen Kohlweg. Diesen berühren wir jedoch nur kurz und verlassen ihn schon nach wenigen Metern wieder halbrechts. Über die Felder zu unserer Rechten blicken wir zurück zum Pfaffenstein. Auf unserer linken Seite erhebt sich inmitten der Bäume der nächste Aussichtspunkt. Nach einer scharfen Linkskurve geht es für uns wieder deutlich in die Höhe und wir gelangen zum Aussichtspunkt 3 **Quirl**. Auch beim Quirl handelt es sich um einen Tafelberg, auch wenn er kaum als solcher erkennbar ist. Er ist bekannt für zahlreiche Höhlen, die sich zum Teil erkunden lassen. Zu ihnen gehört zum Beispiel die Baumannhöhle in unmittelbarer Nähe zur Aussicht. Ein wenig weiter im Wald gelangt man zur größten Höhle der Sächsischen Schweiz, der Diebskeller-Höhle. Mit einem Felsen als Tisch bietet sie guten Unterschlupf, falls das Wetter während der Wanderung nicht mehr halten sollte. Doch leider hat diese Bequemlichkeit auch ihren Preis, denn die Höhle wird in den Abendstunden gern von ortsansässigen Jugendlichen als Treffpunkt genutzt. Unrat, alte Lagerfeuerplätze und zum Teil verrußte Felswände sind die stummen Zeugen.

Die Barbarine ist eines der Wahrzeichen der Region.

Einige Stufen sind zu überwinden.

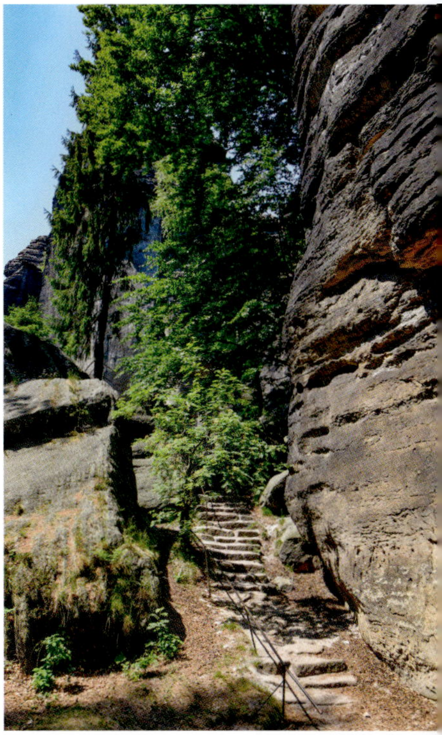

Auf einem schmalen Weg geht es langsam wieder hinab und durch den Wald bis zum Waldrand. Abermals blickt man auf den rund 1 Kilometer entfernten Pfaffenstein, der mit seinen aufragenden Felswänden ein toller Hingucker ist. Es dauert nicht lange, bis wir die ersten Häuser von Pfaffendorf erreichen. An der ersten Gabelung vor den Gebäuden halten wir uns rechts und umrunden einen Sportplatz. Wir kennen ihn schon, denn an seinem anderen Ende finden wir den Abstieg zum Ausgangspunkt bzw. der E **Haltestelle** wieder.

2

Unterwegs im Gelobtbachtal

Malerisches Tal mit anschließenden Aussichtspunkten

Mittel | 5:00 Std. | 470 Hm | 18,6 km

Tourencharakter
Durch die Länge der Tour und der Steigleitern an den Aussichtspunkten eine mittelschwere Wanderung. Bis auf einen deutlichen Aufstieg aus dem Elbtal heraus jedoch kaum größere Anstiege.

Ausgangs-/Endpunkt
Bahnhof Schöna oder Fährstelle Schöna gleich daneben; Endstation ist der Fähranleger Krippen.

Anfahrt
Mit der S1 oder RE20 oder U28 zum Bahnhof Schöna. Parkmöglichkeiten nur auf tschechischer Seite, von dort mit der kleinen Elbfähre zum Ausgangspunkt. Da es sich um eine Streckenwanderung handelt, empfiehlt es sich, den Wagen in Krippen abzustellen, mit der Bahn zum Ausgangspunkt zu fahren und zum Auto zurückzuwandern.

Gehzeiten
Bis Grenzübergang nach Tschechien 0:20 Std. – Gelobtbach-Wasserfall 0:30 Std. – Zilka-Quelle 0:50 Std. – Zirkelstein 2:00 Std.– Kaiserkrone 2:30 Std. – Hunskirche 3:15 Std. – Kleine Bastei 4:00 Std.

Beste Jahreszeit
April–Oktober

Einkehr
Zur Waldschänke, Marktweg 112, 01814 Schöna, Tel. 035028/801 50; Landgasthaus Zirkelstein, Hauptstraße 37b, 01814 Reinhardtsdorf-Schöna, Tel. 035028/802 24, www.gasthaus-zirkelstein.de; Café Sonnenuhr, Elbweg 9a, 01814 Bad Schandau (Krippen), Tel. 035028/85 90 00, www.sonnenuhr-krippen.de

Bei einem Blick auf den Start- und Zielpunkt könnte man auf den Gedanken kommen, dass man einfach nur dem Elbufer flussabwärts folgte. Zugegeben, so könnte man tatsächlich wandern, das wäre kurz, schnell und einfach. Aber wer will das schon so haben?

Daher wenden wir uns am Ausgangspunkt, dem Ⓐ **Bahnhof in Schöna**, in die andere Richtung. Wir schauen dorthin, wo das Wasser der Elbe herkommt. Der Blick geht nach Süden, also Richtung Tschechien. Und das eigentlich südliche Nachbarland ist im Grunde schon da. Wir sind ungefähr auf der Hälfte der Strecke, auf der die Elbe einen Grenzfluss bildet. Wir, linkselbisch und jetzt aktuell am westlichen Ufer, stehen in Deutschland und drüben am gegenüberliegenden Flussufer sind die Fußgänger und Autofahrer in Tschechien unterwegs. Die Staatsgrenze verläuft hier genau in der Flussmitte.

Zu Beginn unserer Wanderung bleiben wir aber zunächst am Flussufer. Wir lassen den Bahnhof und den kleinen Fähranleger hinter uns und wandern dem Fluss entgegen. Auf dem Elberadweg zwischen Uferböschung und Bahngleisen wird uns schnell klar, dass wir irgendwann eine deutliche Steigung zu überwinden haben. Denn gleich hinter dem Bahndamm geht es steil bergauf. Vereinzelt ragen Felsgruppen zwischen den Baumkronen heraus und zeigen ihr beeindruckendes Antlitz. Es ist soweit, sobald wir den Grenzübergang nach Tschechien erreicht haben. Hier, wo die Elbe zumindest zur Hälfte ihre ersten Meter auf deutscher Seite zurücklegt, verlassen wir sie und unterqueren die Bahngleise nach rechts. Das Elbtal lassen wir damit hinter uns und sind nun im Gelobtbachtal unterwegs. Doch Tal ist nicht gleich Tal. Das Gelobtbachtal begrüßt uns gleich mal mit einer Steigung, die es in sich hat. Das zarte Bächlein kommt uns entgegengesprudelt, während wir uns ein wenig damit abmühen, den Höhenunterschied zu überwinden. Doch keine Sorge, das ist der anstrengendste Teil der Wanderung und nach spätestens 10 Minuten nur noch Geschichte.

Belohnt werden wir oben nicht nur damit, dass es fortan deutlich flacher und langfristig sogar bergab geht, sondern auch mit dem Anblick des ❶ **Gelobtbach-Wasserfalls**. Der Wasserfall alleine ist zwar weniger be-

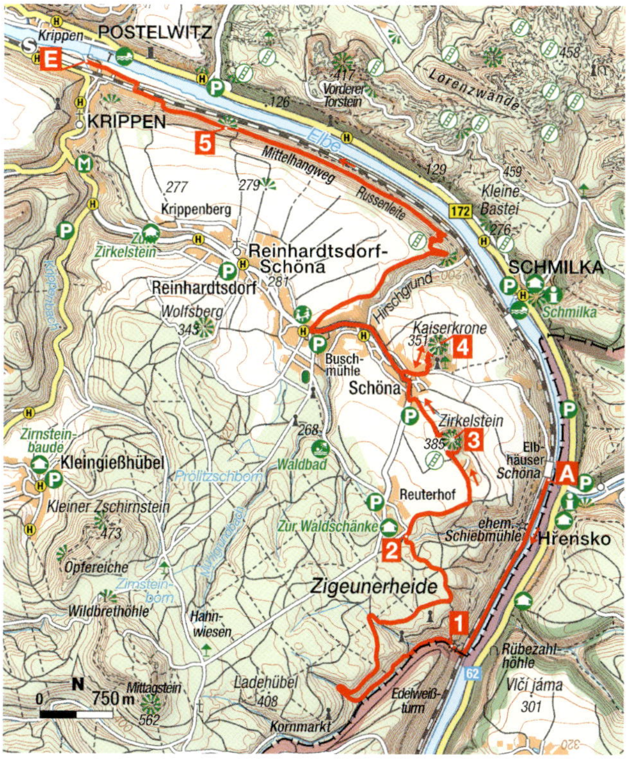

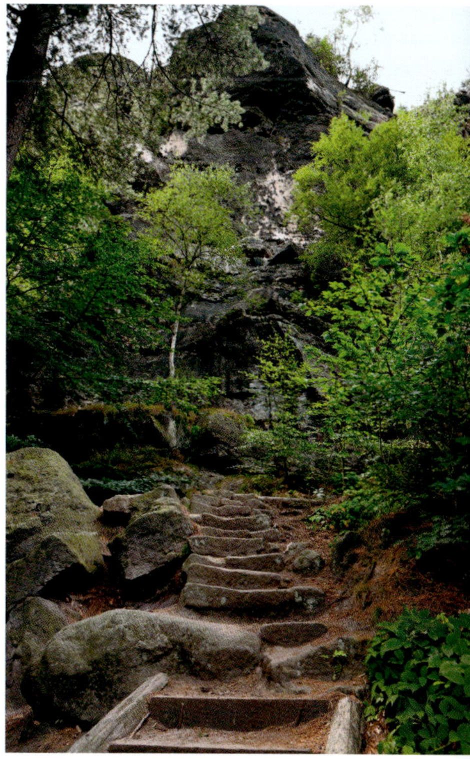

Treppauf geht es zum Zirkelstein und zur Kaiserkrone.

eindruckend, doch schön anzuschauen ist das Gesamtensemble. Das Wasser fällt in den künstlich angelegten Teich, wird auf der einen Seite gestaut und auf der anderen Seite von einer meterhohen und steil abfallenden Wand flankiert. Gleich dahinter verläuft der Wanderweg über Stock und Stein durch das malerische Gelobtbachtal. Immer wieder findet man im Unterholz die kleinen weißen und quadratischen Grenzsteine mit den Lettern C und D. Wir wandern nämlich stets an der deutsch-tschechischen Grenze entlang und überqueren dabei immer mal wieder den Bachlauf. Verwunschen wirkt das idyllische Tal, das auch in heißen Sommermonaten für etwas Abkühlung sorgt. Zwischen moosbehangenen Felswänden blicken wir auf Flechten und Farne und folgen dem Bachlauf bzw. der grünen Grenze zwischen Deutschland und Tschechien, bis wir den Abzweig zur Ziska-Quelle entdecken.

Quergelobtbach heißt dieses kleine Tal, in dem wir weiter an Höhe gewinnen und nach kurzer Wanderung die ausgewiesene und gefasste Quelle entdecken. An der Quelle wenden wir uns nach rechts und wandern in Richtung Zielpunkt. Das heißt, wir sind jetzt oberhalb unseres bisherigen Wanderwegs unterwegs, nur eben in die andere Richtung. Auf dem Weg durch den Wald überqueren wir ganz nebenbei den Schwarzen Pfützenbach, hinter dem wir uns entscheiden können, da es zwei Wegmöglichkeiten gibt. Die etwas unsichere Variante, für die ein GPS-Gerät hilfreich ist, verläuft nach rechts. Knappe 100 Meter darauf halten wir uns an einer Weggabelung halblinks und biegen weitere 800 Meter später an einer Waldkreuzung links ab. Dem Hauptweg folgt man nun bis zur Schiebquelle, um kurz dahinter in der Nähe

Hunskirche

Hunskirchen, zuweilen auch Hundskirche geschrieben, haben nichts mit den treuen vierbeinigen Begleitern zu tun. Vielmehr leitet sich der Begriff aus dem Mittelhochdeutschen ab und steht für hochragender *(hun)* Fels *(kerk)*. Davon gibt es in der Sächsischen Schweiz mehrere, die berühmteste ist die Große Hunskirche am Papststein, die gern als Kletterfelsen genutzt wird.

einer kleinen Wohnsiedlung den Waldrand zu erreichen. Unsicher ist der Weg, weil viele Forstwege abzweigen, was zu Verwechslungen führen kann. Einfacher ist es daher, hinter dem Schwarzen Pfützenbach geradeaus zu wandern, um auf dem Gelobtweg und später dem Marktweg die Wohnsiedlung von der anderen Seite aus zu erreichen. Das hat ganz nebenbei noch den Vorteil, dass man an der ❷ **Gaststätte Zur Waldschänke** vorbeikommt, die jedoch nur an Wochenenden geöffnet hat. Kurz hinter der Gaststätte kommt man zu einem Wanderparkplatz. Wenn wir dort rechts abbiegen, erreichen wir 300 Meter später genauso den Waldrand und wandern zwischen Wald und Feld geradeaus.

Über das Feld hinweg erblicken wir schon den ❸ **Zirkelstein**, den wir anvisieren. Denn er ist nach einer Linkskurve unser nächstes Zwischenziel auf dieser Tour. Dazwischen passieren wir das Zirkelsteinressort, eine Jugendherberge in fantastisch ruhiger Umgebung. Gleich dahinter halten wir uns scharf rechts und folgen dem nur noch kurzen, steilen Aufstieg bis hinauf auf den Zirkelstein – die letzten Höhenmeter mittels Stufen und Handlauf. Ein toller Ausblick, der uns hier erwartet! Nach

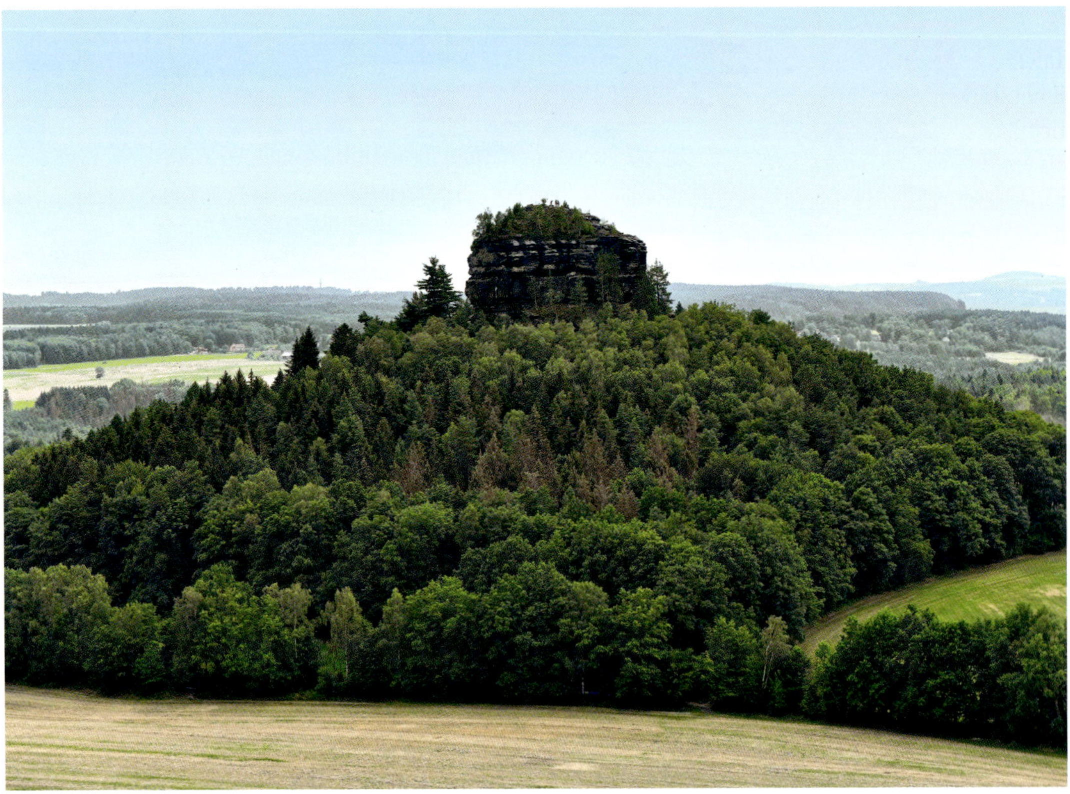

Der Zirkelstein von der Kaiserkrone aus gesehen

Norden schaut man auf die markanten Felsen der Schrammsteine und man ahnt, wie dort unterhalb dieser Felswand die Elbe verläuft. Davor, beinahe zum Greifen nahe, erhebt sich die Kaiserkrone, die wir gleich mal ansteuern wollen, um auch von dort einen Rundumblick genießen zu können.

An der Nordseite steigen wir vom Zirkelstein wieder ab, erreichen nach einem kurzen Weg durch den Wald, der den Tafelberg umschließt, einen landwirtschaftlichen Weg. Wir wenden uns nach rechts und folgen dem Weg zu den Häusern, die wir gerade schon vom Gipfel des Zirkelsteins sehen konnten. Sie gehören zu Schöna, dem Ortsteil von Reinhardtsdorf-Schöna. Praktischerweise kommen wir beim Spaziergang durch den Ort am Landgasthaus Zirkelstein vorbei, in dem wir uns ein wenig stärken können. Von der Hauptstraße zweigt die Bahnhofstraße ab. Wer schon müde Füße hat, kann hier einfach der Hauptstraße folgen, doch wer sich noch für einen weiteren Aussichtspunkt begeistern kann, der wandert auf der Bahnhofstraße rund 250 Meter bis zum ersten Abzweig nach links. Zwischen den Wohnhäusern beginnt der Aufstieg, der ebenfalls über so manche Leiter auf die ❹ Kaiserkrone führt.

Unterwegs wird man von Steinskulpturen begrüßt.

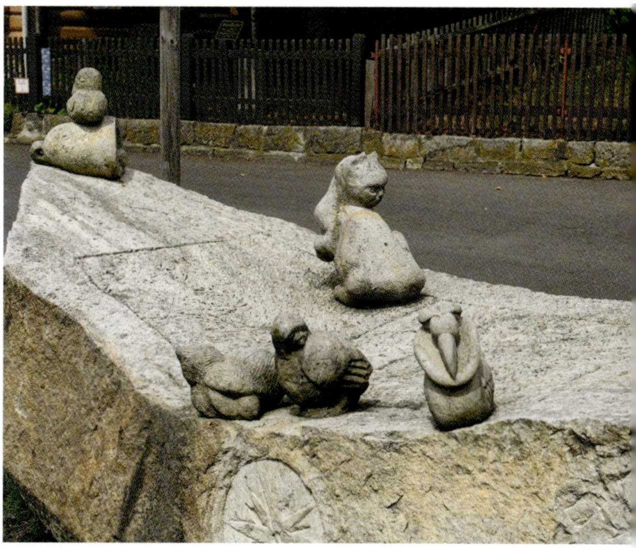

Im Gegensatz zum Zirkelstein bietet dieser Tafelberg gleich mehrere Aussichtspunkte. Einer davon wird als Caspar-David-Friedrich-Denkmal bezeichnet. Der Fels dort gilt als der Aussichtspunkt, auf dem der berühmte Wanderer über dem Nebelmeer aus dem gleichnamigen Gemälde posierte. Nachdem wir den höchsten Gipfel der Kaiserkrone erreicht haben und nach dem Genuss der Aussichten wieder vom Tafelberg hinabsteigen, gehen wir den gleichen Weg zurück zur Bahnhofstraße und zur Hauptstraße in Schöna. Wir wandern durch die Siedlung und biegen erst an der Haltestelle Reinhardtsdorf-Ehrenmal rechts ab, um die Wohnhäuser hinter uns zu lassen.

Zwischen den Feldern erreichen wir den Wald, tauchen in diesen ein und gelangen schon bald zu einem weiteren Aussichtspunkt. Von der Plattform Hunskirchen blicken wir hier in das Elbtal und in das kleine Örtchen Schmilka am gegenüberliegenden Flussufer. Oberhalb der Elbe wandern wir nun gute 3 Kilometer durch den Wald und genießen dabei immer wieder den Ausblick auf die mächtigen Schrammfelsen am rechtsseitigen Elbufer. Ein kleines Hinweisschild schickt uns noch nach rechts zu einem Abstecher zur ❺ Kleinen Bastei. Ansonsten bleiben wir geradeaus bis zur Asphaltstraße Zum Mittelhang und unterqueren gleich an der ersten Gelegenheit die Bahntrasse. Danach nur noch nach links und schon sind wir wieder auf dem Elbtalradweg und wandern am Ufer bis zum Ⓔ Fähranleger.

3

Vom Campingplatz zu den Wasserfällen

Fantastische Ausblicke von den Schrammsteinen

Schwer 5:00 Std. 560 Hm 13,6 km

Tourencharakter
Schwere Wanderung, die über zahlreiche Stiegen, Leitern und Treppen verläuft. Wer sich das zutraut, wird mit tollen Aussichten und Panoramen belohnt.

Ausgangs-/Endpunkt
Campingplatz Ostrauer Mühle im Kirnitzschtal; Endpunkt ist der Lichtenhainer Wasserfall, ebenfalls im Kirnitzschtal

Anfahrt
Mit der Kirnitzschtalstraßenbahn ab Bad Schandau bis zur Haltestelle am Campingplatz. Rückweg ebenfalls mit der Straßenbahn. Mit dem Auto in Bad Schandau die B172 verlassen und in die Kirnitzschtalstraße bis zum Campingplatz. Rückweg zum Auto mit der Straßenbahn.

Gehzeiten
Bis Schrammsteintor 1:00 Std. – Schrammsteinaussicht 1:30 Std. – Breite Kluft 2:00 Std. – Kleiner Winterberg 3:30 Std. – Neuer Wildenstein 4:15 Std.

Beste Jahreszeit
April–Oktober

Einkehr
Berggast-Bergwirtschaft Am Kuhstall, Kuhstall 1, 01814 Bad Schandau, Tel. 035971/520 44, www.berggast.de; Restaurant Lichtenhainer Wasserfall, Kirnitzschtalstraße 11, 01855 Sebnitz, Tel. 035971/537 33, www.lichtenhainer-wasserfall.de

Hinweis
Trittsicherheit erforderlich

Herrliche Ausblicke belohnen unsere Wanderung auf einem der schönsten Pfade in der Sächsischen Schweiz. Der Grat über die Schrammsteine bietet immer wieder Aussichten, die über Treppen, Leitern und Stiegen zu erreichen sind. Entlang des Kleinen Winterbergs, der weitere Panoramen bereithält, gelangen wir zu den Klassikern der Region – dem Kuhstall mit der Himmelsleiter.

Am westlichen Rand des **A Campingplatzes** überqueren wir den kleinen Fluss Kirnitzsch und stecken schon mitten in der Wanderung. Für ein kurzes Stück wandern wir direkt am Campingplatz vorbei und folgen dem Flößersteig am Waldrand entlang. In Höhe des Gebäudes auf dem Campingplatz wenden wir uns scharf nach rechts und beginnen mit einem Aufstieg, der uns durch den Wald führt. Rund 100 Höhenmeter überwinden wir und durchqueren dabei eine Spitzkehre.

Auf dem Mühlweg gelangen wir zum Liebenweg, streifen ein paar terrassenförmig angelegte Ferien- und Wohnhäuser, bevor wir halblinks weiter in den Wald hineingehen und auf dem Steinbrecherweg abermals aufwärts wandern. Es dauert ein kurzes Weilchen, bis wir mit dem Liebentor die ersten Felsen sehen, die sich im dichten Wald verstecken wollen. Sie

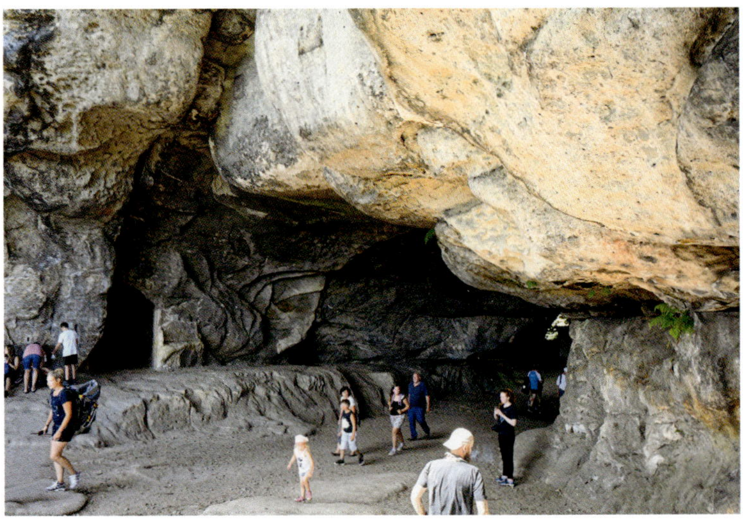

Der Kuhstall gehört zu den beliebten Wanderzielen.

sind sehenswert, aber noch nichts im Vergleich zu dem, was später kommen wird. Um dahin zu gelangen, wenden wir uns nach halbrechts und kommen zum etwas breiteren Wenzelweg, von dem gleichzeitig der Elbleiterweg abzweigt. Letzterer ist der Weg, den wir nehmen, um zwischen zwei spektakulären Felsmassiven hindurchzuwandern. Es ist zu verlockend, einen kleinen Abstecher nach rechts einzulegen, um zum Falkenstein zu gelangen. Er ragt fast 100 Meter hoch und lugt damit deutlich aus dem Wald empor. Der aus Sandstein bestehende Felsen ist den Schrammsteinen vorgelagert und gilt als einer der beeindruckendsten frei stehenden Felsen in der Region. So unglaublich sich das anfühlen mag, wenn man vor seinen steil aufragenden und zum Teil sehr glatten Wänden steht: Im 14. Jahrhundert befand sich auf dem Gipfel des Falkensteins eine Burgwarte, also eine Art Beobachtungsturm. Doch lange hatte dieser keinen Bestand. Schon Mitte des 15. Jahrhunderts wurde er als verfallener Turm bezeichnet. Kein Wunder, hat man doch jahrzehntelang um ihn und seine strategische Bedeutung gekämpft.

Kuhstall

Die Herkunft des Namens Kuhstall für das Felsentor ist nicht eindeutig geklärt. Entweder waren es die Bewohner der einstigen Burg, die im Durchgang ihr Vieh unterbrachten, oder die schwedischen Soldaten, die im Dreißigjährigen Krieg durch die Region zogen. Touristisch interessant wurde der Kuhstall spätestens im Jahr 1824, als die benachbarte Gaststätte öffnete.

Durch seine Unzugänglichkeit tauchte der Falkenstein für mehrere Jahrhunderte in einen Dornröschenschlaf und wurde erst im 19. Jahrhundert sozusagen wiederentdeckt. Dieses Mal jedoch für touristische und sportliche Zwecke. Im Jahr 1864 erreichten vier Kletterer zum ersten Mal den Gipfel des Falkensteins. Ihre Überraschung dürfte groß gewesen sein, als sie dort Überreste des mittelalterlichen Turmes fanden, sofern sie das damals nicht wussten. Mit der neuzeitlichen Erstbesteigung wurde der Grundstein für das Klettern in der Sächsischen Schweiz gelegt. Natürlich, das damalige Klettern ist nicht mit dem heutigen Klettersport zu vergleichen. Immerhin nutzte man zu dem Zeitpunkt verschiedene Hilfsmittel wie Leitern, die

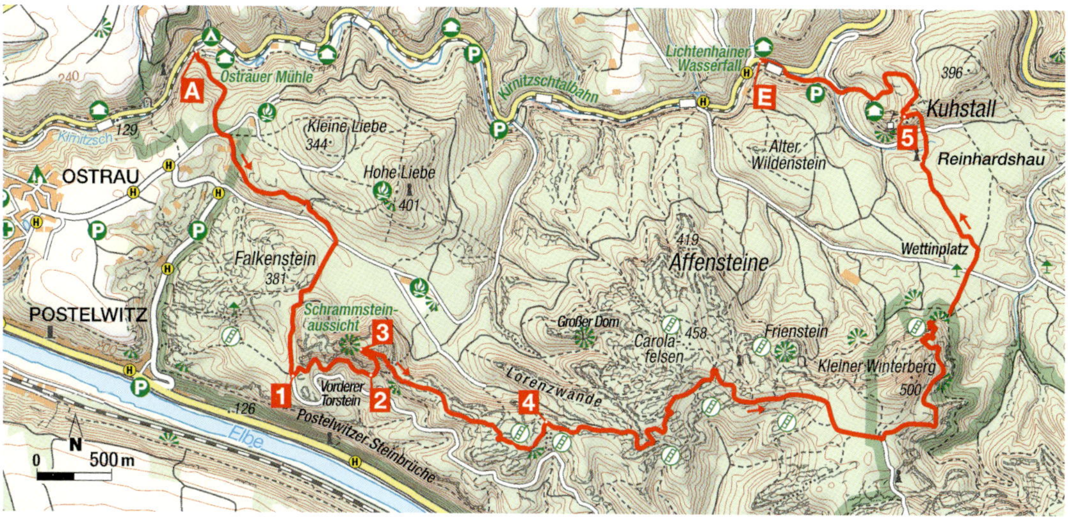

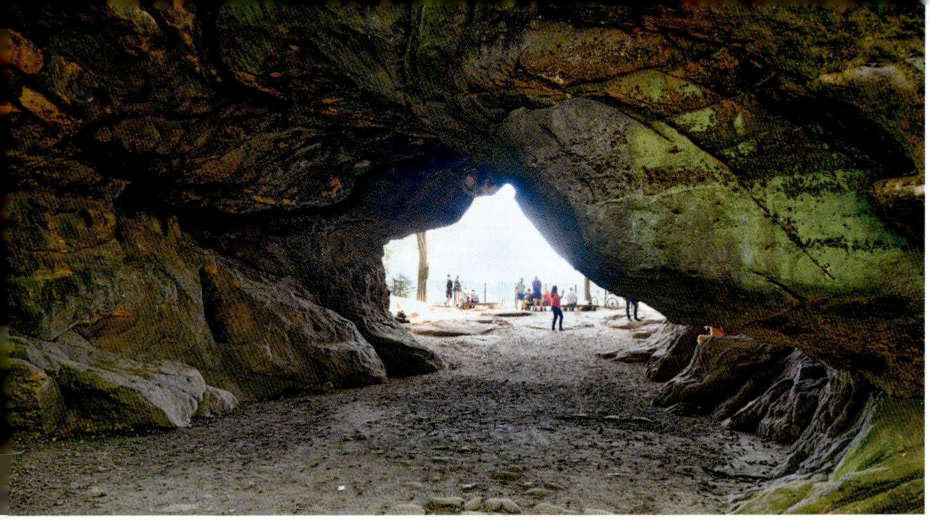

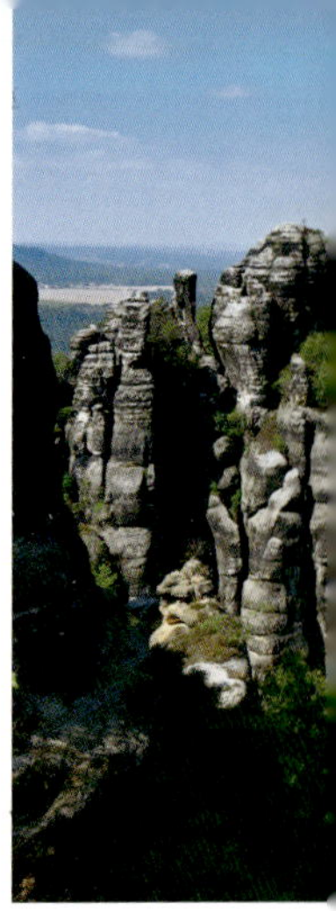

heutzutage beim Klettern natürlich nicht vorzufinden sind. Nach dem Besuch am Falkenstein wandern wir auf unserem ursprünglichen Weg weiter und erreichen schon nach wenigen Metern die markanten Schrammsteine. Wir passieren sie zunächst zu unserer Linken, doch nur wenige Gehminuten später wenden wir uns nach links und durchqueren sie auch noch. Das ❶ **Schrammsteintor** besteht aus einem Weg zwischen den steil aufragenden Felsen, die hier die Vorderen Schrammsteine bilden. Gleich dahinter wandern wir auf dem Schrammsteinweg unterhalb der mächtigen Felswand auf der einen Seite und oberhalb des Elbtals auf der anderen Seite.

Viele dieser Felsen tragen verschiedene Namen. Hinter dem Felsen namens Jungfer erblicken wir links eine nicht enden wollende Leiter. Sie ist Teil des ❷ **Wildschützensteigs**, der uns einen Weg bergauf zwischen den engen Felswänden ermöglicht. Der Wildschützensteig ist eine Einbahnstraße und es ist kein Abstieg auf ihm erlaubt. Sollten wir also, oben einmal angekommen, umkehren wollen, müssen wir den Weg über den weiter östlich gelegenen Mittelwinkel und Jägersteig nehmen. Nach dem spannenden Aufstieg erreichen wir den ❸ **Schrammsteinwächter** mit der Elbaussicht und kurz darauf die Schrammsteine mit der wunderschönen Schrammsteinaussicht. Die Treppen, Leitern und Stiegen haben wir damit aber noch nicht hinter uns gebracht. Es geht zwar nicht mehr weiter bergauf, aber dafür wandern wir auf dem Grat der Schrammsteine immer wieder im Auf und Ab. Unterwegs erleben wir weitere tolle Ausblicke über das Elbtal.

Eine der schönsten Aussichten erreichen wir mit dem Plateau ❹ **Breite Kluft**. Hier ist der Gratweg oder auch Schrammsteinweg nicht nur deutlich breiter, sondern bildet zudem einen wunderbaren Picknickplatz, von dem aus man in südlicher Richtung über die sanften Hügel der Sächsischen Schweiz blicken kann. An einer Gabelung entscheiden wir uns gegen den Oberen Terrassenweg und halten uns halblinks. Nach weiteren Aufs und Abs sowie einigen Kurven gelangen wir zum Zurücksteig, der mit weiteren Leitern aufwartet und uns zum Reitsteig bringt. Hier wenden wir uns nach rechts bis zum Unteren Fremdenweg, der nach links abzweigt. Wir bleiben

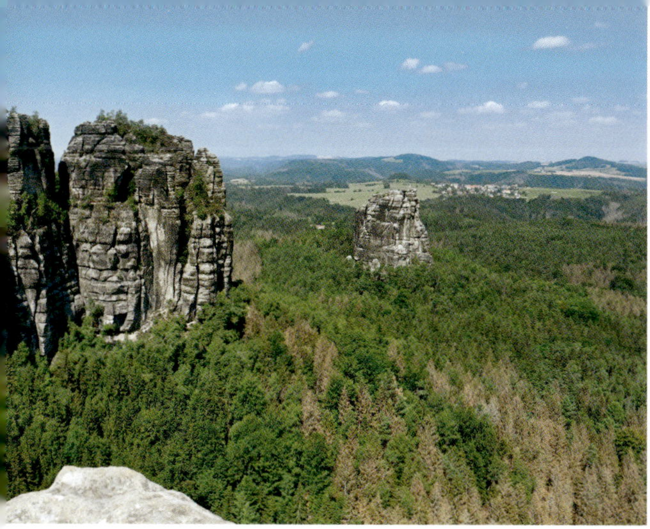

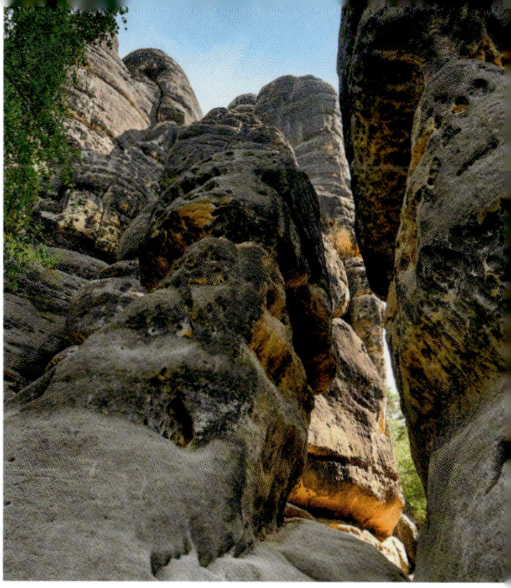

auf dem Unteren Fremdenweg, denn der Obere Fremdenweg verläuft über den Kleinen Winterberg. Den Ansporn, diesen Berg zu überwinden, haben wir jedoch nicht, weil die schöneren Aussichtsplätze sich an seiner Ostflanke befinden. Und diese ist nur über den Unteren Fremdenweg zu erreichen. Für die genannten Aussichtspunkte biegen wir immer wieder mal für einige Meter nach rechts ab und halten zwischendurch inne. Die Ausblicke sind so schön, dass man einfach mal sitzen, genießen und vielleicht auch eine kleine Brotzeit einlegen sollte. Das gilt insbesondere, da wir uns an dieser Stelle langsam an den Abstieg machen werden. Auf einem kurzen Zickzack-Pfad verlieren wir spürbar an Höhe und überqueren wenig später die Zeughausstraße. Wir lassen den Unterstand an der Kreuzung hinter uns und halten uns wenig später auf dem Fremdenweg halblinks. Es dauert nicht lange, bis wir abermals eine Leiter bzw. einen Steig vorfinden. Sie bringt uns hinauf auf den Neuen Wildenstein bzw. auf einen Teil davon. Im unteren Bereich lockt zunächst das **5 Gasthaus Am Kuhstall** mit einer idyllisch gelegenen Einkehrmöglichkeit. Doch die Neugier mag bei dem einen oder anderen größer sein und so biegen wir nach links ab, um den sogenannten Kuhstall zu erreichen. Dieses nach dem Prebischtor in Tschechien zweitgrößte Felsentor der Region wird unterquert und führt zu einem weiteren Aussichtsplateau.

Links: Der Kuhstall ist ein Felsendurchgang.

Mitte: Die Schrammsteinaussicht überzeugt

Rechts: Am Torstein wandert man zwischen den hohen Felsen hindurch.

An der Aussicht sollten wir einen kleinen Bogen nach links machen und der Beschilderung zur Himmelsleiter folgen. Die Himmelsleiter ist eine Treppe zwischen zwei steilen Felswänden, die so eng ist, dass man die Leiter nur in eine Richtung, nach oben, begehen darf. Oben angekommen, stehen wir auf dem Neuen Wildenstein, genießen weitere Aussichten und folgen dem Rundweg über den Gipfel, um auf weiteren Treppen wieder hinabzusteigen. Nach links können wir noch einen kleinen Abstecher zum Schneiderloch, einem weiteren schönen Aussichtspunkt, einlegen. Ansonsten wenden wir uns nach rechts, gehen zurück zur Gaststätte und folgen nach einer gemütlichen Einkehr der einfach zu gehenden Kuhstallstraße und der Beschilderung zum Ziel unserer Wanderung, dem Lichtenhainer Wasserfall. Von hier fahren wir mit der über 100 Jahre alten Kirnitzschtalstraßenbahn zurück zu unserem **E Ausgangspunkt** am Campingplatz.

4

Panoramarunde bei Bad Schandau

Zu den Aussichten auf die Sächsische Schweiz

Leicht | 4:00 Std. | 330 Hm | 11,9 km

Tourencharakter
Sehr leichte Wanderung, die zwar nicht durch die klassischen Sehenswürdigkeiten der Region verläuft, dafür aber einen schönen Blick auf selbige zulässt.

Ausgangs-/Endpunkt
Marktplatz in Bad Schandau

Anfahrt
Mit den Bussen 241 oder 252 bis Haltestelle Bad Schandau Markt. Mit dem Auto auf der B172 und dort entweder am Elbufer oder am Kurpark parken.

Gehzeiten
Bis Klamm 1:15 Std. – Adamsberg 2:15 Std. – Aussichtsturm Rathmannsdorf 3:00 Std.

Beste Jahreszeit
Ganzjährig

Einkehr
Gasthaus Heiterer Blick, Sebnitzer Straße 20, 01855 Sebnitz, Tel. 035022/427 14, www.gasthaus-heiterer-blick.de; diverse Einkehrmöglichkeiten im Zentrum von Bad Schandau

Hinweis
Der Aussichtsturm Rathmannsdorf ist nur nach Einwurf von 1 Euro pro Person zugänglich. Kleingeld also nicht vergessen!

Es existieren so viele schöne Aussichtspunkte innerhalb der Sächsischen Schweiz. Warum nicht einfach mal eine verhältnismäßig leichte Wanderung angehen und dabei einen wunderbaren Blick von außen auf die Sächsische Schweiz genießen? Die Panoramarunde oberhalb von Bad Schandau ermöglicht es.

Um den Blick auf die Felsen der Sächsischen Schweiz zu genießen, starten wir unsere Wandertour mitten in der Sächsischen Schweiz, genauer gesagt am zentral gelegenen **Ⓐ Marktplatz von Bad Schandau**. Bevor wir losgehen, können wir vorab noch einen Blick in die St.-Johannis-Kirche am südöstlichen Ende des Marktplatzes werfen. Sie wurde im 18. Jahrhundert errichtet und präsentiert sich im Inneren mit einem Renaissance-Altar, der eigentlich für die Dresdner Kreuzkirche errichtet wurde. Der aus Sandstein geschaffene Altar ist mit Marmor verziert und stammt aus der zweiten Hälfte des 16. Jahrhunderts. Nach einer der fünf Zerstörungen der Kreuzkirche brachte man den Altar zunächst in die

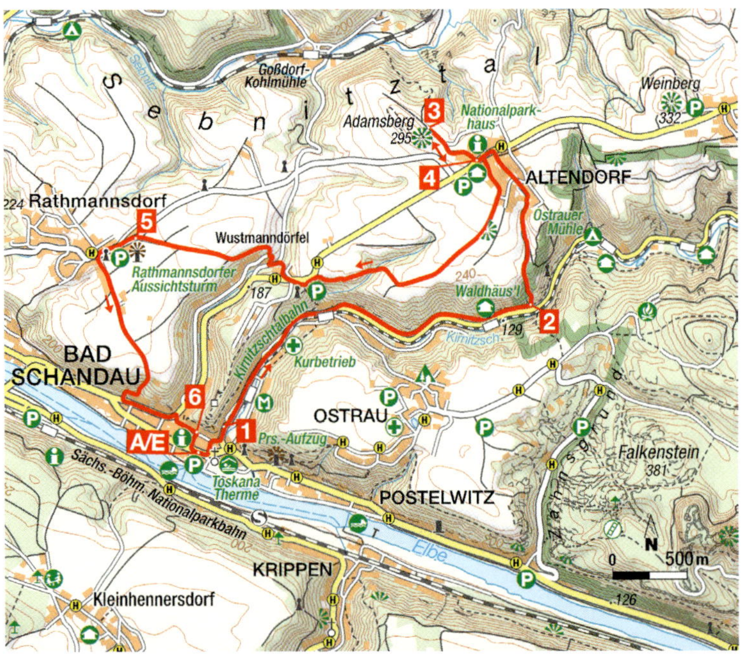

Dresdner Annenkirche. Seit 1927 ziert er nun den Innenraum der Bad Schandauer Kirche.

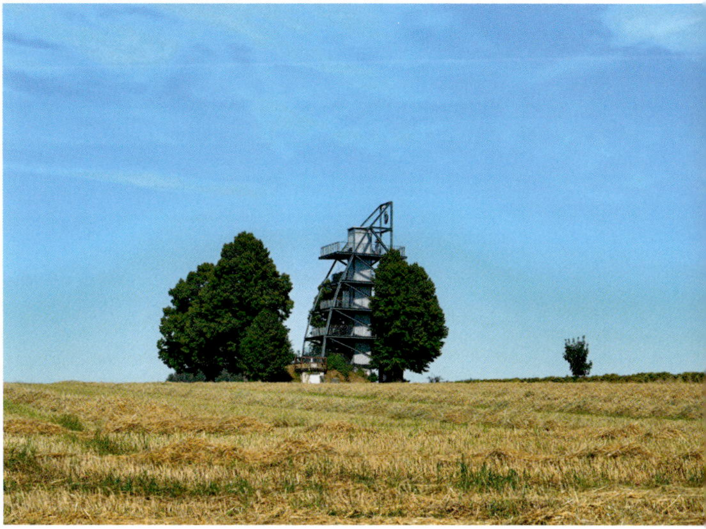

Aussichtsturm bei Rathmannsdorf

Vor dem Gotteshaus wenden wir uns nach links in die Kirchstraße. Am Ende der Straße erhebt sich hinter den Wohnhäusern eine steil aufragende Felswand. Oben sehen wir den Aussichtspunkt der Schlossbergpromenade. Von dort werden wir zum Schluss der Wanderung den Ausblick genießen, bevor es wieder in die Stadt hinabgeht. Doch so weit sind wir noch nicht. Zunächst halten wir uns rechts, spazieren über den Basteiplatz und überqueren die Kirnitzsch, um in den Bad Schandauer ❶ **Kurpark** zu gelangen. Parallel zum Fluss gehen wir durch die Grünanlage und haben nach kurzer Zeit die Möglichkeit zu einem Museumsbesuch auf der rechten Seite. Das Museum Bad Schandau informiert auf mehreren Etagen sowohl über die Geschichte der Stadt als auch über das Bergsteigen im Elbsandsteingebirge. Nachdem wir den Kurpark verlassen und die Klinik passiert haben, überqueren wir den Fluss und bleiben ihm noch eine Zeitlang treu. An der nächsten Brücke könnten wir einen weiteren Zwischenstopp einlegen und den kleinen Botanischen Garten aufsuchen. Er befindet sich rechts des Flusses und besticht durch eine gepflegte Rhododendron-Anlage.

Unser Wanderweg geht indes auf der linken Straßenseite weiter. Ein kurzer Aufstieg bringt uns bis zur Hartung-Promenade, der wir leicht oberhalb der Straße weiter folgen. Dabei bleiben wir zunächst parallel zur Straße und erreichen das ❷ **Waldhäusl**. Bis hierhin war die Wanderung nur ein Spaziergang und wir könnten die wenigen Meter wieder hinab zur Straße gehen und dort an der Haltestelle in die Kirnitzschtalstraßenbahn einsteigen und zurück nach Bad Schandau fahren. Aber das wollen wir natürlich nicht, denn wenig später wird es erst so richtig interessant. Auf der Hartung-Promenade wandern wir weiter unterhalb der steil aufragenden Felsen und erreichen in dem engen Tal bald schon den Altendorfer Bach. Hier verlassen wir das Kirnitzschtal. Wir nutzen die Metallleitern und steigen durch die Dorfbachklamm deutlich nach oben. Von einem Felsvorsprung haben wir einen ersten schönen Ausblick in die Tiefe. Danach wandern wir nordwärts, parallel zum leise plätschernden Altendorfer Bach. Unser Wanderweg mündet in die Untere Dorfstraße von Altendorf, auf der wir den Ort auf befestigtem Weg durchqueren. Zwischen den Wohn- und Ferienhäusern hindurch gehen wir bis zum Ende der Straße, wenden uns an der Sebnitzer Straße nach links und biegen kurz darauf halbrechts in die Rathmannsdorfer Straße ein. An Feldern und am Waldrand entlang entdecken wir wenig später auf der linken Seite einen schmalen Pfad, der uns zum Aussichtspunkt auf den ❸ **Adamsberg** bringt.

Schlossberg Schandau

Auf dem Schlossberg befand sich eine Burganlage aus dem 13. Jahrhundert. Sie war sehr klein und diente vor allen Dingen der Kontrolle des Handels auf der Elbe. Das heutige sichtbare Bauwerk wurde erst viel später gegen Ende des 19. Jahrhunderts errichtet und war von vornherein als Schlossruine konzipiert, weshalb sie auch als künstliche Ruine bezeichnet wird. Auf den Terrassen unterhalb des Burgplateaus befand sich einst eine Gaststätte.

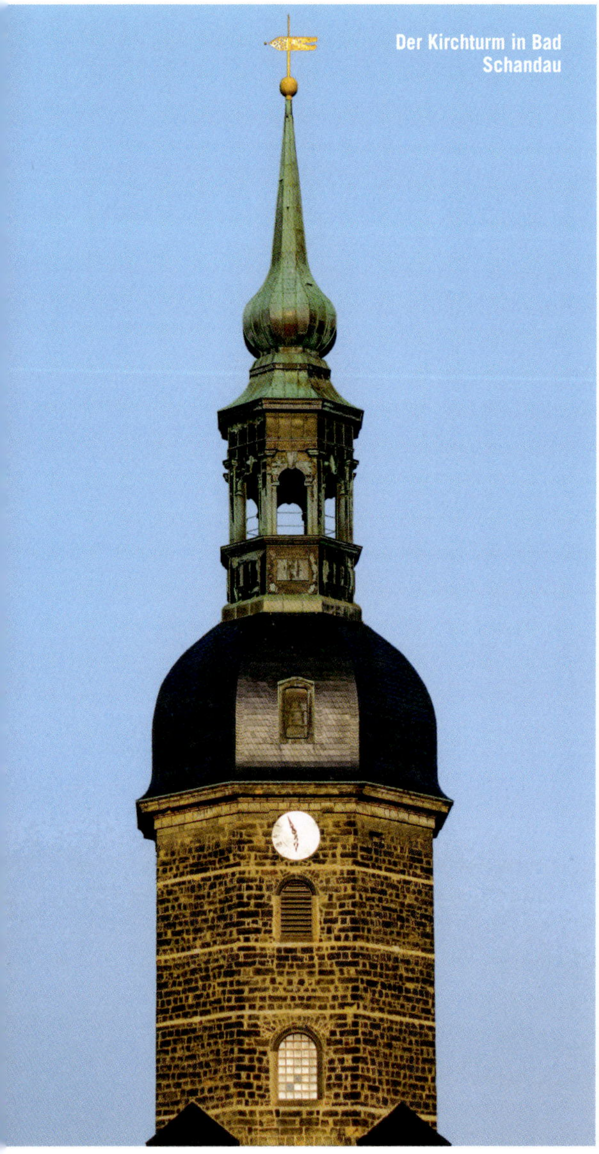
Der Kirchturm in Bad Schandau

Der Gipfel des Adamsbergs befindet sich gerade einmal auf knapp 300 Metern Höhe, also keine wirkliche Herausforderung. Zumal wir ja ohnehin schon in über 250 Höhenmetern unterwegs sind. Daher ist der Adamsberg für uns nur eine leichte Kuppe in der Landschaft. Doch dafür bietet diese Kuppe einen tollen Ausblick. An einer Schutzhütte blicken wir südwärts und freuen uns über die hier aufgestellten Infotafeln, die uns das Landschaftsprofil am Horizont erläutern. Denn unser Blick reicht bis nach Tschechien und zu den markanten Tafelbergen der Region. Insbesondere der Lilienstein fällt deutlich auf und ist uns eine gute Landmarke, um gleich links davon den Königstein zu sehen. Der deutlich kleinere Quirl, abermals links vom Königstein, ist nur schwer auszumachen, doch weiter links erkennt man wieder gut den Pfaffenstein mit seiner Barbarine. Rechts vom Lilienstein erkennen wir die drei Erhebungen Kleiner Bärenstein, Großer Bärenstein und Rauenstein. Und zu guter Letzt brauchen die Schrammsteine kaum erwähnt zu werden. Ihre markante Felsenfront ist deutlich sichtbar und scheint zum Greifen nahe. Wer mag, folgt dem kleinen Rundweg auf dem Adamsberg, der nach gerade einmal 500 Metern durch den Wald wieder am Aussichtspunkt endet. So wie wir aus Altendorf hierher gelangt sind, so wandern wir wieder bis zur Selbnitzer Straße bergab. Halbrechts befindet sich das ❹ Gasthaus Heiterer Blick, praktisch für eine Einkehr, wenn man nicht gerade sein Vesper auf dem Adamsberg verspeist hat.

Der Wanderweg verläuft noch ein kleines Stück weiter auf dem Asphaltweg und zwar halblinks auf dem Wiesenweg durch Altendorf. In einer Linkskurve vor dem Haus Nummer 8 verlassen wir den Ort und wandern auf einem zweispurigen Traktorpfad zwischen den Feldern hindurch. Vor uns richtet sich der Blick auf die Tafelberge, während zu unserer Linken weiterhin die Schrammsteine das Landschaftsbild dominieren. Und wenn wir nach rechts hinten über die Schulter schauen, blicken wir auf den Adamsberg zurück. Auf diesem Panoramaweg folgt nach gut 900 Metern ein Abzweig nach rechts, der uns in das Goldgründeltal bringt. Wir überqueren den kleinen Wasserlauf namens Goldgründel und folgen dem Weg durch den Wald bis zu einem Parkplatz. Abermals überqueren wir hier die Sebnitzer Straße und gewinnen wieder ein wenig an Höhe, bis wir auch die Schandauer Straße überqueren und an wenigen Wohnhäusern vorbei auf einem zweiten Abschnitt der Schandauer Straße folgen. Zwar ist die kleine Straße asphaltiert und nicht vergleichbar mit den schmalen Pfaden in den Schrammsteinen oder auf den Tafelbergen, doch über die Felder auf der rechten Seite sehen wir bereits einen 5 **Aussichtsturm**, der sich eben nur so erreichen lässt und weitere tolle Ausblicke verspricht. Wir folgen dem Weg bis zur Altendorfer Straße, wenden uns nach links und biegen gleich an der ersten Möglichkeit erneut nach links in die Pestalozzistraße ein. Der Rest erklärt sich von alleine, der markante und architektonisch interessante Aussichtsturm Rathmannsdorf ist deutlich zu erkennen. Wer keinen Euro für den Zugang zum Turm dabeihat und daher auf die Besteigung verzichten muss, kann stattdessen neben dem Turm eine kleine Runde im Wassertretbecken absolvieren.

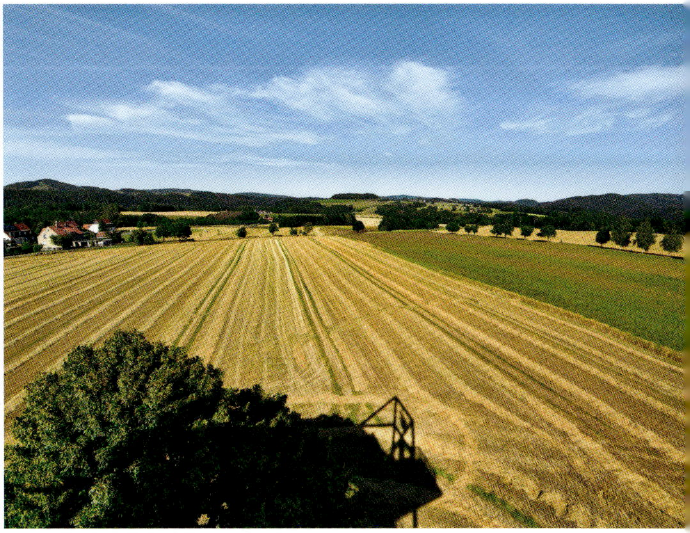

Auch vom Aussichtsturm genießt man wunderbare Ausblicke.

Nach der Pause am Aussichtsturm gehen wir zur Straße zurück und folgen der Pestalozzistraße geradewegs zwischen den Feldern bis zum Wald, in den wir eintauchen. In zwei weiten Kurven gehen wir hinab bis nach Bad Schandau, wo wir zugegebenermaßen durch die Zaukenstraße und Marktstraße wieder zum Ausgangspunkt zurückkehren könnten. Doch anfangs sahen wir ja die Schlossbergterrassen. Den dazugehörigen Schlossberg können wir zum Abschluss unserer Wanderung noch aufsuchen. Zwischen den Häusern 6 und 10 der Sebnitzer Straße steigen die Stufen zur Zauken-Promenade an, die uns durch den Wald auf den 6 **Schandauer Schlossberg** führt. Auf dem Weg zu den Terrassen mit der Aussicht über Bad Schandau und hinauf zu den Ruinen auf dem Schlossberg sehen wir schon rechter Hand den späteren Abstieg hinab in die E **Stadt**.

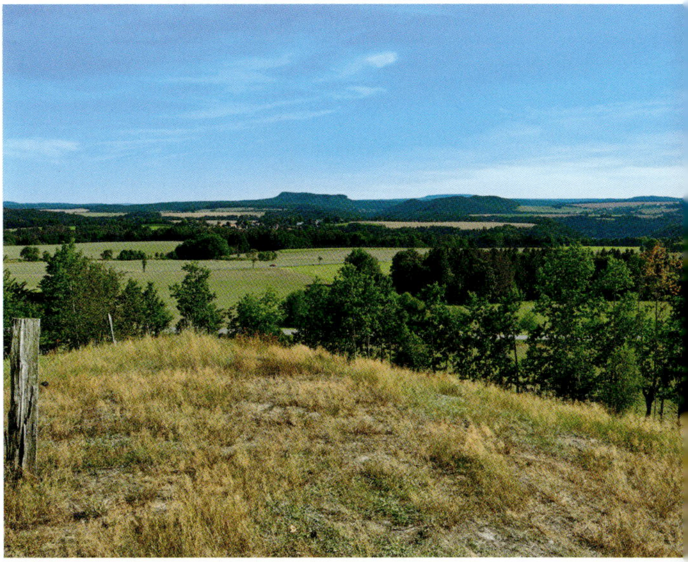

Tafelberge in der Ferne

5

Im Auf und Ab über die Tafelberge

Mit Einkehr zum Kleinhennersdorfer Stein

Leicht | 2:30 Std. | 440 Hm | 5,2 km

Tourencharakter
Leichte Wanderung, die auf zwei benachbarte Tafelberge führt. Stellenweise sind Metallleitern zu überwinden.

Ausgangs-/Endpunkt
Wanderparkplatz Galgenschänke

Anfahrt
Mit den Bussen 244a oder 244b zur Haltestelle Papstdorf Papststein. Mit dem Auto ab Königstein nach Gohrisch und weiter auf der Landstraße in Richtung Papstdorf. Auf halber Strecke liegt im Wald der kostenpflichtige Parkplatz.

Gehzeiten
Bis Papststein 0:30 Std. – Lichterhöhle 1:00 Std. – Gipfel Kleinhennersdorfer Stein 1:30 Std. – Hunskirche 2:00 Std.

Beste Jahreszeit
Ganzjährig

Einkehr
Bergwirtschaft Papststein, Auf dem Papststein 1, 01824 Gohrisch, Tel. 035021/609 56, www.berggast.de

Hinweis
Kleingeld für den Parkscheinautomaten mitnehmen

Tolle Ausblicke, die wir auch im Sitzen bei einer gemütlichen Einkehrmöglichkeit genießen können, erwarten uns auf dem Papststein bei Gohrisch. Von dort geht es anschließend weiter zum Kleinhennersdorfer Stein. Wer will, kann seine Wanderung hier mit einer anderen Tour kombinieren.

Mitten im Wald und zwischen den Ortschaften Gohrisch und Papstdorf liegt der kostenpflichtige Ⓐ **Wanderparkplatz Galgenschänke**. Er ist ein idealer Ausgangspunkt für diese Touren. Vom ersten Schritt an geht es in die Höhe und wir wandern auf einem sanft ansteigenden und stufenförmigen Weg durch den Wald. Die Abzweigungen ignorieren wir und gehen geradeaus weiter bis zum Hunskirchenblick. Dort haben wir, wie der Name schon sagt, einen Ausblick auf den beliebten Kletterfelsen Huns-

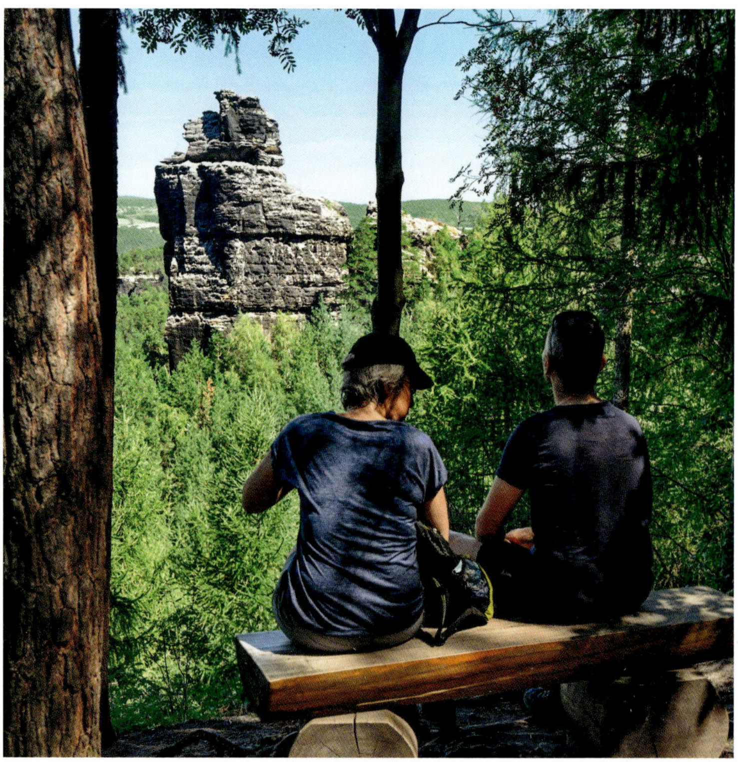

Linke Seite: Rast mit Aussicht auf die Hunskirche

Rechte Seite: Neugierige Blicke

kirche. Wir folgen den Stufen weiter bergauf und es dauert nur ein kurzes Stück, bis wir zwischen den Felsen eine Metallleiter erklimmen und gleich im Anschluss den Gipfel des Papststeins erreicht haben. Der ❶ **Papststein** begrüßt uns einerseits mit einer Berggaststätte und einem Feuerwachturm, den wir schon bei der Anreise sehen konnten. Der Turm kann zwar nicht bestiegen werden, doch das schmälert die Aussichten vom Papststein nicht. Das Panorama reicht über die südlich gelegenen Felder und Wälder bis zur Böhmischen Schweiz. Nach Norden hin schauen wir über Baumwipfel in die Ferne und genießen dabei den Anblick der markanten Felsen, die steil aus dem Wald herausragen.

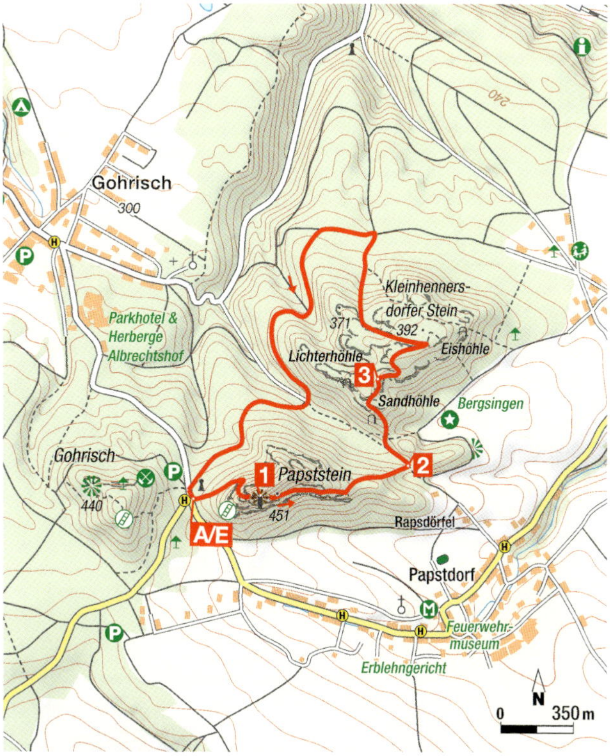

Nachdem wir uns für den Rest der Wanderung ein wenig gestärkt haben, folgen wir dem Wanderweg in östlicher Richtung weiter und steigen im Vergleich

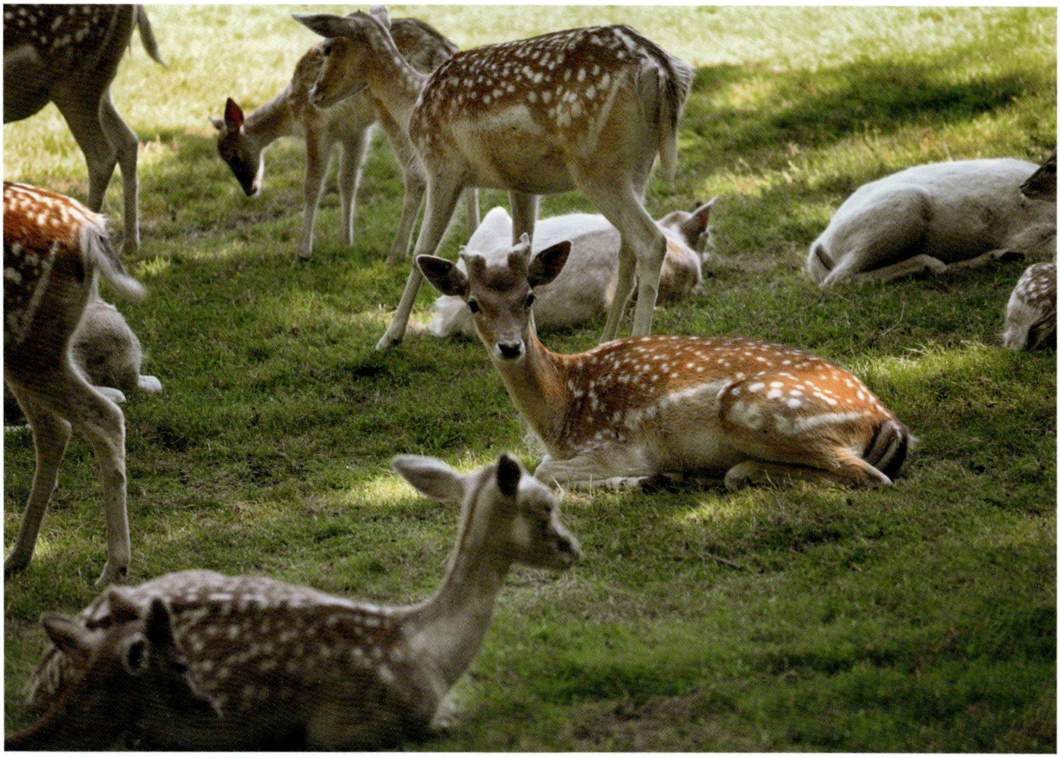

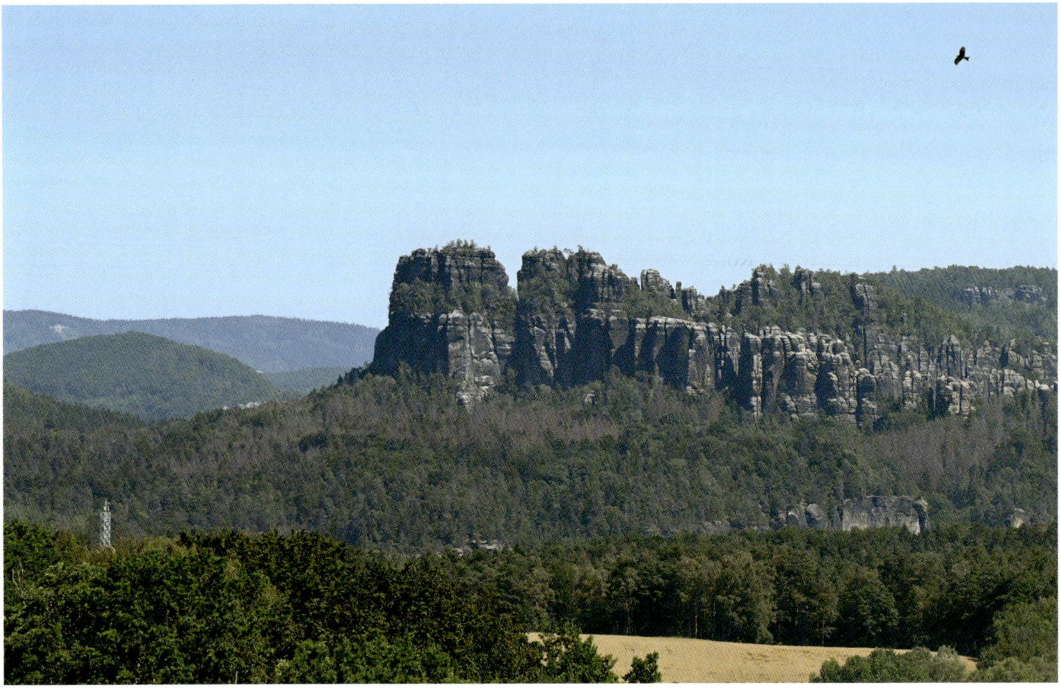

zum Aufstieg deutlich sanfter vom Papststein hinab. Dabei tauchen wir wieder in den Wald ein und erreichen am Ende des Weges eine T-Kreuzung. Hier könnten wir kurz nach rechts abbiegen, um nach wenigen Metern zum ❷ **Wildgehege Kleinhennersdorf** zu gelangen und dort das Damwild zu beobachten. Die eigentliche Wanderung bringt uns aber an der T-Kreuzung nach links und wieder ein wenig in die Höhe. Es dauert nicht lange, bis wir zwischen Felsen und Steinen umherwandern. Manche der schweren Gesteinsbrocken sind zwischen Felswänden eingeklemmt, was dem Wanderweg eine wundervolle Atmosphäre verleiht. Im Bereich dieser Felsen lädt die ❸ **Lichterhöhle** dazu ein, erkundet zu werden. Sie ist die größte und am leichtesten zugängliche Höhle in diesem Bereich. Gern wird diese von Menschenhand erweiterte Höhle zur Übernachtung genutzt. Mit der Großen Hampelhöhle und der Eishöhle gibt es zwar zwei weitere Höhlen im näheren Umfeld, doch sind diese nicht ganz so leicht zugänglich.

Papststein

Schon Ende des 15. Jahrhunderts wurde der Papststein zum ersten Mal schriftlich erwähnt, damals jedoch noch als Bogerßdorfer Stein. Der Tourismus an diesem Tafelberg begann erst Mitte des 19. Jahrhunderts. Der spätere König Friedrich August II. bestieg den Berg 1830. Im Lauf der folgenden Jahre legte man Wege an, schuf Pavillons und schließlich 1862 die noch heute vorhandene Berggaststätte.

Die Höhlen markieren für uns zugleich, dass wir nun über den Kleinhennersdorfer Stein wandern. Dieser Tafelberg ist um einiges niedriger als die anderen Tafelberge in der Sächsischen Schweiz. Außerdem ist er stark bewaldet und hat weniger ausgeprägte Felsformationen. Daher sind Aussichten vom Kleinhennersdorfer Stein weniger möglich. Nichtsdestotrotz genießen wir die Wanderung zwischen den aufragenden Felsen. Dabei müssen wir ein wenig genauer schauen, wo der Weg verläuft und am stärksten ausgetreten ist. Auf der Mitte des Berges beginnt der Höllenweg, der zunächst ganz sanft in westlicher Richtung und wenig später nach Norden hin deutlicher abfällt.

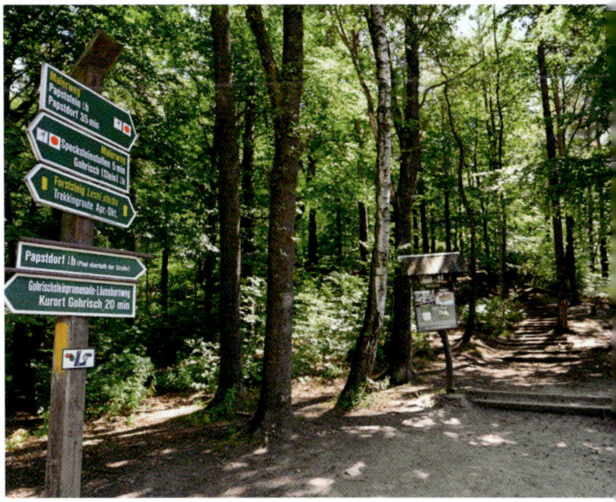

An jeder Weggabelung die Qual der Wahl

Zurück im Wald und ganz ohne Felsen gelangen wir zu einer Kreuzung mit dem Königsteiner Steig, an der wir uns nach links wenden. An einer Gabelung halten wir uns halblinks, könnten aber auch geradeaus und später nach links abbiegen, um an der Westflanke des Kleinhennersdorfer Steins im leichten Auf und Ab zum Suppelgrundsweg zu gelangen. Ungefähr auf halber Strecke gibt uns eine kleine Schutzhütte nochmals Gelegenheit zu einer Pause. Doch weit ist es nicht mehr bis zu unserem Ausgangspunkt. An der Kreuzung halten wir uns leicht rechts. Dabei umrunden wir auf der Alten Rietschgrundstraße die Große und Kleine Hunskirche.

In einer Rechtskurve des breiten Waldwegs haben wir die Möglichkeit, auf einen schmalen Pfad nach links abzubiegen. Dieser würde uns abermals über Stufen hinauf zur Großen und Kleinen Hunskirche bringen, von wo aus wir noch einmal einen schönen Ausblick genießen können. Wer mag, kann von hier aus sogar wieder zum bereits bekannten Wanderweg auf dem Papststein gelangen. Ansonsten bleiben wir auf dem Waldweg und folgen ihm auf den letzten 250 Metern, bis wir wieder an der Straße und dem E **Wanderparkplatz** angekommen sind. Wem das noch nicht genug an Wanderung war, der kann das Auto stehen lassen und sich gleich im Anschluss den weiter westlich gelegenen Gohrisch vornehmen und erklimmen.

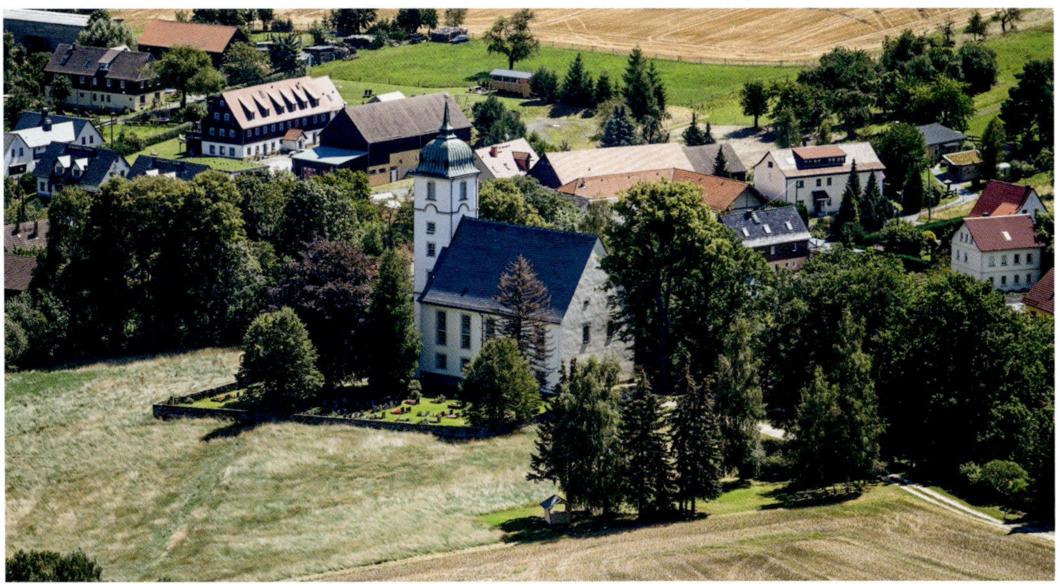

Vom Papststein blickt man auf die Kirche in Papstdorf.

6

Wo man Feen und Trolle vermutet

Entspannte Wanderung durch den Uttewalder Grund

Leicht 2:30 Std. 190 Hm 7,8 km

Tourencharakter
Leichte Wanderung ganz ohne Aussichtspunkte, dafür mit schönen Einblicken in die Schluchtenlandschaft der Sächsischen Schweiz. An einigen Stellen müssen Metallleitern überwunden werden.

Ausgangs-/Endpunkt
Wanderparkplatz am Ortsrand von Uttewalde, Alte Uttewalder Straße

Anfahrt
Buslinie 238 bis Uttewalde. Mit dem Auto ab Pirna in Richtung Hohnstein, nach Durchquerung von Lohmen rechts in die Wehler Straße und kurz darauf halblinks nach Uttewalde

Gehzeiten
Bis Felsentor Uttewalder Grund 0:30 Std. – Teufelsschlucht 1:15 Std.

Beste Jahreszeit
Ganzjährig

Einkehr
Gasthof Uttewalde, Grundstraße 6, 01847 Lohmen, Tel. 035024/702 37, www.gasthof-uttewalde.de; Gasthaus Waldidylle, Grundstraße 2, 01847 Lohmen, Tel. 035024/798 46, www.waldidylle-online.de

Es gibt in der Sächsischen Schweiz auch Wandermöglichkeiten, bei denen es an Aussichten und Panoramen mangelt. Das heißt aber nicht, dass sie weniger schön sind. Ganz im Gegenteil, die Tour durch den Uttewalder Grund sollte man auf keinen Fall auslassen. Sie bietet zwar weniger Aussicht, dafür aber einen sehenswerten Durch- und Einblick.

Lassen wir den **A Wanderparkplatz** hinter uns und begeben wir uns gleich in den angrenzenden Ort Uttewalde. Schon vom ersten Moment an wandern wir bergab und nicht etwa bergauf auf einen der vielen Tafelberge oder Aussichtspunkte. Es geht in eine Art Schlucht. Doch zuvor passieren wir den Ort auf der Grundstraße bis zum **1 Gasthof Uttewalde**, bei dem man sich noch für die kurze Wandertour stärken kann. Da wir am Ende der Wanderung wieder hierhin zurückkehren, können wir uns aber auch im Anschluss für die Tour mit einer Einkehr belohnen. Vor dem Gasthaus gehen wir halblinks auf dem schmalen Trampelpfad in Richtung Uttewalder Grund, nicht zu verwechseln mit dem Weg nach rechts, mit dem wir zwar abkürzen, aber auch einen schönen Teil der

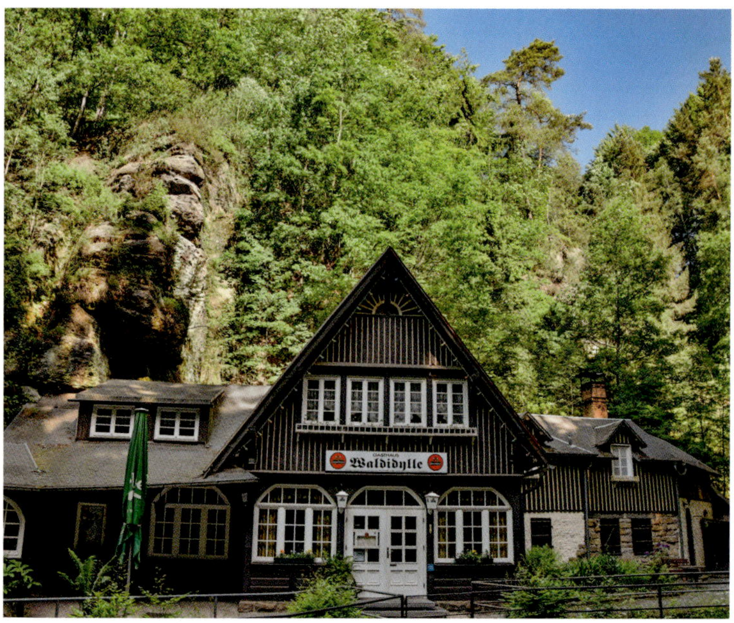

Der Name dieser Einkehrmöglichkeit ist Programm.

Strecke verpassen. Kaum im Wald, halten wir uns rechts und wandern deutlich bergab, teilweise über Treppenstufen. Dabei tauchen wir nicht nur in irgendeinen Wald ein. Vielmehr scheint die Landschaft verwunschen zu sein. Moosbewachsene Steine und Felsen, Farne und Dunkelheit umgeben uns in einem schmalen, kühlen Tal. Gerade eben standen wir noch auf der Straße im Dorf, beschienen von der Sonne, und jetzt hat man kaum einen Blick auf den Himmel. Die Schönheit der Natur hat uns sogleich fest im Griff. Und als wäre das noch nicht genug, bietet sie uns nicht nur eine Schlucht mit steilen Felswänden rechts und links, sondern sie scheint mit dem Gestein auch noch zu spielen.

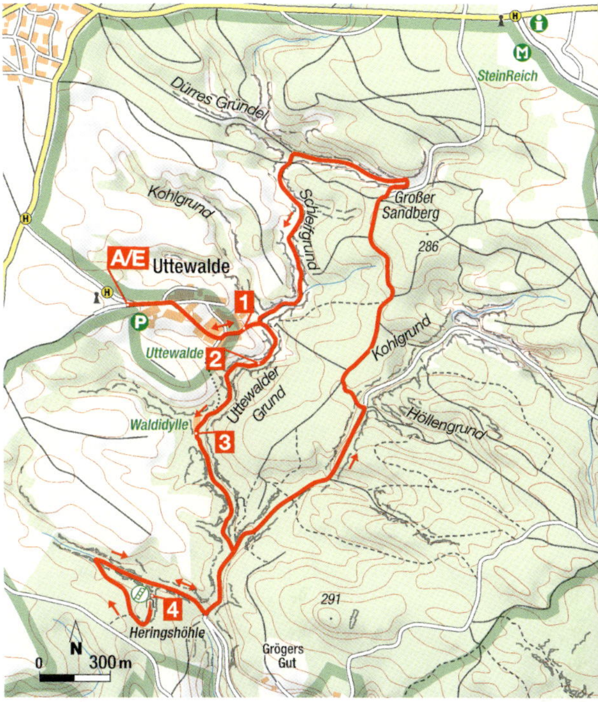

Einer der Felsen hängt zwischen den engen Felswänden fest und bildet damit ein ❷ **Felsentor** im Uttewalder Grund. Für uns bedeutet das, den Kopf ein wenig einzuziehen, damit wir unter der Felsformation hindurchgelangen. Es kommt uns beinahe so vor, als würde der Fels schweben. An anderer Stelle schuf die Natur Einschnitte in die Felswände. Fast wie Regale sehen sie aus. Kein Wunder also, dass sie von den Wanderern als Ablage benutzt werden. Zahlreiche Steinmännchen hat man im Lauf der Jahre in den Regalen aufgebaut. Oder waren es doch die Feen und Trolle, die in dieser beinahe unwirklichen Schönheit hausen könnten?

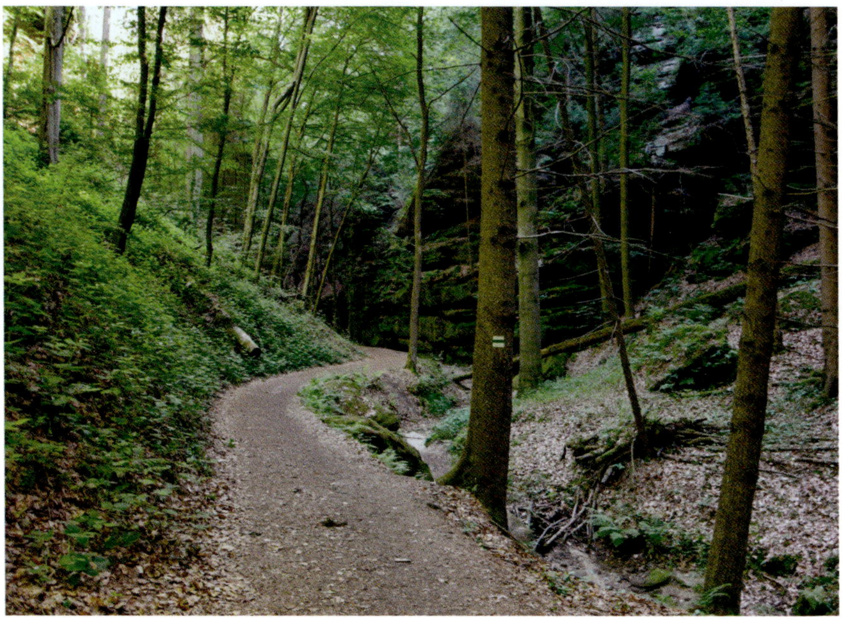

Kühl und schattig ist es im Uttewalder Grund.

Wir folgen dem grünen und kühlen Tal und gelangen schon nach kurzer Zeit zum ❸ **Gasthaus Waldidylle**, das hier in dieser Umgebung einen urigen Eindruck macht. Wir wandern weiter geradeaus und immer mehr überkommt uns das Gefühl, wir seien in einer Art unterirdischer Sächsischer Schweiz unterwegs. Die schroffen Felsen um uns herum und der dichte Wald erinnern an die Tafelberge – nur eben ohne Aussicht und Steigung. Und es geht noch weiter bergab. Nach kurzer Zeit treffen wir auf einen etwas breiteren Wanderweg, folgen diesem nach rechts in südlicher Richtung und verlassen ihn schon an der ersten Möglichkeit erneut nach rechts. Wir überqueren den Grundbach, biegen abermals rechts ab und wandern jetzt in Richtung Teufelsgrund. Da dieser kleine Abstecher zum ❹ **Teufelsgrund** einen Rundweg für uns bedeutet, spielt es wenig später an einem Abzweig keine Rolle, ob wir links oder geradeaus gehen. Wir werden hier wieder vorbeikommen. Der Schlenker durch den Teufelsgrund ist ein Spaß für Jung und Alt. Er besteht im Wesentlichen aus der Teufelsschlucht links und der Teufelskammer geradeaus. Beide bestechen durch noch engere Felswände als am Felsentor vom Uttewalder Grund. Immer wieder muss man den Kopf einziehen und sich durch die Engstellen winden, die die Natur hier geformt hat.

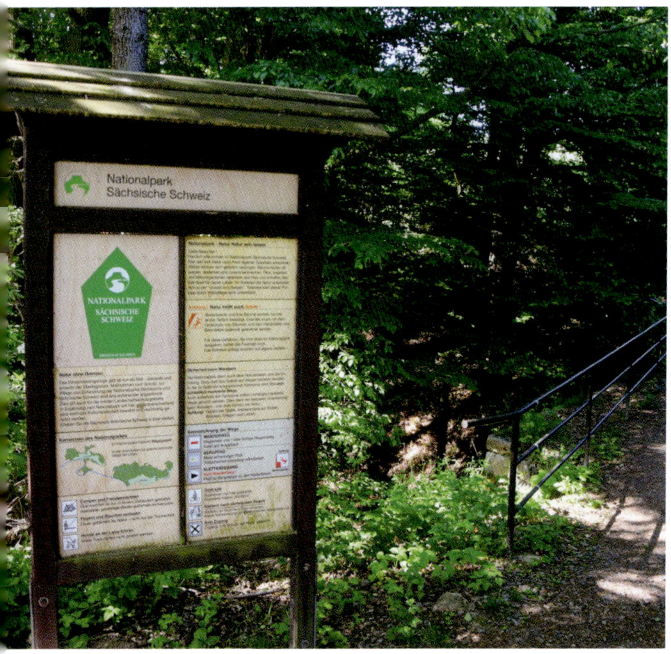

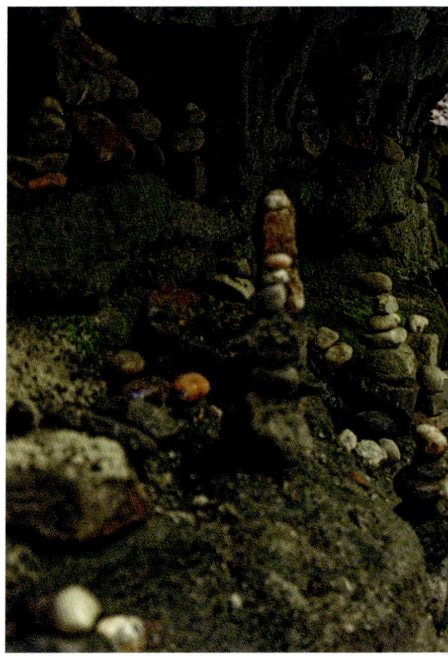

Links: Unterwegs im Nationalpark

Mitte: Zahlreiche Steinhäufchen zieren den Uttewalder Grund.

Rechts: Willkommen im Nationalpark Sächsische Schweiz!

Dabei folgen wir der Ausschilderung des Weges und durchqueren zwischendurch ein kleines Wäldchen, um von der Teufelskammer zur Teufelsschlucht oder umgekehrt zu gelangen, je nachdem, welche Richtung wir eingeschlagen haben. Nach dem Rundweg gehen wir zurück zu dem bereits bekannten, breiten Waldweg und folgen diesem nach links. Ganz so, als wollten wir zum Felsentor zurück. Doch anstatt den breiten Wanderweg nach halblinks zu verlassen, bleiben wir ihm treu und lernen auf ihm, dem Wettinweg und Schergengrund, noch das kleine Tal Zscherregrund kennen. In seiner Verlängerung wird das Tal auch als Kohlegrund bezeichnet. Wir verlassen es auf der linken Seite über den Müllersteig. Dieser lässt sich allerdings schnell übersehen. Er beginnt gegenüber des Holzengrunds und wir müssen hierfür den kleinen Bach überqueren. Sollten wir den Abzweig verpassen, ist das kein Beinbruch, denn dann nehmen wir einfach den nächsten Weg, der nach links und vor allen Dingen nach oben führt. Beide Wege führen hinauf auf den Brückwaldweg, dem wir nach rechts folgen.

Bruno Barthel

Im Uttewalder Grund findet man gleich nach dem Abstieg eine Gedenktafel zu Ehren von Bruno Barthel. Er wurde 1885 in Lohmen geboren und wuchs in Uttewalde auf. Später arbeitete er in Bad Schandau und Dresden. Nach dem Ersten Weltkrieg kehrte er in seine Heimat zurück und widmete sich der Schriftstellerei. Er verfasste mehrere Bücher, vor allem in sächsisch-oberlausitzer Mundart. Nach Barthel ist ein Wanderweg in der Sächsischen Schweiz benannt.

Es geht gemütlich durch den Wald und auf dem Forstmeisterweg entlang. Hinter einer schärferen Rechtskurve verlassen wir den Weg erneut nach links und wandern auf dem kurvigen Kehllochweg bis zum gleichnamigen Kehllochbach, den wir über-

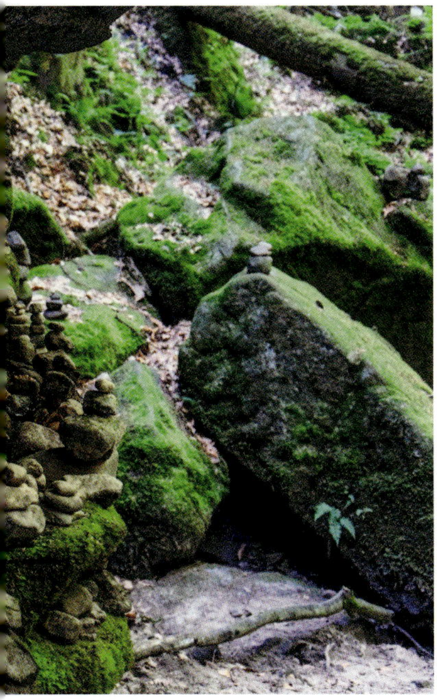

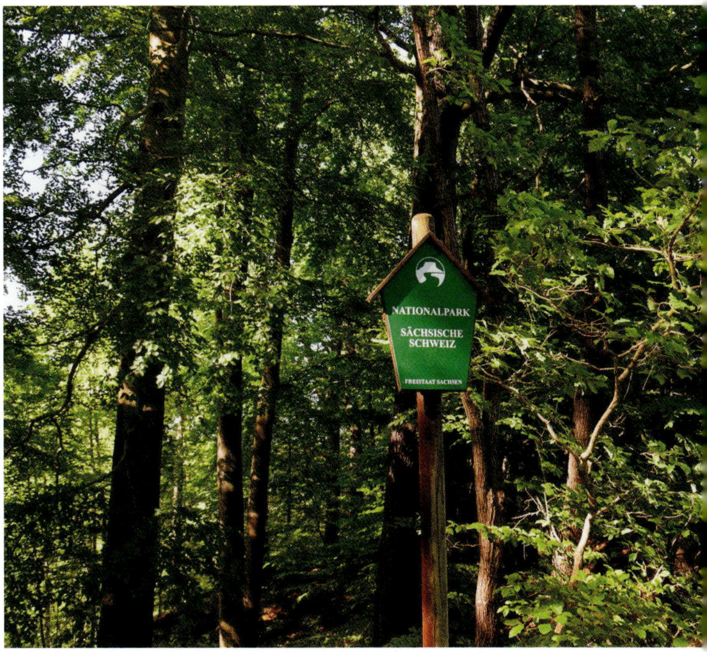

queren und dem wir anschließend abwärts folgen. Der Bach mündet in den Uttewalder Grundbach, den wir bereits kennen. Denn er fließt zum Felsentor, weshalb wir dem Bach nach links folgen. Zahlreiche Felsformationen umgeben uns bald wieder und wir erkennen nach kurzer Wanderung den Aufstieg in das Dorf Uttewalde wieder. Diesem folgen wir, durchqueren den Ort und erreichen so wieder unseren E **Ausgangspunkt**. Zwar hatte diese Wanderung keine Fernblicke zu bieten, doch war das Panorama in den Schluchten einzigartig.

7

In die Kirnitzschklamm an der Grenze

Große Nationalparkrunde bei Hinterhermsdorf

Mittel | 5:00 Std. | 490 Hm | 13,3 km

Tourencharakter
Aufgrund der Länge eher als mittelschwer einzustufen, von den Begebenheiten der Strecke jedoch leicht und wenig anspruchsvoll. Am Parkplatz der Waldhusche ließe sich die Strecke bei Bedarf um rund 4 km abkürzen.

Ausgangs-/Endpunkt
Parkplatz an der Saupsdorfer Straße in Hinterhermsdorf, gegenüber der Tourist-Information

Anfahrt
Busse 241, 268 oder 269 bis Haltestelle Hinterhermsdorf, Erbgericht; mit dem Auto ab Sebnitz durch Saupsdorf und in Richtung Hinterhermsdorf, im Ort zum Haus des Gastes

Gehzeiten
Bis Taubenstein 0:45 Std. – Obere Schleuse 1:15 Std. – Hermannseck 2:00 Std. – Königsplatz 2:45 Std. – Brüdersteine 3:45 Std.

Beste Jahreszeit
April–Oktober

Einkehr
Gaststätte Buchenparkhalle, Buchenstr. 11, 01855 Sebnitz, Tel. 035974/557 63, www.buchenparkhalle.com

Bei Hinterhermsdorf, beinahe im hintersten Winkel des deutschen Teiles des Elbsandsteingebirges, erleben wir eine abwechslungsreiche Tour durch den waldreichen Nationalpark. Neben einigen wunderschönen Ausblicken gelangen wir auch in die malerische Kirnitzschklamm, die wir bei einem kleinen Zwischenstopp auch mit dem Boot erkunden können.

Gleich am Ⓐ **Parkplatz von Hinterhermsdorf** können wir bei Bedarf einen Blick in die örtliche Tourismusinformation werfen und eventuelle Fragen zu dieser Wanderung und den Besuch der Kirnitzschklamm klären. Danach folgen wir der Schandauer Straße in südlicher Richtung durch den Ort. Mit einem Blick auf die Engelkirche zu unserer Linken folgen wir der Neudorfstraße halblinks. Sie bringt uns nach einiger Zeit aus dem Ort hinaus und wir erreichen schließlich stets geradeaus auf dem folgenden Birkenweg den Waldrand. Hier lassen wir Hinterhermsdorf hinter uns und wandern in den Nationalpark Sächsische Schweiz. Nach einer Linkskurve biegen wir rechts auf den breiten Lehmhübelweg

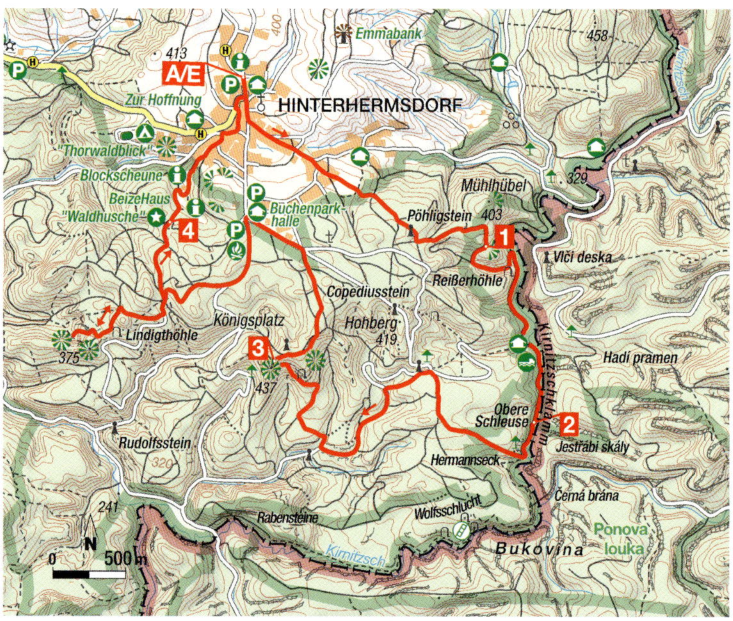

ein. Er verläuft sehr einfach und fast schnurgerade durch den Wald. Ungefähr 250 Meter hinter einer Linkskurve erreichen wir eine Gabelung, an der wir halbrechts weitergehen und auf dem Taubensteiner Weg die Möglichkeit zu einem kleinen Abstecher nach links haben. Denn rund 150 Meter sind es bis zum felsigen Aussichtspunkt auf dem ❶ **Taubenstein**. Hier stehen wir genau oberhalb des Kirnitzschtals und blicken nicht nur in die Tiefe hinab, sondern auch geradeaus auf die sanften bewaldeten Hügel Tschechiens. Das Kirnitzschtal markiert hier die Staatsgrenze.

Nach dem Genuss der Aussicht gehen wir den kurzen Weg zurück zu unserem Weg und folgen diesem nach links in die ursprüngliche Richtung. Auf dem Weg namens Reißersgrund steigen wir hinab in das Tal und wenden uns knapp oberhalb der Kirnitzsch nach rechts. Auf dem Wettinweg folgen wir dem Flusslauf und gelangen zur ❷ **Oberen Schleuse**. Hier hätten wir die Möglichkeit, den Wanderweg mit einer Kanufahrt zu tauschen. Dabei lernen wir die enge Kirnitzschklamm vom Wasser aus kennen. Doch ob wir mit dem Kanu fahren oder zu Fuß weiter dem Wanderweg folgen, in beiden Fällen genießen wir die enge Schlucht und blicken auf die hohen Wände, an der einen Seite auf deutschem und an der anderen Seite auf tschechischem Boden. Die Staatsgrenze liegt genau in der Flussmitte. Bei den Attributen für die Klamm hat man eine große Auswahl. Romantisch, malerisch, traumhaft. Kaum einer wird von dieser Naturschönheit unbeeindruckt bleiben.

Auf dem Flößersteig wandern wir im leichten Auf und Ab unter den dichten Baumkronen, bis auf der rechten Seite ein Aufstieg zum Hermannseck neugierig macht. Über die Stufen erreichen wir den Aussichtspunkt, lassen den Blick schweifen und verlassen das Kirnitzschtal bzw. die Klamm. Die Waldwege des Nationalparks

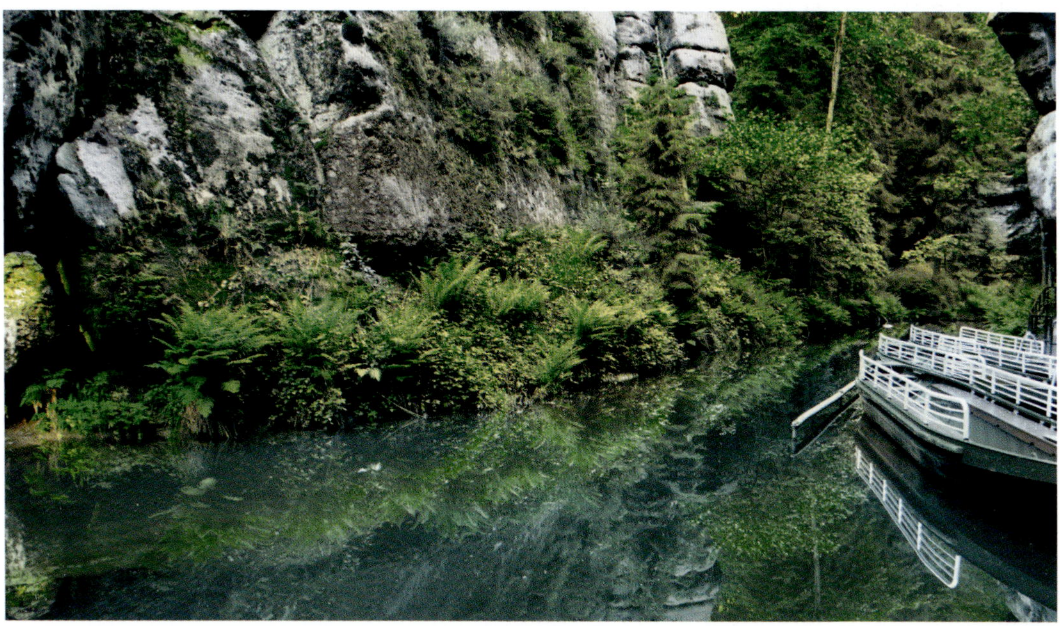

Die Felswand ist bereits tschechisches Gebiet.

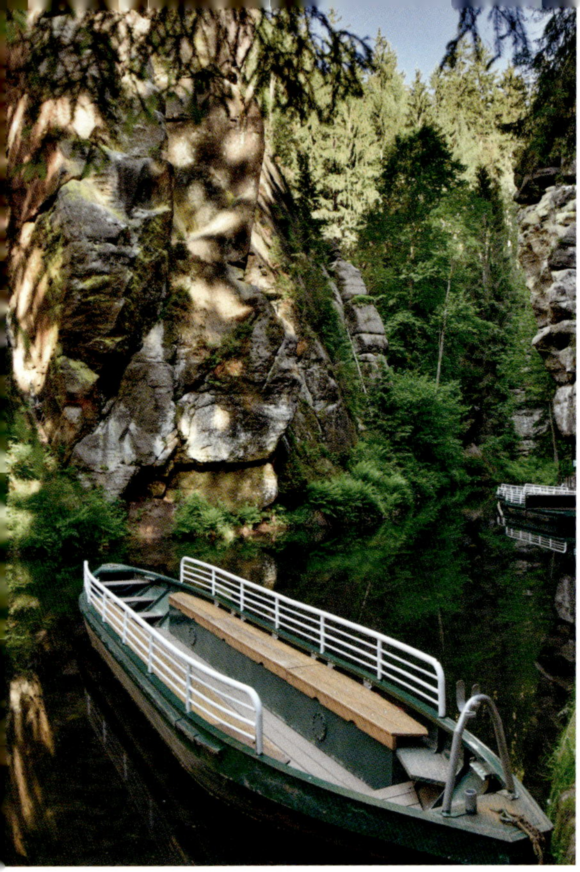

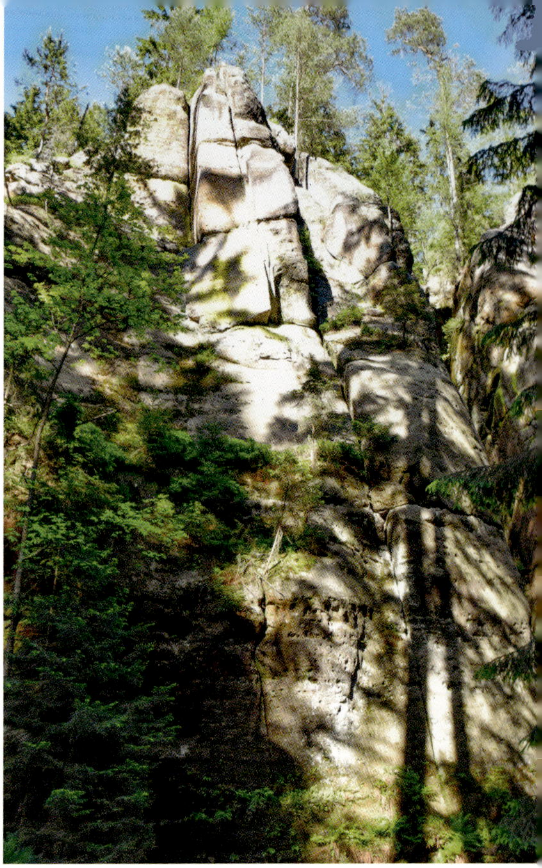

haben uns zurück und so sind wir auf dem Schleusenhornweg mit leichter Steigung unterwegs. Wir passieren eine Schutzhütte und treffen auf den Rabensteinweg, dem wir halbrechts folgen. Am Wettinplatz wartet nicht nur eine weitere Schutzhütte, sondern es treffen mehrere Wege aufeinander. Wir entscheiden uns für den zweiten Abzweig nach links.

Hier können wir übrigens auf dem breiteren Waldweg bleiben oder aber nach wenigen Metern halblinks durch die Schnepfenschlüchte abkürzen. Auf ihr treffen wir ohnehin wieder auf den Hollweg, der einfach nur einen größeren Bogen erfordert. Wir folgen dem kurvigen Weg einige Zeit, bis wir scharf rechts in das sogenannte Hintere Schweineloch abbiegen. Es erwarten uns einige Treppen, Leitern und Engstellen auf denen und durch die wir nach oben gelangen und den Aussichtspunkt ❸ **Königsplatz** erreichen. Für den kurzen Aufstieg werden wir erneut mit einem tollen Ausblick belohnt. Ein idealer Punkt für eine kleine Brotzeit, bevor wir zu den Stufen zurückgehen und in nordöstlicher Richtung weiter durch den Wald wandern. Nach kurzer Zeit erreichen wir

Kahnfahrt durch die Kirnitzschklamm

Die Kirnitzschklamm wurde bereits in der zweiten Hälfte des 16. Jahrhunderts mit Stauanlagen versehen. Damit konnte auf dem Wasser geflößt und das geschlagene Holz abtransportiert werden. Heute kann man in der Zeit von April bis Oktober als Besucher der Nationalparks im Kanu auf der Kirnitzsch fahren. Während der rund 20-minütigen Kahnfahrt informiert der Fahrer über die Geschichte und Besonderheiten der Klamm. Die letzte Abfahrt ist um 16 Uhr.

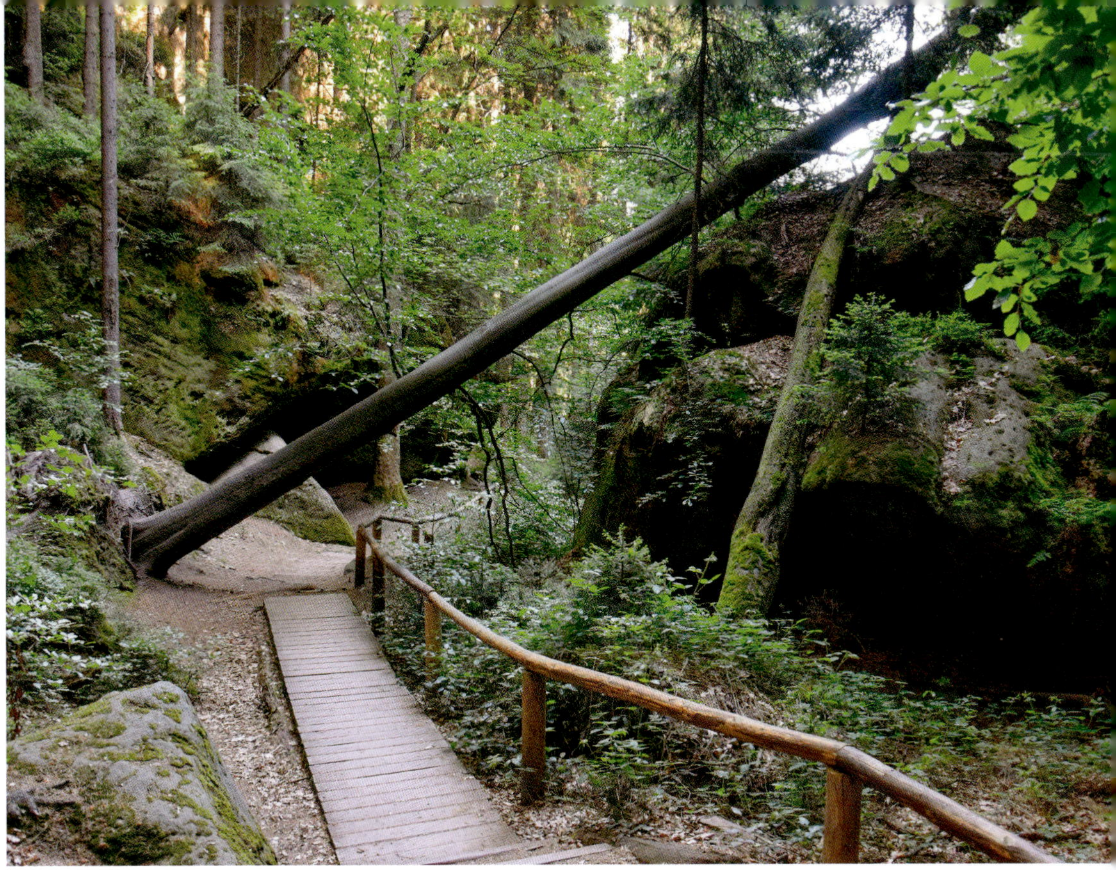

den Hohweg und wenden uns nach links. Viele Wanderer sind hier unterwegs, weil es in der Nähe einen Wanderparkplatz gibt und man auf dem Hohweg die kürzeste Strecke zur Kirnitzschklamm zurücklegt.

Der Parkplatz ist auch von uns schnell erreicht und wir biegen vor diesem erneut nach links ab. Wer mit Kindern unterwegs ist, wird viel Freude in der ④ **Waldhusche** haben, die sich hinter dem Parkplatz befindet. Mit zahlreichen Spielstationen bringt man den Kleinsten das Wandern und die Natur näher. Auf der Zollstraße entscheiden wir uns an einer bald folgenden Gabelung für die Lindigtstraße, die halbrechts abzweigt. Hier müssen wir ein wenig aufpassen, weil von diesem Weg der Aschhübelweg nach rechts abzweigt. Diesem werden wir später folgen, doch vorher haben wir noch die Möglichkeit zu einem weiteren Abstecher. Dafür gehen wir noch ein kurzes Stück auf der Lindigtstraße, halten uns aber sehr früh halbrechts. Dabei achten wir ein wenig auf die Beschilderung zu den Brüdersteinen und zum Lindigtblick. Auch hier stehen wir wieder auf den Felsvorsprüngen des Elbsandsteingebirges und genießen die Landschaft. Anschließend gehen wir zurück zum besagten Abzweig auf den Aschhübelweg und folgen diesem einfach durch die Waldhusche und an einigen ihrer Lernstationen vorbei. Gleich im Anschluss gelangen wir auf den Dorfbachweg und sind damit wieder in Hinterhermsdorf zurück. Durch das Ortszentrum gelangen wir zur Schandauer Straße und über die Tourist-Information und zum Ⓔ **Ausgangspunkt**.

Links: Mit diesen Booten durchquert man die Klamm.

Mitte: Auch in der Kirnitzschklamm ragen die Felswände steil auf.

Rechts: Bitte nicht den Kopf anstoßen.

8

Tafelberge in einer Elbschleife

Spannende Tour am Kleinen und Großen Bärenstein

Schwer 4:30 Std. 450 Hm 12,6 km

Tourencharakter
Teils schwere Tour, die über zahlreiche Leitern und Stufen verläuft. Besonders herausfordernd ist der Abstieg vom Großen Bärenstein, für den man in der Regel alle Viere und den Popo verwendet.

Ausgangs-/Endpunkt
Wanderparkplatz in Weißig

Anfahrt
Buslinie 246 bis Haltestelle Weißig und auf der Straße weiter zum Parkplatz am Einstieg des Wanderwegs. Mit dem Auto auf der B172 bis Krietzschwitz, weiter durch Struppen und bis Weißig

Gehzeiten
Bis Kleiner Bärenstein 1:15 Std. – Jungfernsprung 1:45 Std. – Großer Bärenstein 2:30 Std. – Rauenstein 3:30 Std.

Beste Jahreszeit
April–Oktober

Einkehr
Berggaststätte Fels Rauenstein, 01796 Struppen, Tel. 035021/678 81, www.fels-rauenstein.de

Hinweis
Trittsicherheit erforderlich sowie Kleingeld für den Parkscheinautomaten am Wanderparkplatz

Abenteuerlich geht es zu, wenn man auf dieser Wanderung ein wenig kraxeln muss und Trittsicherheit vonnöten ist. Außerdem müssen manche Aussichtspunkte etwas intensiver gesucht werden. Ohnehin ist es verwirrend, dass der Kleine Bärenstein ganze 10 Meter höher ist als der Große Bärenstein.

Kurz gesagt: Die Tour ist anspruchsvoll und als reichten die beiden genannten Berge noch nicht aus, wandern wir zum Abschluss noch zum Rauenstein. Doch dort ist es viel einfacher, unterwegs zu sein, und wir können uns für die spannenden Augenblicke in der Felsgaststätte belohnen. Aus diesem Grund wandern wir ab A **Weißig** im Uhrzeigersinn auf dieser »Halbinsel«, die durch die Elbe geformt wird und die die größte Elbschleife in der Sächsischen Schweiz ist. Neben dem Parkplatz startet der Weg, auf dem wir den kleinen Ort Weißig gleich hinter uns lassen. Rechts erstreckt sich ein kleiner Wald, während wir zur Linken über die leicht hügeligen Felder in der Ferne bereits die beiden Bärensteine erbli-

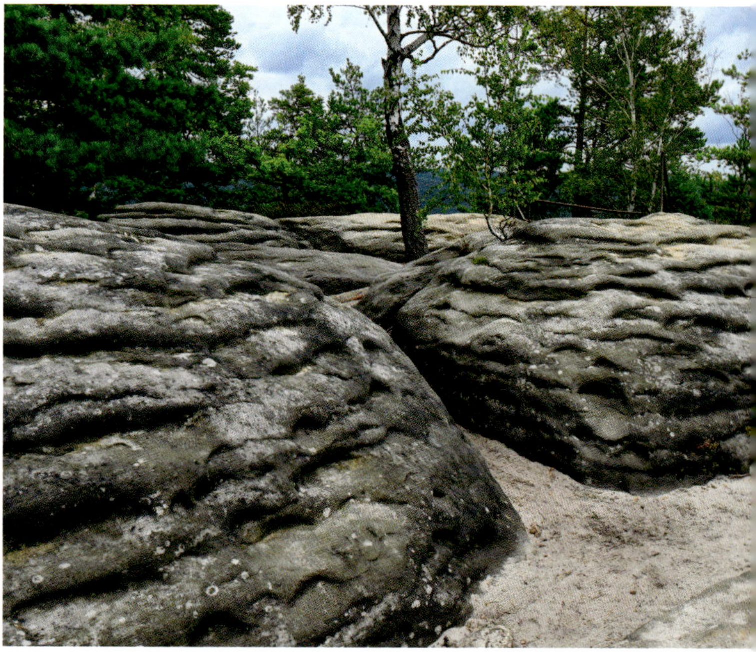

Auf dem Gipfelplateau vom Rauenstein

cken: links der Kleine und rechts der Große Bärenstein. Nach Ende des Wäldchens auf der rechten Seite schieben sich nun die markanten Felsen des Rauensteins in unser Sichtfeld. Ganz scharf rechts, etwas abseits vom Rauenstein, erhebt sich zwischen den Bäumen die sogenannte Nonne. Keine Sorge, wir werden das alles noch aus der Nähe erleben. Zunächst wandern wir geradeaus in den Wald hinein und gleich an der ersten Möglichkeit wenden wir uns nach links.

Es geht spürbar, aber angenehm bergab in eine kleine Senke, in der wir das Wasser des Schafbornbächel überqueren. Gleich dahinter biegen wir scharf links ab, folgen dem schmalen Weg bis zu einer T-Kreuzung und halten uns abermals links. Wenig später biegen wir rechts ab und durchwandern eine Linkskurve, die uns zum Waldrand bringt, wo wir links zwischen den Bäumen ein Feld erblicken. Wir erreichen den Schneiderweg, der uns zwischen die beiden Bärensteine bringen würde. Ihm zu folgen und an der nächsten Gelegenheit links abzubiegen, wäre auch möglich. Doch wir können auch schon gleich zu Beginn des Schneiderwegs nach links und an der ersten Gelegenheit rechts auf den zweispurigen Forstweg. Er bringt uns ebenfalls zum Schneiderweg, an dem wir links abbiegen.

Kurz vor der kleinen Straße halten wir uns rechts und sind nun dabei, den Kleinen Bärenstein zu erklimmen. Weiter oben erwarten uns die für die Sächsische Schweiz typischen zerklüfteten Wände und Engstellen. Eine dieser Engstellen ist das Schneiderloch. Auf der linken Seite erheben sich die Felswände des Thürmsdorfer Steins, während zu unserer Rechten der ❶ **Kleine Bärenstein** liegt. Um seinen Gipfel zu erreichen, müssen wir im Anschluss nur noch den Stufen hinauf folgen. Von oben genießen wir die wunderbare Aussicht und erkennen deutlich die nur zweieinhalb

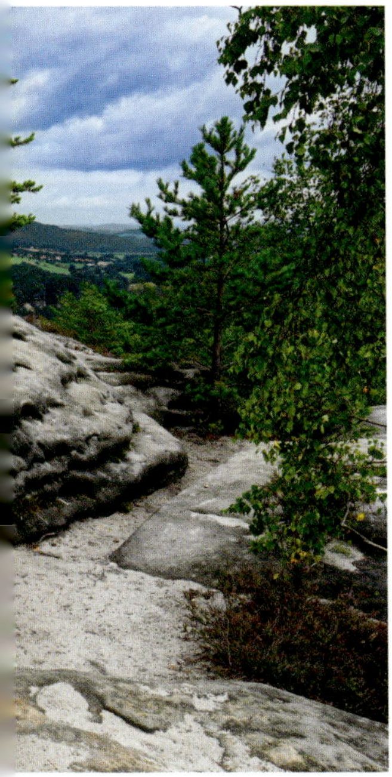

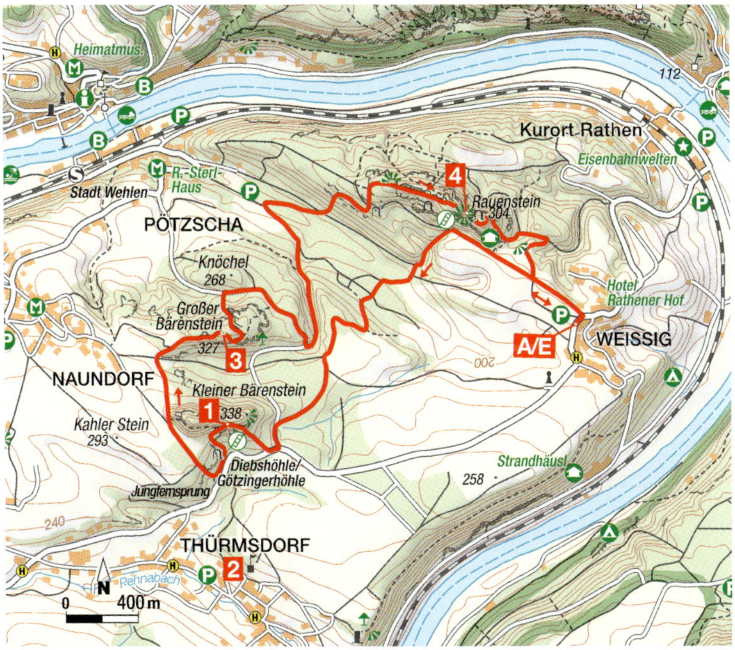

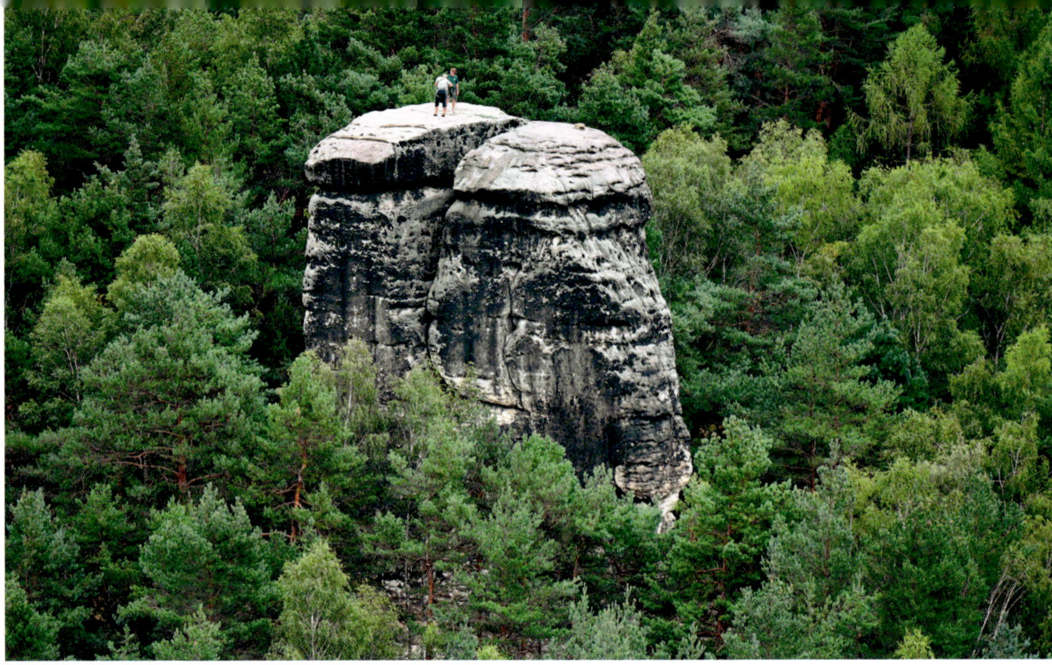

Kletterer sieht man immer wieder.

Kilometer entfernte Festung Königstein. Nach einer kleinen Pause geht es wieder hinab zum Fuße der Stufen und am Schneiderloch in die ursprüngliche Richtung weiter. Es geht weiter hinab und durch zwei Linkskurven bis zu den Felsen des Bärensteinwächters. Hier haben wir die Wahl, ob wir an der ersten Möglichkeit die Stufen bergab nehmen und zur Götzingerhöhle gehen oder ob wir etwas oberhalb bleiben und die Aussicht von einem weiteren Felsen, dem Jungfernsprung, genießen. Wer mag, kann hier vom Berg absteigen und sich dem weiter unten befindlichen Thürmsdorf nähern. Gleich gegenüber des dortigen ❷ **Schlosses** lädt zum Beispiel eine Schokoladenmanufaktur zum Besuch ein.

Will man kein Hüftgold gewinnen, folgt man dem Wanderweg weiter zum ❸ **Großen Bärenstein**. Hierfür gehen wir am Jungfernsprung zur Lichtung und wandern auf dem Feldweg an einem Acker entlang, um an der ersten Möglichkeit rechts abzubiegen. Sofort wieder links und weiter am Waldrand überqueren wir nach kurzer Zeit einen breiten Forstweg und tauchen wieder in den Wald ein. Gleichzeitig steigt unser Weg deutlich an und wir wandern geradeaus über Stock und Stein zu den Felsgebilden des Großen Bärensteins. Jetzt heißt es aufpassen. Geschick und Neugier sind gleichermaßen notwendig, um sich einerseits zu orientieren und andererseits die kurzen Abzweigungen zu den Aussichtsplätzen nicht zu verpassen. Nicht selten sind die schmalen Pfade zugewachsen. Hier muss man einfach ein wenig austesten und lauschen, wo andere Stimmen herkommen. So wird die ganze Wanderung gleich ein wenig abenteuerlicher. Hat man nun alle Wege in den labyrinthartigen Fels-

Wilhelm Leberecht Götzinger

Nach Wilhelm Leberecht Götzinger wurde der Höhlendurchgang am Jungfernsprung benannt. Der in Struppen geborene Theologe lebte von 1758 bis 1818 und wird als einer der Erschließer der Sächsischen Schweiz bezeichnet. Er verfasste zahlreiche Texte über die Region und behandelte die Sächsische Schweiz dabei aus heimatkundlicher Sicht, womit er half, sie touristisch bekannter zu machen. Mehrere Gedenktafeln und -steine erinnern in der gesamten Region an sein Wirken.

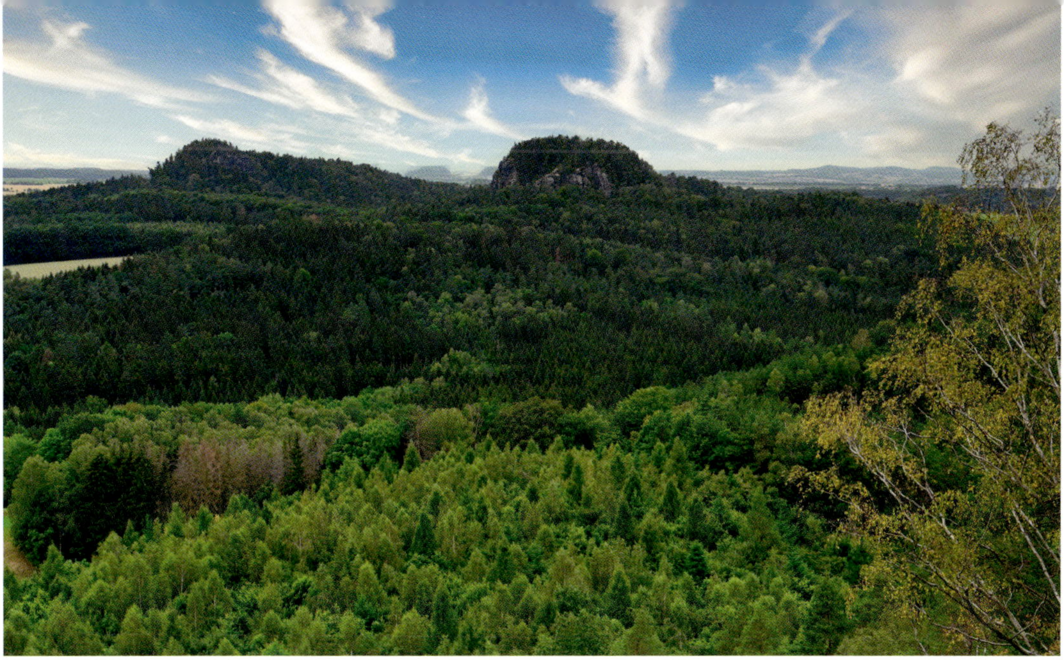

Vom Rauenstein erkennt man gut die Bärensteine.

formationen kennengelernt und so manche Aussicht genossen, machen wir uns so langsam wieder an den Abstieg. Dieser erfolgt an der Nordflanke des Großen Bärensteins durch die Riegelhofstiege, durch die wir sprichwörtlich mit Händen und Füßen hinunterkraxeln müssen. Wer sich das nicht zutraut, kann den harmloseren Weg an der Westseite nehmen, den wir hochgegangen sind, und dort halbrechts im großen Bogen mit dem Abstieg beginnen. In beiden Fällen kommen wir auf einen breiten Wanderweg, dem wir nach rechts folgen. Auf dem Hermann-Schneider-Weg verlieren wir weiterhin an Höhe. Nach einer engen Rechtskurve biegen wir scharf links in den Weg Tiefer Grund ab. Durch die gleichnamige Schlucht gelangen wir zum Rauensteinweg, wandern auf diesem weiter geradeaus bis zu einem Feld und wenden uns nach gut 170 Metern entlang des Feldes wieder scharf nach rechts.

Nach der Überquerung des Schafbornbächels geht es erneut durch einen Wald deutlich bergauf. Die Besteigung des letzten der drei Berge steht an. Über Leitern, Stufen und steile Aufstiege folgen wir dem Rauensteinweg und gelangen zu einem Gratweg, von dem zahlreiche Aussichtspunkte rechts und links abzweigen. Über Metallroste, Leitern und schmale Pfade erkunden wir die Felsgipfel und arbeiten uns langsam bis zur eingangs erwähnten ❹ **Berggaststätte** fort. Immer wieder halten wir an und genießen die Aussichten, bis wir uns für die bisherigen Anstrengungen mit einer Einkehr belohnen. Vom Aussichtspunkt südöstlich und etwas unterhalb der Gaststätte sehen wir den Weg, auf dem wir unsere Wanderung begannen. Im Hintergrund erkennen wir den Parkplatz und zu unserer Linken sehen wir abermals die Felsnadel Nonne, zu der wir jetzt hinabsteigen. Vor der Gaststätte nehmen wir dafür die zahlreichen Stufen, die uns vom Rauenstein hinabbringen. Weiter unten wandern wir direkt an der Nonne vorbei, biegen gleich dahinter rechts ab und erreichen den bekannten Weg, der uns mit einem Schlenker nach links zurück zum Ⓔ **Ausgangspunkt** bringt.

9

Malerische Felsen mitten im Wald

Unterwegs zum Winterstein und zum Goldsteig

Mittel | 5:00 Std. | 580 Hm | 13,5 km

Tourencharakter
Mittelschwere Wanderung mit einigen Leitern und Engstellen auf dem Winterstein. Ohne diesen optionalen Abstecher ist die Wanderung eher einfach, insbesondere im letzten Abschnitt auf dem breiten Wanderweg im Großen Zschand.

Ausgangs-/Endpunkt
Gasthaus Neumannmühle im Kirnitzschtal

Anfahrt
Mit der Kirnitzschtalstraßenbahn bis zu den Lichtenhainer Wasserfällen, von dort mit dem Bus 241 bis Neumannmühle. Mit dem Auto ab Bad Schandau durch das Kirnitzschtal bis zum Gasthaus

Gehzeiten
Bis Winterstein 0:45 Std. – Marienhöhle 1:30 Std. – Richtergrotte 2:30 Std. – Goldsteinaussicht 3:30 Std. – Altes Zeughaus 4:30 Std.

Beste Jahreszeit
April–Oktober

Einkehr
Berghütte und Wirtshaus Neumannmühle, Neumannmühle Berghütte, Kirnitzschtalstraße 4, 01855 Sebnitz, Tel. 035974/505 65, www.saechsische-schweiz.de; Gasthaus Altes Zeughaus, Zeughausstraße 5, 01855 Sebnitz, Tel. 035974/55 74 44, www.alteszeughaus.de

Hinweis
Festes Schuhwerk und Trittsicherheit besonders beim Aufstieg auf den Winterstein erforderlich; dieser ist aber nur optional und kann auch ausgelassen werden.

Wieder einmal beschert uns die Sächsische Schweiz ein tolles und spannendes Abenteuer. Abseits der Elbe wandern wir durch einen zentralen Teil des Nationalparks und lernen weitere Felsformationen und fantastische Aussichtspunkte im Grenzgebiet zu Tschechien kennen, die uns mit ihren Steigleitern einiges abverlangen.

Die **A Gaststätte** gegenüber der Neumannmühle im Kirnitzschtal lassen wir zunächst hinter uns, außer wir wollen uns für die Tour vorab stärken. Auf der anderen Straßenseite überqueren wir den Fluss und verlassen dann augenblicklich das Tal durch die abzweigende Zeughausstraße. Zu unserer Linken plätschert der Große Zschandbach, doch auch den lassen wir schon nach wenigen Metern zurück und wenden uns nach rechts. Ein kleiner, aber steiler Aufstieg – zum Teil mit Stufen – bringt uns zum ersten Mal in die Höhe. Und wir wandern weiter bergauf, bis wir nach einiger Zeit vor den Felsen der Lorenzsteine stehen. Sie sind nicht sofort zu erkennen, sondern scheinen sich trotz ihrer Größe im Wald halbrechts zu

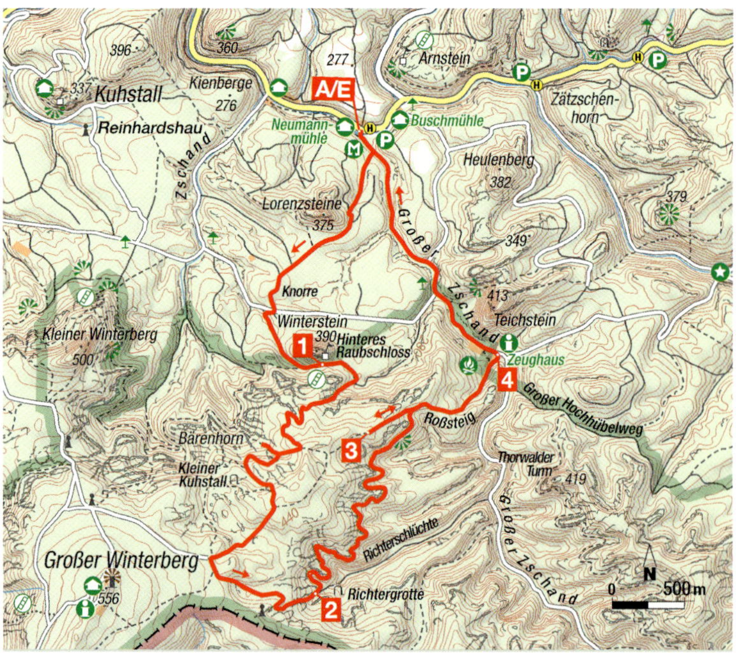

verstecken, wenn wir an einem größeren Querweg ankommen.

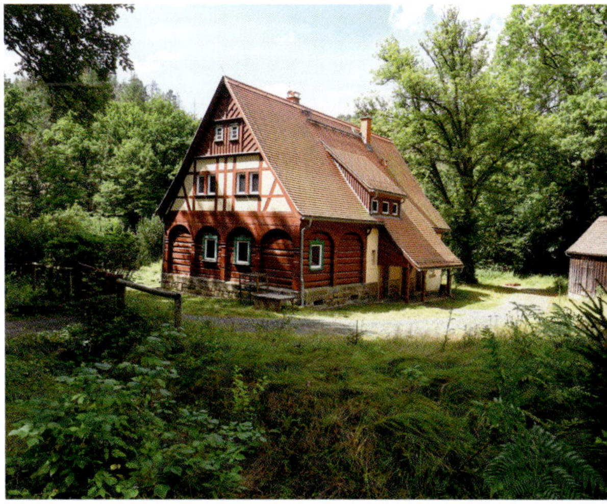

Uriges Gebäude am Alten Zeughaus

An diesem Querweg biegen wir links ab und wandern weiter durch den Wald, den ab und zu einige Lichtungen auflockern. Es dauert nicht lange, bis wir an einer etwas größeren Kreuzung wieder auf die Zeughausstraße treffen und an dieser für wenige Meter nach rechts abbiegen. Gleich an der ersten Gelegenheit geht es für uns wieder nach links und wir wandern durch die Buchschlüchte und Raubsteiner Schlüchte bis zum Abzweig Richtung Winterstein. Ein wenig Klettervergnügen über einige Leitern steht uns bevor, um die Aussicht vom ❶ Winterstein auf die umliegenden Wälder und weiteren Felsen zu genießen. Dabei sind es einige Engstellen, in denen die Leiten und Treppen nur ohne Gegenverkehr passierbar sind.

Nach einer kleinen Pause auf dem Winterstein gehen wir wieder hinab zum Weg, folgen diesem in die ursprüngliche Richtung und biegen wenig später nach rechts ab. Anfangs sanft, kurz darauf etwas steiler, führt unser Weg mal wieder bergauf, stellenweise sogar im Zickzack. An einer Kreuzung haben wir die Möglichkeit, einen kleinen Abstecher nach rechts zu einem weiteren Aussichtspunkt zu machen. Dort würden wir auf den Bärenfangwänden stehen und den Winterstein aus respektvoller Entfernung beobachten. Durch mehrere große Kurven kommen wir zu

Die Kirnitzsch an der Neumannmühle

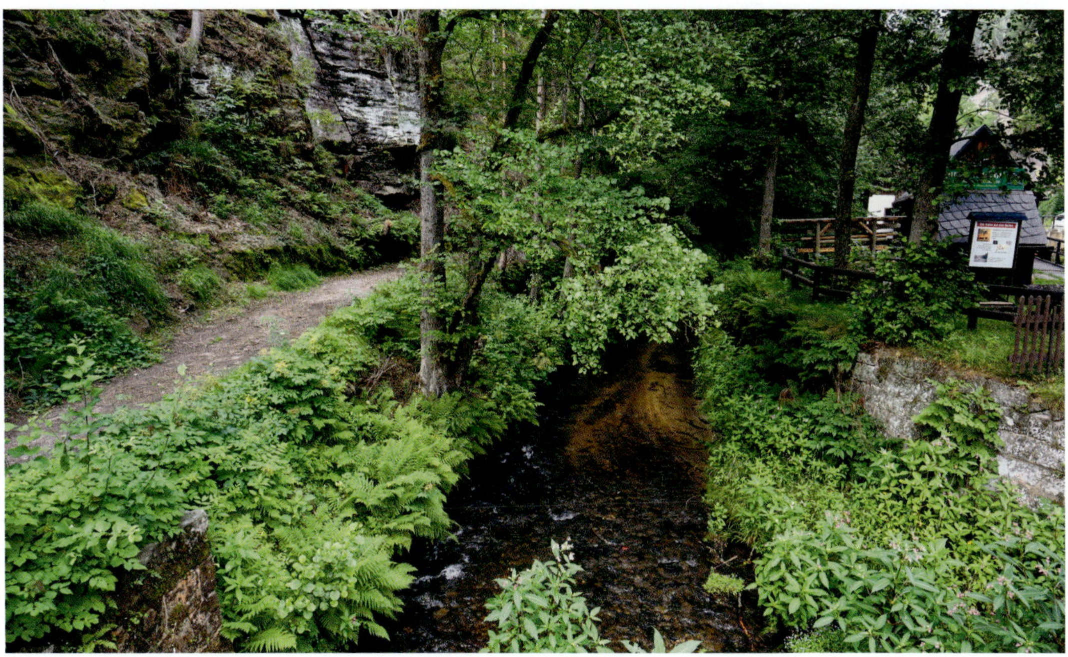

einer T-Kreuzung und biegen hier rechts auf den Gehackten Weg ab. Auch hier folgt wenig später die Möglichkeit zu einem Abstecher. Halbrechts können wir zur Marienhöhle wandern. Es handelt sich zwar weniger um eine Höhle als um einen enormen Felsüberhang, aber beeindruckend und sehenswert ist diese Felswand allemal. Nach dem Abstecher kehren wir zurück zum Gehackten Weg und folgen ihm weiter in die ursprüngliche Richtung. Wir bleiben ihm treu, bis wir zum Roßsteig gelangen und diesem nach rechts folgen.

Eine Felsformation namens Katzenstein, in der wir mit etwas Fantasie tatsächlich einen Katzenkopf erkennen können, ist uns Zeichen, nach links abzubiegen. Auf der Richterschlüchte passieren wir den Gedenkstein am Krinitzgrab und gelangen wieder zu markanten Felswänden, die sich rechts und links neben uns steil erheben. Auf der rechten Seite bilden sie dabei die ❷ Richtergrotte, die ebenfalls sehenswert ist. Zahlreiche Felsbrocken bieten uns Sitzgelegenheiten, die wir gern für eine Brotzeit nutzen.

Kurz hinter der Richtergrotte beginnt der Goldsteig, dem wir halblinks folgen und der uns mit einigen Kurven und im Zickzack zwischen weiteren Felswänden durch den Wald bringt. Auch dieser Abschnitt der Wanderung ist mal wieder fantastisch anzusehen und wir genießen es, unterhalb der Felswände zu wandern, bis der Gold-

Kleines Museum an der Neumannmühle

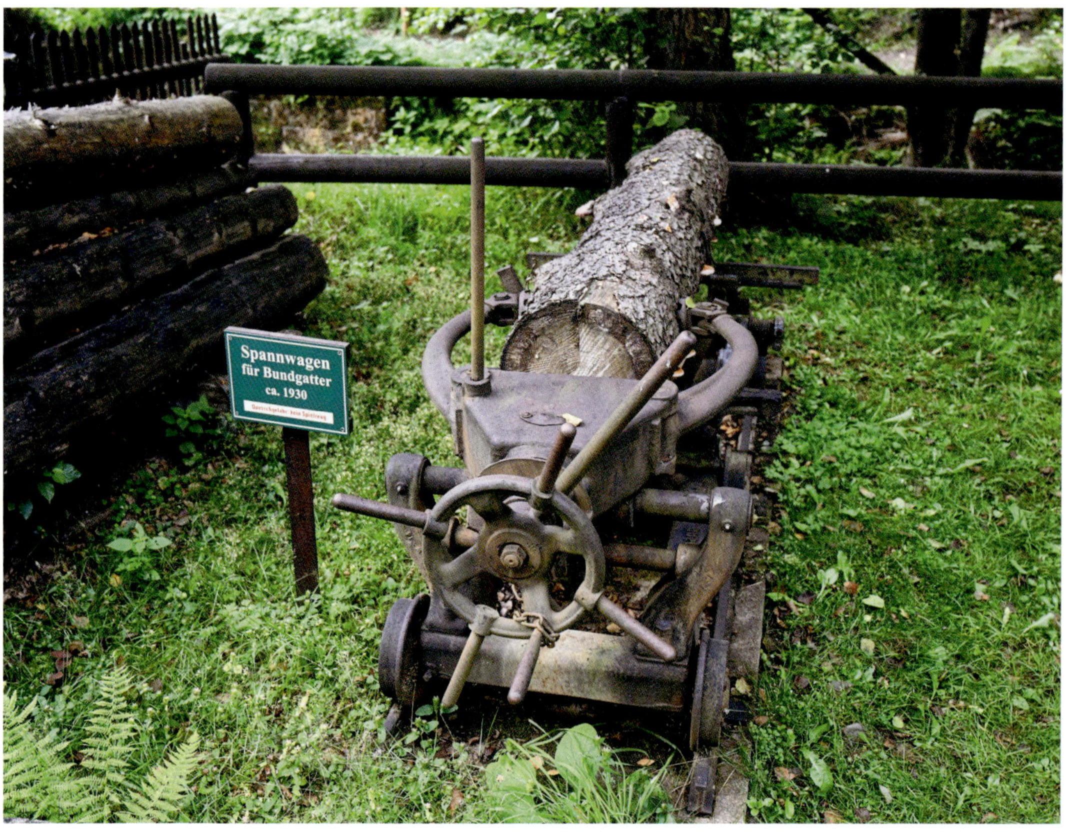

steig auf den Roßsteig trifft. Hier biegen wir eigentlich nach rechts ab, doch auf dieser Wanderung sind wir ja Abstecher gewohnt und deswegen gehen wir zunächst ein kurzes Stück nach links. Nach rund 300 Metern gelangen wir links zu einem weiteren Aussichtspunkt, der ❸ **Goldsteinaussicht**. Hier blicken wir auf die Felswände, die wir zuvor etwas unterhalb passiert haben. Anschließend geht es wieder zum Abzweig zurück und wir wandern nun wie angekündigt auf dem Roßsteig. Dieser bringt uns sehr einfach zum ❹ **Gasthaus Altes Zeughaus**, das uns doch gleich mal anspricht, eine weitere entspannte Pause einzulegen. Die Gaststätte ist zugleich Startpunkt für die Abschlussetappe, die uns nun durch den Großen Zschand führt. Der breite Wanderweg im Großen Zschand ist sehr einfach zu begehen und führt problemlos durch dieses längste Trockental der Sächsischen Schweiz. Gute 2 Kilometer sind wir in diesem grünen Tal unterwegs, bis wir bald unseren Ⓔ **Ausgangspunkt** wiedererkennen und das Ende der Wanderung erreicht haben.

Gotthard Krinitz

Ein Grab, mitten im Wald. Der Grabstein spricht von einem 19-jährigen Mann, der an dieser Stelle verstarb. Was war geschehen? Gotthard Krinitz war Student und wanderte im Jahr 1908 durch die Sächsische Schweiz. Sein Ziel, das Prebischtor, erreichte er nie. Ein Jahr lang galt er als vermisst, bis man seinen stark verwesten Leichnam im dichten Unterholz fand. Es konnte nie geklärt werden, ob er verunfallte oder überfallen wurde. Da der tote Körper nicht abtransportiert werden konnte, begrub man ihn an der Stelle, wo heute der Grabstein steht.

Zeughausstraße zwischen dem Alten Zeughaus und der Neumannmühle

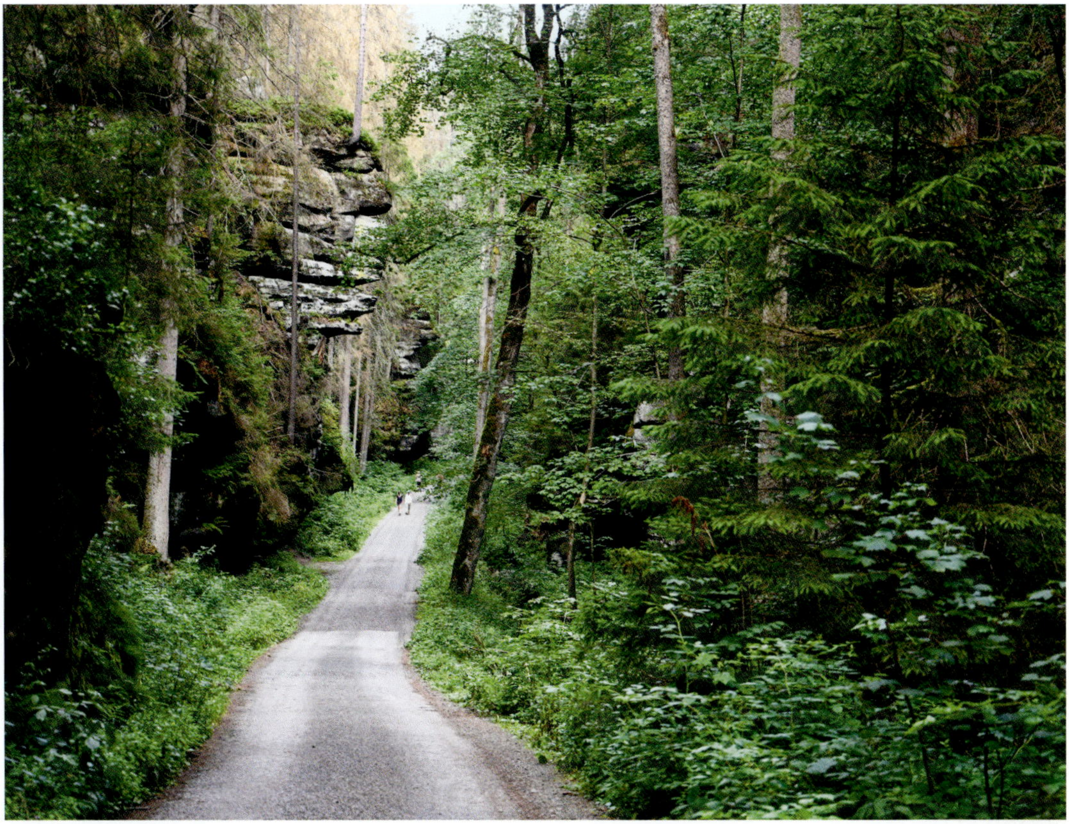

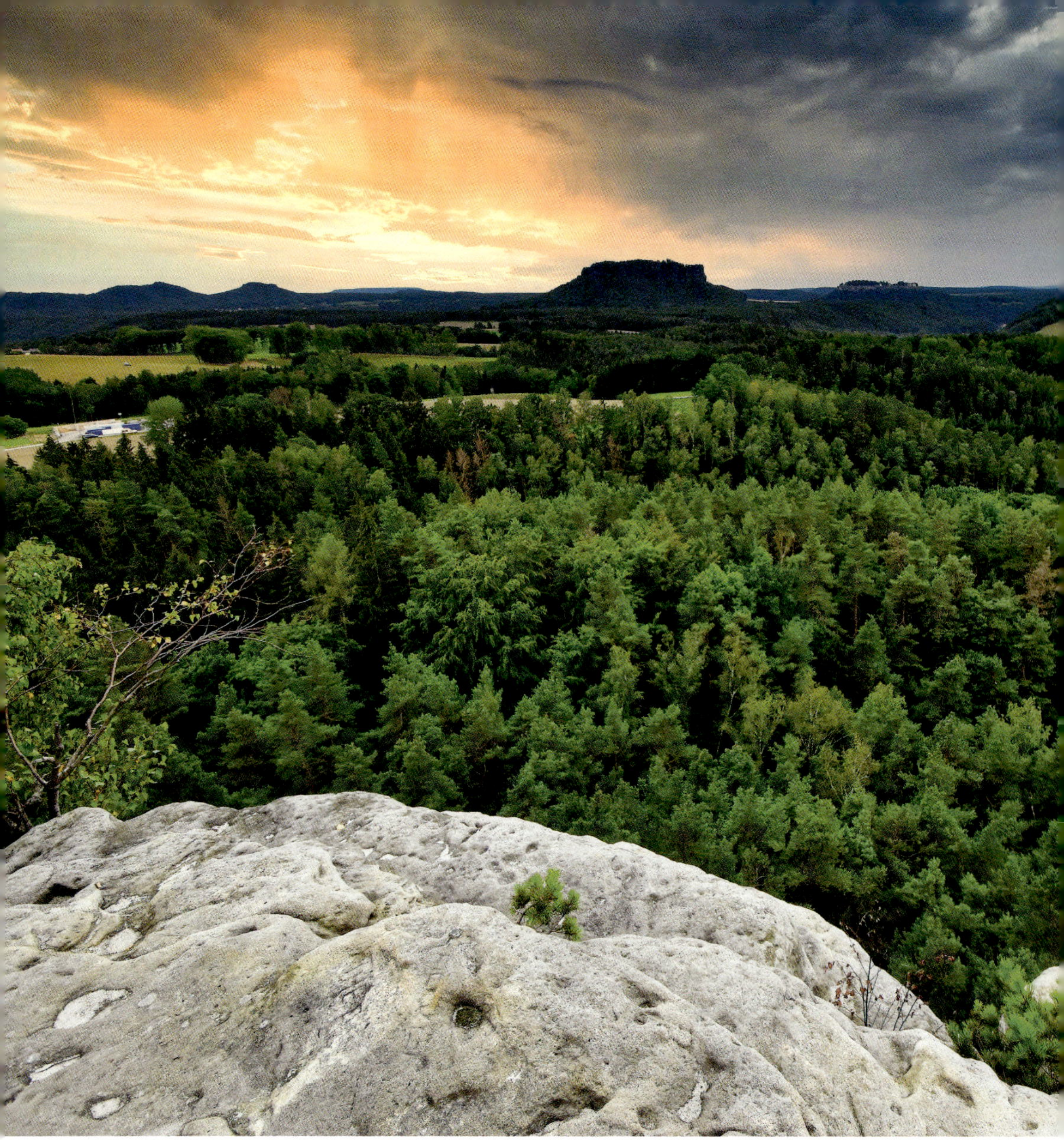

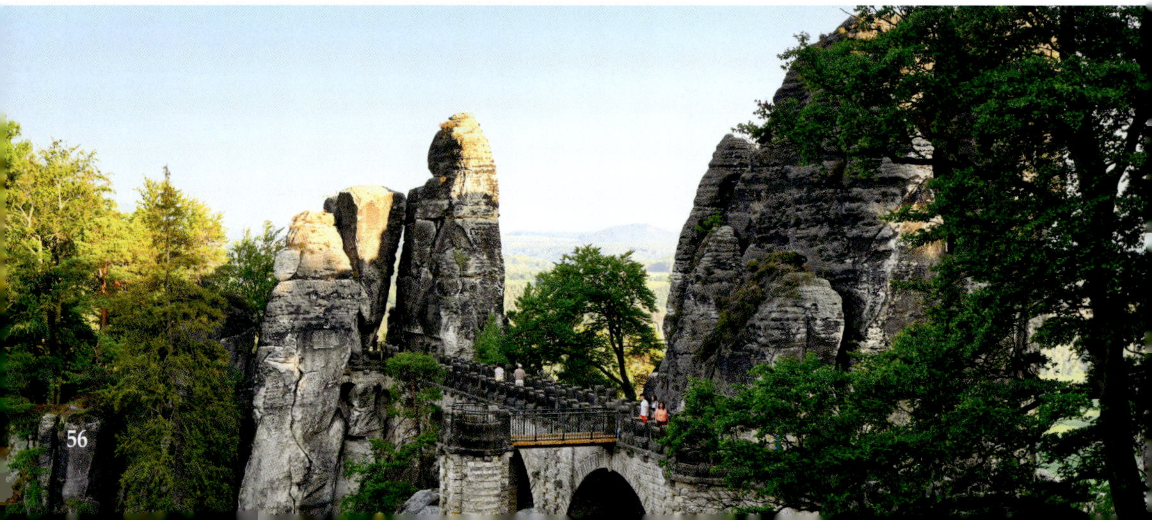

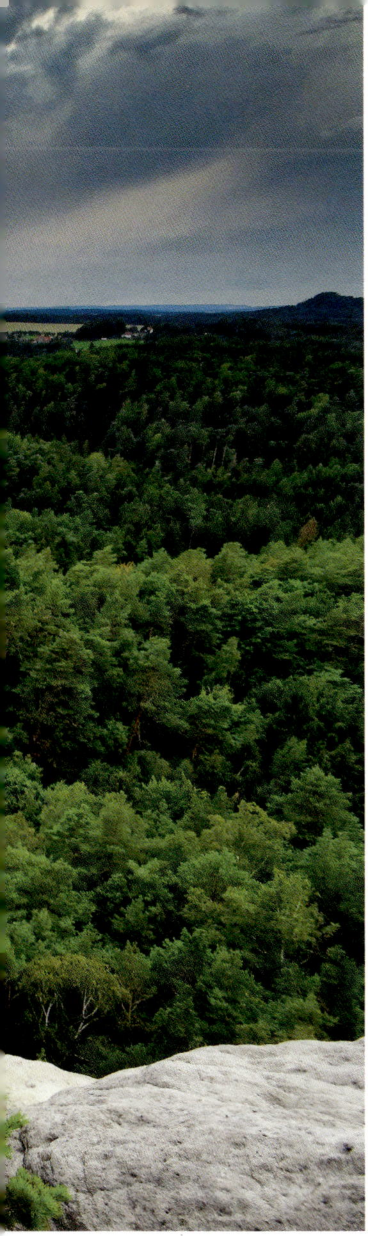

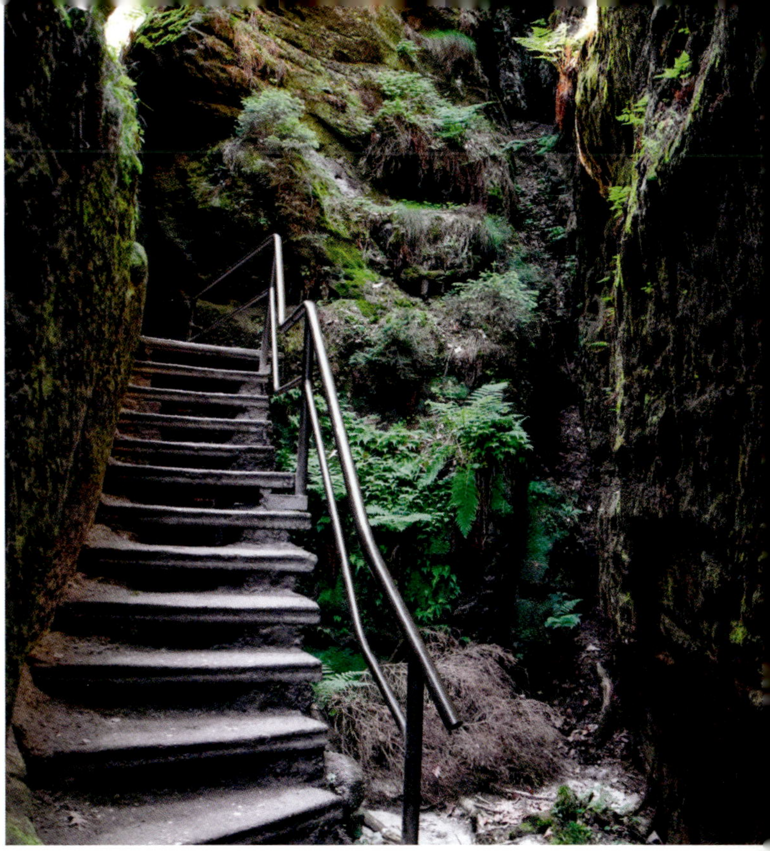

Über Stufen zu den Aussichten

Manche Wanderung lohnt sich besonders im Abendlicht (o. li.). Treppen und Stufen sind allgegenwärtig (o. re.). In Schmilka kann man übernachten, einkehren und loswandern (u. re.). Die Bastei gehört zum Pflichtprogramm beim Wandern in der Sächsischen Schweiz.

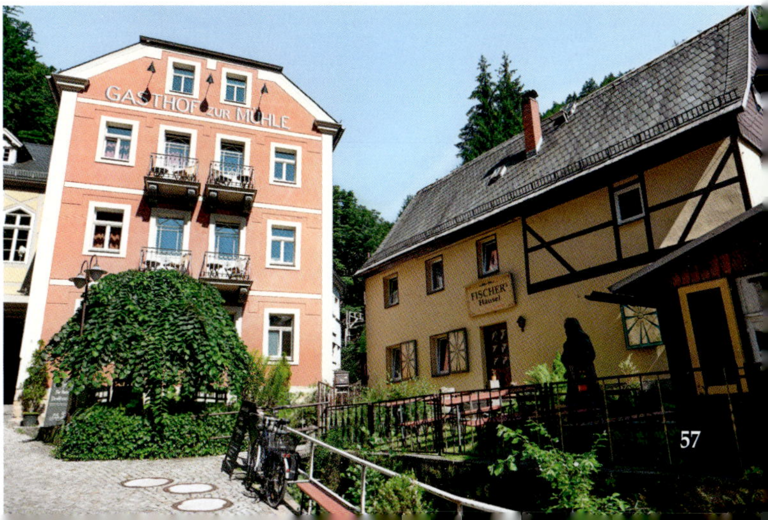

10

Einsam wandernd im Elbsandsteingebirge

Wandertour zum Kleinen und Großen Pohlshorn

Leicht 4:00 Std. 660 Hm 12,5 km

Tourencharakter
Leichte Wanderung mit einigen Abstechern zu verschiedenen Aussichtspunkten. Hierfür ist Trittsicherheit erforderlich.

Ausgangs-/Endpunkt
Parkplatz und Haltstelle am Gasthaus Buschmühle

Anfahrt
Mit der Buslinie 214 oder 269 bis zur Haltestelle Kirnitzschtal Buschmühle bzw. Kirnitzschtal Abzweig Ottendorf. Mit dem Auto ab Bad Schandau der Kirnitzschtalstraße bis zum Gasthaus Buschmühle folgen

Gehzeiten
Bis Arnstein 0:20 Std. – Kleinsteinhöhle 1:15 Std. – Großes Pohlshorn 2:00 Std. – Teichstein 2:30 Std. – Großes Zeughaus 3:00 Std.

Beste Jahreszeit
April–Oktober

Einkehr
Gasthaus Buschmühle, Kirnitzschtalstraße 1, 01855 Sebnitz, Tel. 035974/504 15, www.die-buschmuehle.de; Gasthaus Altes Zeughaus, Zeughausstraße 5, 01855 Sebnitz, Tel. 035974/55 74 44, www.alteszeughaus.de

Einsamkeit wäre vielleicht etwas zu viel gesagt, doch es ist deutlich zu spüren, dass wir auf dieser Wanderung ein paar Geheimtipps erreichen und abseits von Bastei, Königstein und Elbufer unterwegs sind. Dabei treffen wir auch hier in der hinteren Sächsischen Schweiz auf wunderbare Aussichtspunkte und Landschaften.

Wir beginnen unsere Wanderung an der Ⓐ **Buschmühle** im Kirnitzschtal. Dabei sind wir kurz hinter dem Ausgangspunkt für Wandertour 9, auf die wir zum Abschluss auch für ein kurzes Stück treffen werden. Das Gasthaus ignorieren wir zunächst einmal und lassen direkt am Parkplatz und der Haltestelle die Kirnitzsch hinter uns. Neben der kleinen, abzweigenden Straße namens Dorfbachgrund nehmen wir den schmalen Wanderpfad, auf dem wir mit leichter Steigung in den Wald hineingehen. Gleich nach einer Rechtskurve biegen wir scharf links ab zu einem Abstecher auf den Arnstein. Diesen Abzweig merken wir uns, denn hier geht unsere Wanderung gleich weiter. Doch zuvor erklimmen wir über

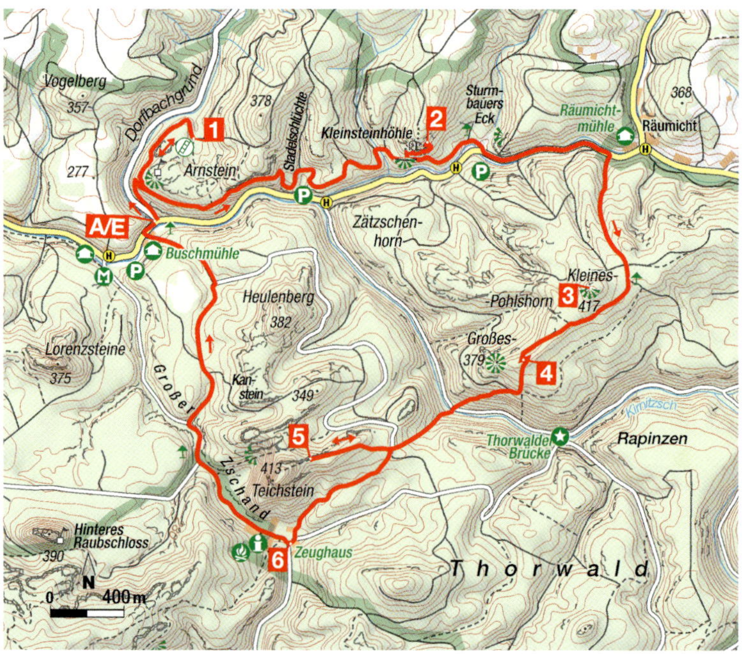

Stufen und Leitern den ❶ Arnstein, der uns einige schöne Aussichten vom Gipfel ermöglicht. Im Vergleich zu anderen Aufstiegen mit Leitern ist dieser hier relativ harmlos, dennoch müssen wir ein wenig den Kopf einziehen und es langsam und vorsichtig angehen.

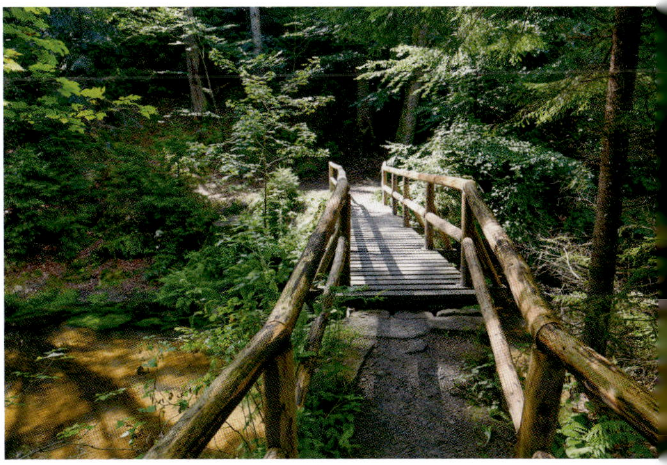

Auf dieser Holzbrücke überquert man die Kirnitzsch.

Nach dem Besuch des kleinen Gipfels und dem Genuss des Ausblicks geht es wieder zum Abzweig zurück und auf dem Waldweg in die ursprüngliche Richtung weiter. Dabei wandern wir an der Nordseite des Kirnitzschtals in östliche Richtung und etwas oberhalb der Straße entlang. Auf der linken Seite geht die Talseite weiter in die Höhe und wird zwischenzeitlich von steilen Felswänden dominiert. Im leichten Auf und Ab bleiben wir geradeaus, überqueren den leise plätschernden Goldbach und erreichen den Abzweig zur ❷ Kleinsteinhöhle. Diese wollen wir auf keinen Fall verpassen. Immerhin geht es hier ein wenig abenteuerlich zwischen zerklüfteten Felsen und auf metallenen Treppen hinauf. Auf dem Weg nach oben werden wir feststellen, dass dies der beliebteste Punkt auf unserem Rundweg ist. Einsamkeit ist zumindest an diesem schönen Ort eher ein Fremdwort. Und auch die Bezeichnung Höhle ist eher unpassend, denn die Kleinsteinhöhle ist ein Felsentor. Dafür aber eines mit herrlicher Aussicht bei idealer Sitz- und Pausengelegenheit. Unsere weitere Wanderung führt uns wieder von der Kleinsteinhöhle hinab auf den bereits

Aussicht vom Großen Pohlshorn

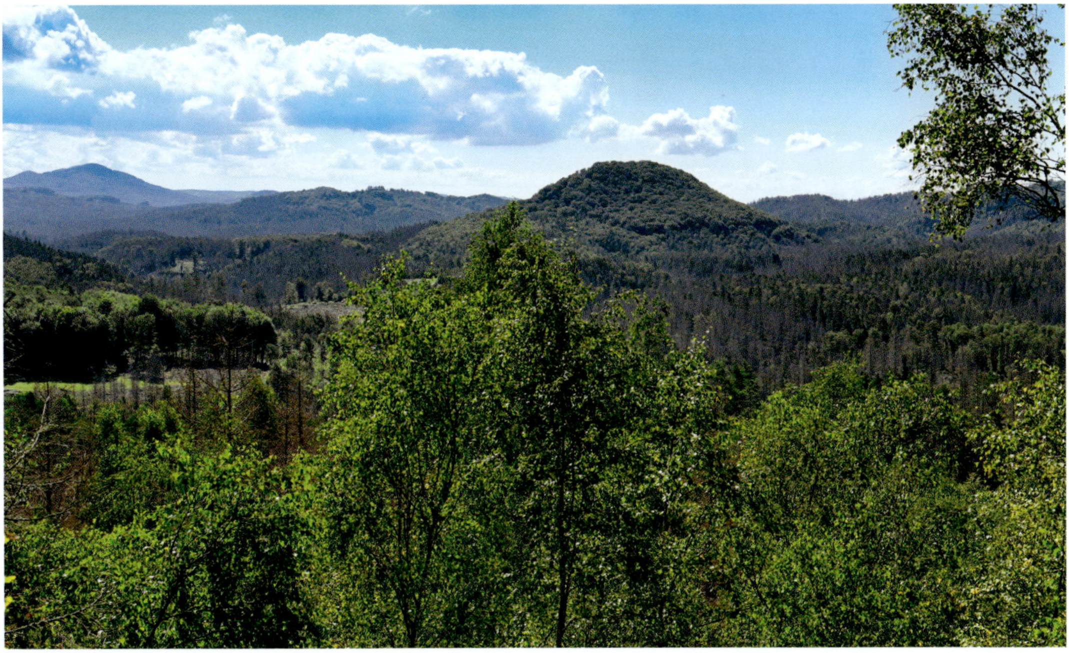

Die Kirnitzsch

Die Kirnitzsch ist etwas mehr als 45 Kilometer lang. Sie entspringt in der Nähe des tschechischen Ortes Studánka und legt knapp ein Drittel ihres Wegs im Nachbarland zurück. Für einige Zeit bildet sie die beliebte und sehenswerte Kirnitzschklamm, wobei sie gleichzeitig als Grenzfluss zwischen beiden Staaten fließt. Ab der Haltestelle Zum Thorwald begleitet sie die Straße zwischen Saupsdorf und Bad Schandau, bevor sie dort schließlich in die Elbe mündet.

bekannten Wanderweg und wenig später sogar zur Straße im Tal. Auf dieser passieren wir den Wanderparkplatz und verlassen die Straße wenig später noch vor den Wohnhäusern rechts in den Wald hinein. Auf der Hauptmannsschlüchte geht es wieder spürbar bergauf und hinter einer Schutzhütte halten wir uns halbrechts, um wenig später einen weiteren Abstecher nach rechts zu machen. Damit gelangen wir auf den Gipfel des 417 Meter hohen ❸ **Kleinen Pohlshorns**. Dieser ist zwar höher als das folgende Große Pohlshorn, doch die Aussicht ist eher spärlich. Daher gehen wir auf dem Waldweg gleich weiter in südwestliche Richtung, um den zweiten Gipfel zu erreichen. Das ❹ **Große Pohlshorn** lohnt sich schon viel mehr, obwohl es fast 40 Meter niedriger ist. Aber von dem felsigen Aussichtsplateau hat man nicht nur generell einen schönen Weitblick, sondern man kann auch zurückblicken und erkennt die Kleinsteinhöhle sehr deutlich. Sie ist grob in nördlicher Richtung, gut in der rauen Felswand zu erkennen und befindet sich exakt in 1200 Metern Entfernung.

Bei diesen Aussichten bloß nicht die Kamera vergessen.

Nach dem kurzen Aufstieg auf das Große Pohlshorn geht es wieder einige Meter zurück zum eigentlichen Wanderweg, dem wir weiter in die ursprüngliche Richtung nach Süden folgen. Dabei verlieren wir nun deutlich an Höhe und steigen steil

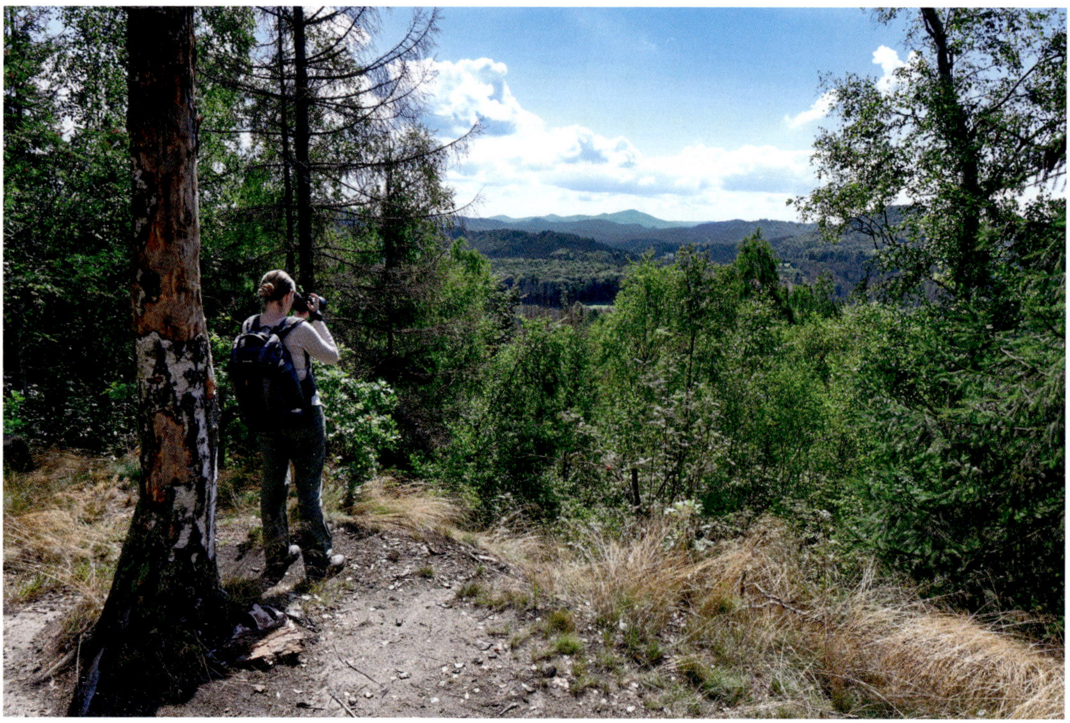

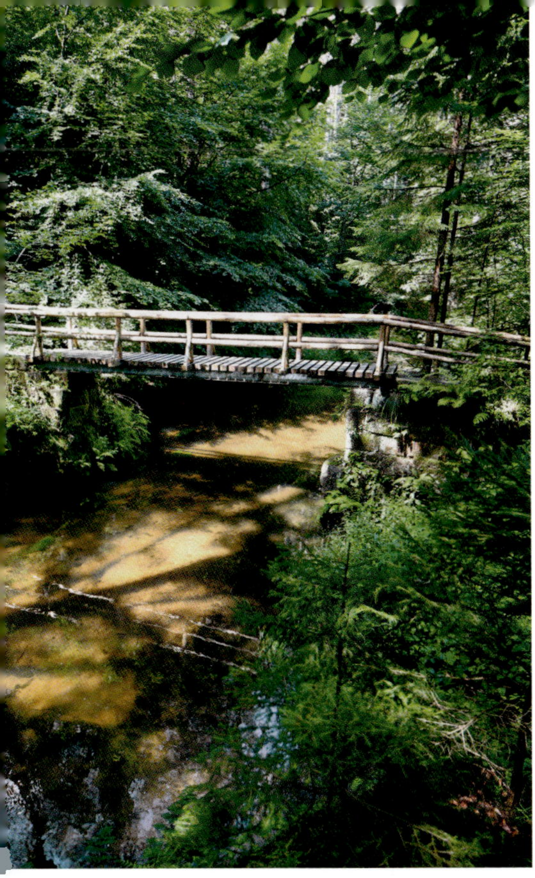

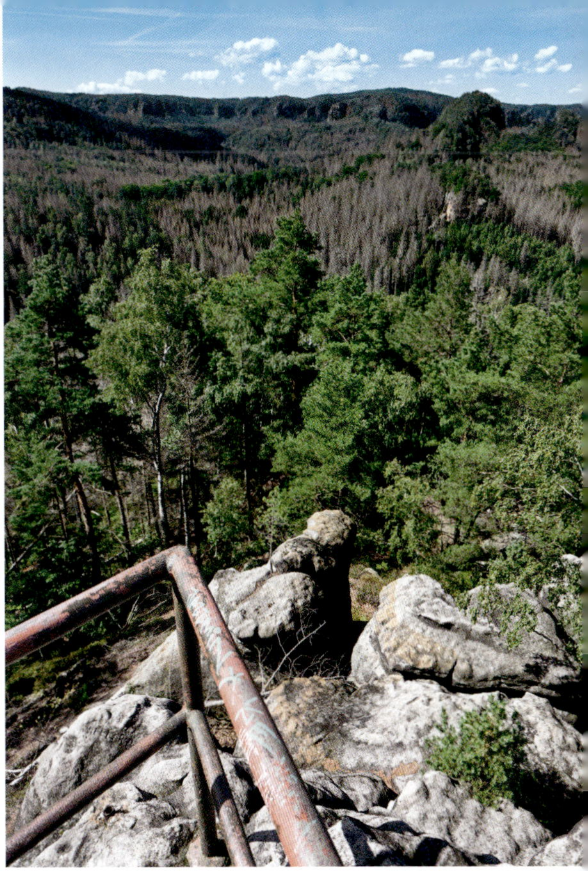

in das Kirnitzschtal hinab. Wir überqueren den Wasserlauf und steigen gleich auf der anderen Seite wieder hinauf, zwar nicht ganz so steil wie zuvor bergab, aber doch stetig. Und wie auf dieser Wanderung üblich, folgt wenig später eine Möglichkeit zu einem Abstecher. An einer Gabelung verläuft die eigentliche Wanderung nach halblinks, während wir halbrechts noch den 5 **Gipfel des Teichstein** erklimmen können. Für ein kurzes Stück überwinden wir dabei eine gesicherte Felstreppe, aber der meiste Abschnitt dieses rund 20-minütigen Abstechers ist recht einfach zu begehen. Die Mühe lohnt sich, am Ende des Teichsteins erwartet uns mal wieder ein kleines Felsplateau mit wunderbarer Aussicht in Richtung Westen und hinab in das Tal Großer Zschand. Dort sehen wir auch das 6 **Gasthaus Altes Zeughaus**, das unser letztes Zwischenziel auf dieser Wanderung bildet.

Links: Die schmale Kirnitzsch wird überquert.

Rechts: Fantastische Ausblicke in der Kernzone des Nationalparks

Dafür gehen wir zurück zur Gabelung und entscheiden uns für den halblinks abzweigenden Weg, der uns einfach und sachte in das Tal des Großen Zschand hinabbringt. Im Gasthaus Altes Zeughaus genießen wir eine letzte Pause und folgen dem Tal so, wie wir es an dieser Stelle auch in Tour 9 machen. Anders als in Tour 9 folgen wir dem Tal jedoch nicht bis zum Ende, sondern lassen es nach einer Linkskurve hinter uns, indem wir einem schmalen Pfad nach rechts folgen. Es geht ein letztes Mal bergauf, bis wir in einer Rechtskurve links in die Mühlschlüchte einbiegen. Auf ihr gehen wir zum Ende hin sehr steil bergab in das Kirnitzschtal und zur Buschmühle, wo sich rechter Hand der E **Wanderparkplatz** und die Haltestelle befinden.

11

Klassiker im Elbsandsteingebirge

Durch die Schwedenlöcher hinauf zur Bastei

Mittel 3:30 Std. 480 Hm 9,3 km

Tourencharakter
Grundsätzlich leichte Wanderung, die aber mit den Schwedenlöchern und den über 800 Stufen schweißtreibend wird. Sehr gut besuchte Wanderwege

Ausgangs-/Endpunkt
Fähranleger in Rathen

Anfahrt
Mit der S-Bahn 1 bis Rathen und mit der Fähre von Oberrathen nach Niederrathen wechseln. Mit dem Auto über die B172 nach Struppen und nach Oberrathen zum Parkplatz neben dem Fähranleger. Anschließend mit der Fähre das Elbufer wechseln. Alternativ kann man den – meist sehr vollen – Parkplatz am Gemeindehaus in Niederrathen ansteuern oder den Wanderparkplatz am Gamrig (Straße zwischen Rathen und Neuporschdorf) bzw. den Großparkplatz an der Bastei, von wo aus man die Wanderung in der Reihenfolge Bastei – Gamrig – Amselsee – Schwedenlöcher begehen kann.

Gehzeiten
Bis Gamrig 0:30 Std. – Amselsee 1:30 Std. – Amselfall 1:45 Std. – Bastei 2:45 Std.

Beste Jahreszeit
Ganzjährig, generell am besten in den frühen Morgenstunden

Einkehr
Radeberger Biergarten, Lohmen; Panoramarestaurant Bastei, Basteistraße, Lohmen, www.berghotel-bastei.de; Sonniges Eck, Am Grünbach 3, Rathen

Hinweis
Kleingeld für die Fährüberfahrt mitnehmen und wegen der z T. hohen Preise an der Bastei auf Selbstverpflegung setzen.

Zu den beliebtesten und am meisten besuchten Orten gehört zweifellos die interessante und sehenswerte Bastei. Nicht weit entfernt befinden sich die schweißtreibenden sogenannten Schwedenlöcher. Kein Wunder also, dass die Wanderung zu diesen beiden Orten als Klassiker gilt und man hier auf viele andere Wanderer und Tagesausflügler trifft.

Doch auch wenn es an den neuralgischen Punkten durchaus etwas voller wird, sollte man den Anblick der Bastei und vor allen Dingen die Tour durch die Schwedenlöcher nicht auslassen. Die Frage ist nur, ob man durch die Schwedenlöcher lieber nach oben oder nach unten wandern möchte. In dieser Tour geht es nach oben, damit man die Bastei als Höhepunkt der Tour zum Abschluss genießen kann. Daher beginnen wir an der A **Fährstelle in Rathen** und lassen dort als Erstes die Elbe hinter uns. Auf der Straße Am Grünbach durchqueren wir den Kurort Rathen und kommen ganz schnell zum Gemeindehaus. Hier starten übrigens die

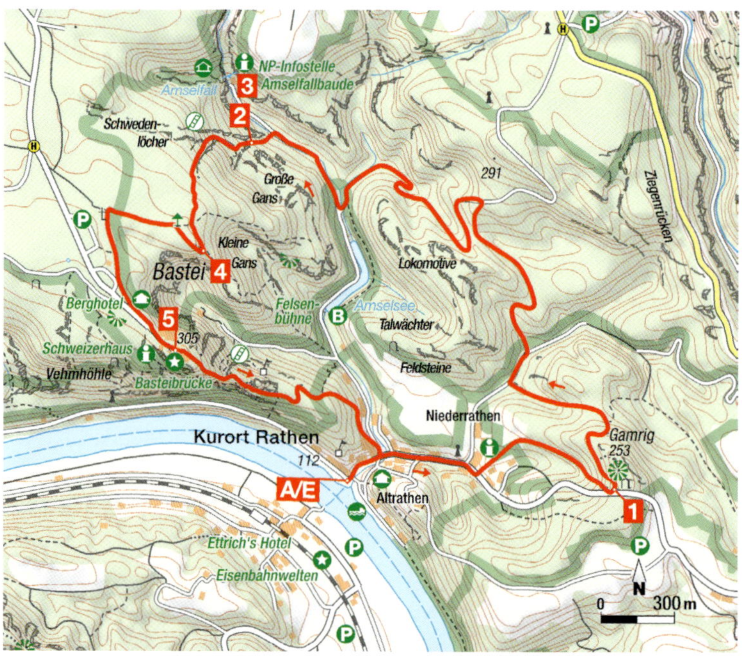

Wanderer, die mit dem Auto anreisen und die sich gegen den Parkplatz am anderen Elbufer entschieden haben.

Schwedenlöcher

Der Name Schwedenlöcher verwirrt, denn Löcher sind keine zu finden, vielmehr handelt es sich um Schluchten im Sandstein. Der Name erinnert an die schwedischen Truppen, die während des Dreißigjährigen Krieges auch durch die Sächsische Schweiz zogen und große Schäden verursachten. Unter anderem zerstörten sie die Ortschaft Rathewalde am nördlichen Ausgang des Amselgrunds. Deren Bewohner nahmen Reißaus und versuchten sich in den engen Schluchten in Sicherheit zu bringen. Bis zu diesem Zeitpunkt hießen die Schwedenlöcher Blanker Grund.

Gleich hinter dem Gemeindehaus nehmen wir den kleinen Weg, der nach links abzweigt und uns flugs aus dem Ort hinausbringt. Mit anfangs leichter Steigung geht es direkt in einen Wald und durch eine weite Rechtskurve bis zum Aufstieg auf den ❶ Gamrig. Diese Felsformation ist ein schönes »Warmwerden« für den Rest, der uns noch erwartet. Im Bereich des Gamrig befindet sich die gleichnamige Höhle, doch diese ist weniger spektakulär als andere Höhlen in der Region und kaum einen Abstecher wert. Dafür ist der Blick vom Gamrig wunderbar. Hier genießt man die Aussicht über die Elbe zum Rauenstein und zur Festung Königstein. Mehr in Richtung Westen schaut man auf das fantastische Basteigebiet in etwas mehr als eineinhalb Kilometern Entfernung. Um dort hinzugelangen, folgen wir dem Gamrigweg durch den Wald, der uns mit leichtem Gefälle zum Füllhölzelweg bringt. Würden wir hier links abbiegen, kämen wir nach kurzer Zeit wieder zum Gemeindehaus in Rathen zurück. Doch wir wollen ja weiter, daher gehen wir nach rechts und verlassen den breiten Weg schon nach wenigen Augenblicken links über den Knotenweg. Hier ist die Wanderung relativ einfach und wenig anspruchsvoll. Zu unserer Linken erheben sich kaum sichtbar die Honigsteine, während wir im leichten Auf und Ab durch den Wald an einer Kreuzung den Pionierweg erreichen.

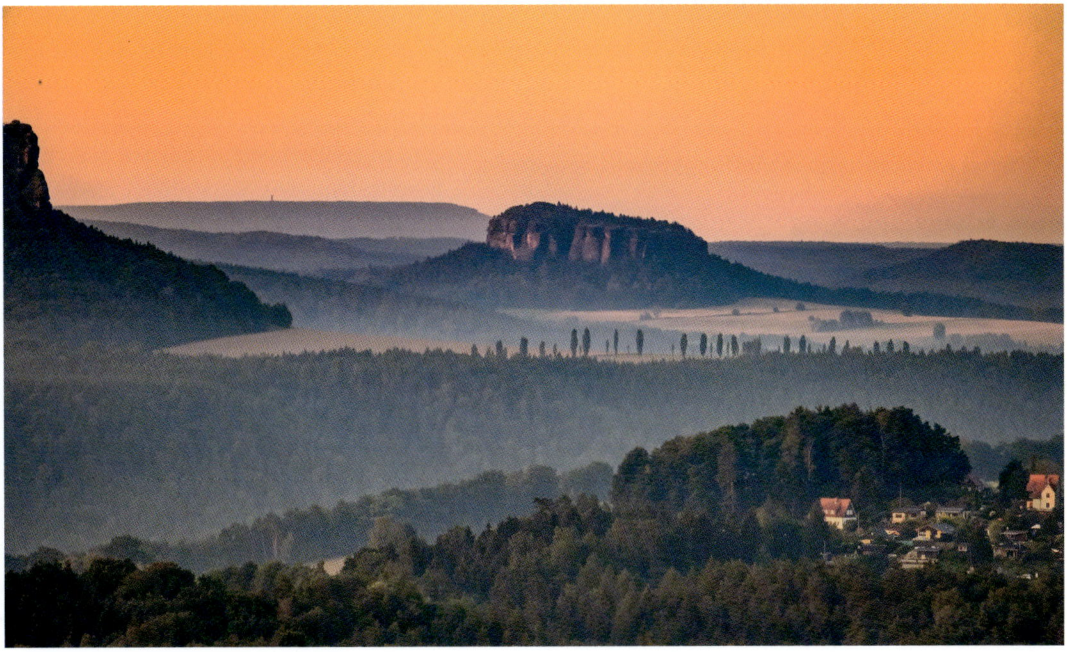

Die Tafelberge im Morgenlicht

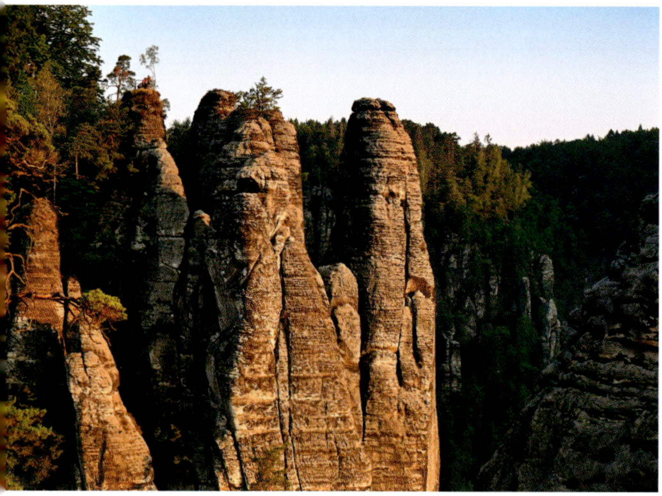

Markante Felsen im Basteigebiet

Auch hier biegen wir wieder links ab und folgen dem Pionierweg nun in einer weiten Kurve.

Eine Serpentinenkurve können wir beim Abstieg durch einen Stufenweg abkürzen. Doch so oder so kommen wir wenig später am Nordufer des Amselsees heraus. Natürlich halten wir hier inne und genießen den Blick auf das schmale Gewässer in dem engen Tal. Wer will, kann diesen lang gestreckten See umrunden, wofür man knapp 20 Minuten einplanen sollte. Ansonsten wenden wir uns am Nordufer nach rechts auf den Hauptweg namens Amselgrund und folgen diesem in Begleitung des leise plätschernden Grünbachs. Nach kurzer Zeit sehen wir auf der linken Seite den Einstieg in – oder besser gesagt – den Aufstieg durch die ❷ Schwedenlöcher. Bevor wir uns dieser wundervollen, aber schweißtreibenden Angelegenheit widmen, haben wir noch die Möglichkeit, ein kleines Stück weiter geradeaus zu gehen.

Nur 200 Meter sind es in dem immer enger werdenden Tal bis zum ❸ Amselfall und der dortigen Einkehrmöglichkeit Amselfallbaude. Neben kühlen Getränken gibt es hier normalerweise auch eine Informationsstelle des Nationalparks Sächsische Schweiz. Doch wegen eines Felssturzes mussten sowohl Gastronomie als auch die Informationsstelle vorläufig geschlossen werden. Grundsätzlich besteht auch die Möglichkeit, dass der kurze Abstecher dorthin für Wanderer gesperrt werden könnte. Aktuelle Informationen und evtl. Änderungshinweise hält die örtliche Touristen-Information bereit. Nach einer kurzen Erholungspause machen wir uns schließlich ans Werk und gehen zurück zum Abzweig in die Schwedenlöcher. Von nun an geht es bergauf und wer mag, kann ja mitzählen, wie viele Stufen man dabei überwindet. Allerdings ist es schwierig zu definieren, was man als Stufe zählt und was nicht. Mal sind es befestigte Stufen, mal nur Holzbretter im Erdreich und ein anderes Mal könnte man auch dicke Wurzeln als Stufen betrachten. Was auch immer man mitzählt oder nicht, man wird auf jeden Fall auf die stolze Summe von über 800 Stufen kommen. Das ist mehr als die Hälfte der Stufen im New Yorker Empire State Building. Kein Wunder also, dass man zwischenzeitlich immer wieder mal anhält und tief durchatmet. Aber genau in diesen

Unterwegs im Nationalpark

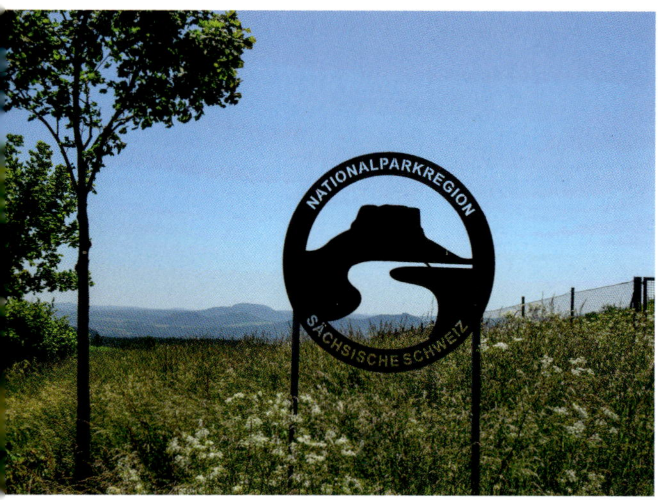

Augenblicken kann man die Schlucht, in der man sich mühevoll nach oben kämpft, in aller Ruhe genießen. Es ist nämlich nicht einfach nur anstrengend, sondern auch eine Augenweide, durch die malerischen Schwedenlöcher zu wandern. Und irgendwann ist es dann geschafft, und man kommt oben an. Im Nachhinein betrachtet war es dann ja gar nicht so schlimm.

Oben sollten wir nicht direkt nach rechts zur Bastei eilen, sondern noch ein Stück geradeaus durch den Wald gehen. So kommen wir zur ❹ **Pavillonaussicht**, von wo aus wir einen wunderbaren Blick zur Bastei genießen können, während im Hintergrund weitere Tafelberge der Sächsischen Schweiz zu sehen sind. Anschließend gehen wir zum Hauptweg zurück, wenden uns zweimal nach links und erreichen eben diese Bastei aus nächster Nähe. Gleich hinter den etwas rummeligen Einkehrmöglichkeiten vorbei sollte man vor dem Betreten der Basteibrücke noch nach links abbiegen. Von dem dortigen Aussichtspunkt hat man nämlich den wohl besten und berühmtesten Blick auf die ❺ **Basteibrücke**. Nach eingehender Besichtigung der Felsenburg machen wir uns an den langsamen Abstieg durch das Basteigelände und auf dem Basteiweg. Dieser bringt uns wieder in den Wald und mit einem deutlichen Gefälle hinab bis zur Straße Amselgrund. Wir kennen sie schon, würden wir hier links abbiegen, kämen wir wieder zum Amselsee und zu den Schwedenlöchern. Wer sich also ein zweites Mal an die über 800 Stufen wagt, hat jetzt die Möglichkeit. Ansonsten biegen wir rechts ab und erkennen sogleich die Straße Am Grünbach in Rathen wieder, wo wir kurzerhand zu unserem Ⓔ **Ausgangspunkt** zurückkehren.

Links: Die Bastei besucht man besser nicht in der Mittagszeit.

Rechts: Die Schwedenlöcher erfordern ein wenig Kondition.

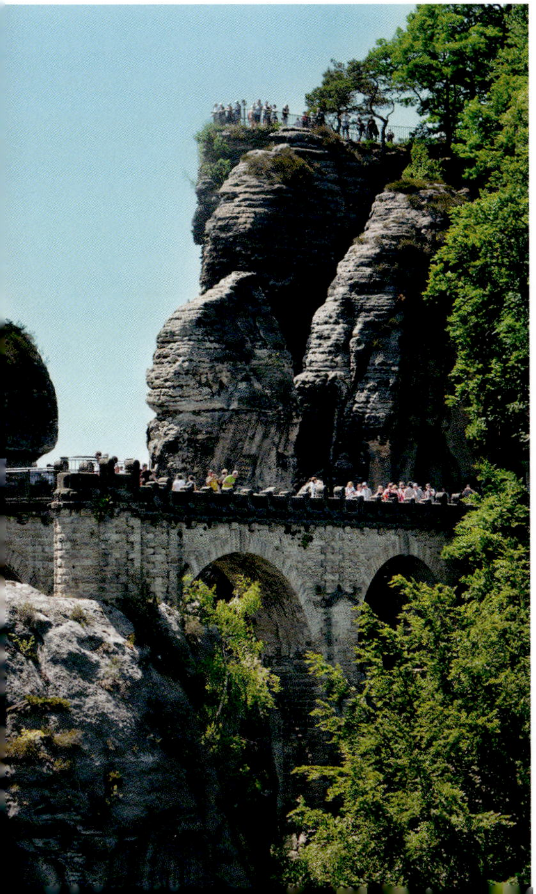

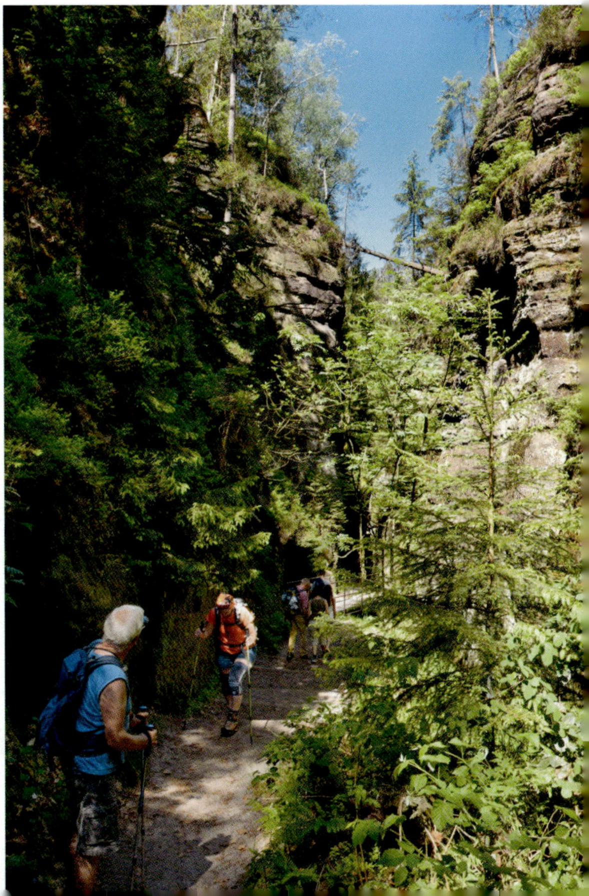

12

Wanderung mit Klettervergnügen

Abenteuerwanderung in der Häntzschelstiege

Schwer 4:30 Std. 650 Hm 9,8 km

Tourencharakter
Schwierige Wanderung, die einige Klettersteige enthält. Für kleine Kinder nicht geeignet. Grundkenntnisse im Bereich Klettern sollten vorhanden sein und eine Kletterausrüstung ist notwendig (siehe Hinweiskasten).

Ausgangs-/Endpunkt
Parkplatz und Haltestelle Beuthenfall im Kirnitzschtal

Anfahrt
Mit der Kirnitzschtalstraßenbahn von Bad Schandau bis zur Haltestelle Beuthenfall. Mit dem Auto ab Bad Schandau der Kirnitzschtalstraße bis zum Parkplatz Am Beuthenfall folgen

Gehzeiten
Bis Häntzschelstiege 0:30 Std. – Carolafelsen 1:30 Std. – Wilde Hölle 2:00 Std. – Zwillingsstiege 2:30 Std. – Idagrotte 3:15 Std. – Höhle am Satanskopf 3:45 Std.

Beste Jahreszeit
April–Oktober

Einkehr
Selbstverpflegung

Hinweis
Die Mitnahme eines Klettersteigsets wird ausdrücklich empfohlen. Auch sollten Grunderfahrungen im Klettern vorhanden sein.

Bei dieser Wanderung handelt es sich nicht um eine klassische Wandertour. Mit im Gepäck haben sollte man eine Kletterausrüstung, die man sich im Vorfeld in Bad Schandau auch mieten kann. Eine Alternative, um die Häntzschelstiege oder Zwillingsstiege zu umgehen, gibt es nicht. Belohnt wird man für die Abenteuerlust mit Adrenalin, Spannung und tollen Ausblicken von den Affensteinen.

Den **A Parkplatz und die Haltestelle** im Kirnitzschtal lassen wir hinter uns und wir verlassen das Tal in südlicher Richtung. Wir nutzen nicht den Flößersteig am südlichen Ufer, sondern gehen ein kurzes Stück in den Wald hinein und biegen erst nach 60 Metern rechts ab. Auf einem schmalen Pfad gewinnen wir an Höhe und halten uns an einer bald schon folgenden Gabelung halblinks. Es geht zwar weiter bergauf, aber nur noch sehr sachte. Die Wanderung ist zunächst einmal recht harmlos, doch plötzlich versperrt uns eine majestätische Felswand den Weg. Genau vor uns erhebt sich beeindruckend der markante Bloßstock. Diese Felswand ist zusammen mit dem Kreuzturm, der Falschen Zinne, dem Nonnengärtner und dem Klosterwächter Teil der hiesigen Affensteine.

Wir umrunden die Felsgruppe, indem wir uns vor dem Bloßstock rechts halten. Es geht noch ein kurzes Stück bergauf, aber nach wenigen Metern

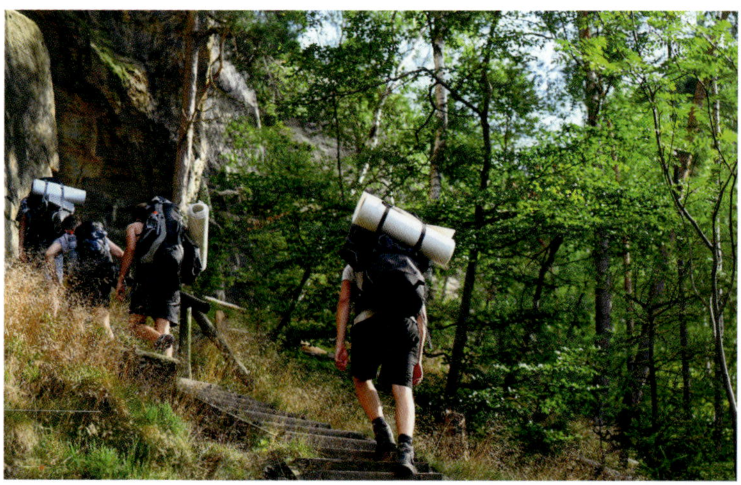

An der Isomatte erkennt man die Kletterer, die noch boofen gehen.

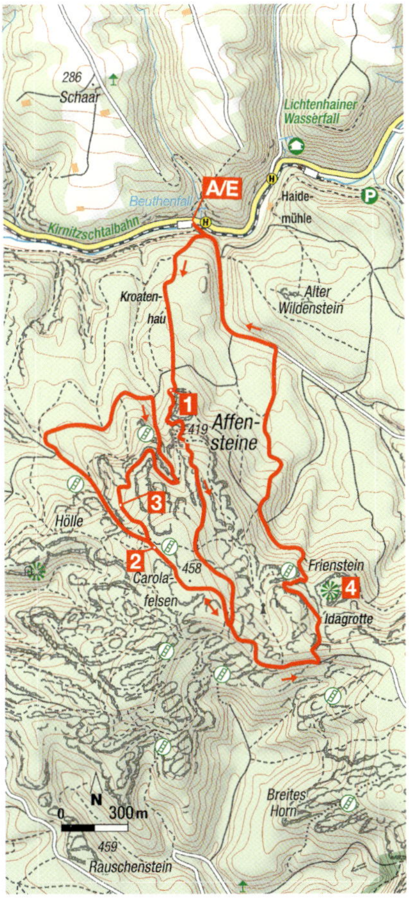

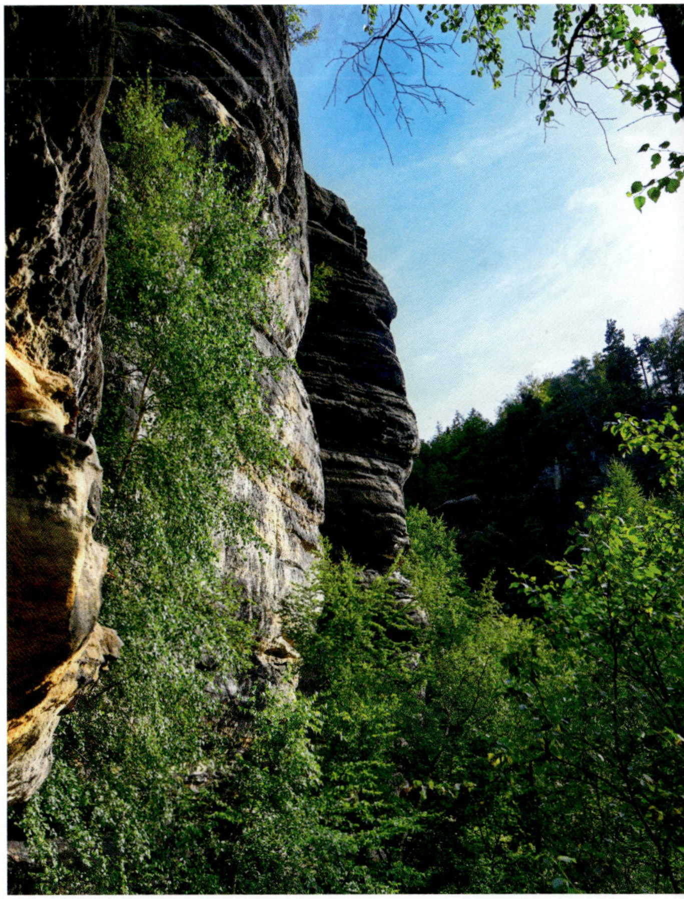

Steile Felsen zwischen Häntzschelstiege und Carolafelsen

kommt auf der linken Seite die ❶ **Häntzschelstiege**. Dieser enge Aufstieg ist zwar ein idealer Einstieg in die Kletterei, aber ein wenig Erfahrung und eine Kletterausrüstung sollte man auf jeden Fall mitbringen. Durch den engen Felsen klettern wir hier mittels Seilsicherung, Leitern, Klammern, Nägeln, Metallbrücken und Stiegen in zwei verschiedenen Abschnitten hinauf und genießen, einmal oben angekommen, die tolle Aussicht. Dieser Aufstieg ist der schwierigste Teil der Wanderung, schlimmer wird es also nicht mehr.

In südlicher Richtung wandern wir über das Lange Horn, wie die Felsgruppe genannt wird. Am Ende dieser »Einbahnstraße« biegen wir rechts auf den Reitsteig ab und folgen der Beschilderung zum ❷ **Carolafelsen**. Auch diesen Abstecher genießen wir, eventuell mit einer kleinen Brotzeit auf den Felsvorsprüngen und mit gleichzeitig tollen Ausblicken über die malerische Landschaft der Sächsischen Schweiz. Auch der nächste Abschnitt unseres Wanderwegs bietet zweifellos einen Augenschmaus. Wir gehen zurück zum eigentlichen Wanderweg und folgen diesem in die ursprüngliche Richtung. An einer Weggabelung nehmen wir den mittleren von drei Pfaden und gelangen durch die ❸ **Wilde Hölle**, die mit ihren Leitern ebenfalls ein Gefühl von Abenteuer aufkommen lässt.

Durch die Felswände und mit leichter Kraxelei über Felsblöcke geht es deutlich bergab, bis wir einen breiten Waldweg erreichen und an diesem rechts abbiegen. Wir folgen ihm einige Zeit auf der Unteren Affensteinpromenade und stellen fest, dass sich nach einigen Kurven bald schon wieder der Bloßstock vor uns aufstellt. Dieses Mal blicken wir jedoch auf seine schmalere Seite. Sobald wir ihn sehen, wenden wir uns nach rechts und stellen uns gedanklich schon auf die nächste Stiege ein, die Zwillingsstiege, und wir achten auf die Ausschilderung auf diesem weiteren Kletterabschnitt.

Wieder als Einbahnstraße geht es erneut über Stiegen, Klammern und Treppen zwischen den Felswänden der Affensteine nach oben. Auch diesen Steig überwinden wir mit Schwindelfreiheit und Trittsicherheit und stehen am oberen Ende auf der quer verlaufenden Oberen Affensteigpromenade. Wir wenden uns nach rechts und folgen dem Wanderweg mit seinem kurvigen Verlauf, bis wir wenig später einen weiteren Wanderweg erkennen. Hier waren wir bereits, kurz bevor wir in die Wilde Hölle abgestiegen sind, um den Carolafelsen zu besuchen. Zum bereits bekannten Abzweig zum Carolafelsen gehen wir zurück und sehen schon bald andere Wanderer, die von links über das Lange Horn kommen. Wir bleiben auf dem Reitsteig und ignorieren alle Abzweigungen, bis nach links die ❹ Idagrotte bzw. der Frienstein ausgeschildert sind.

Durch die Wilde Hölle geht es bergab.

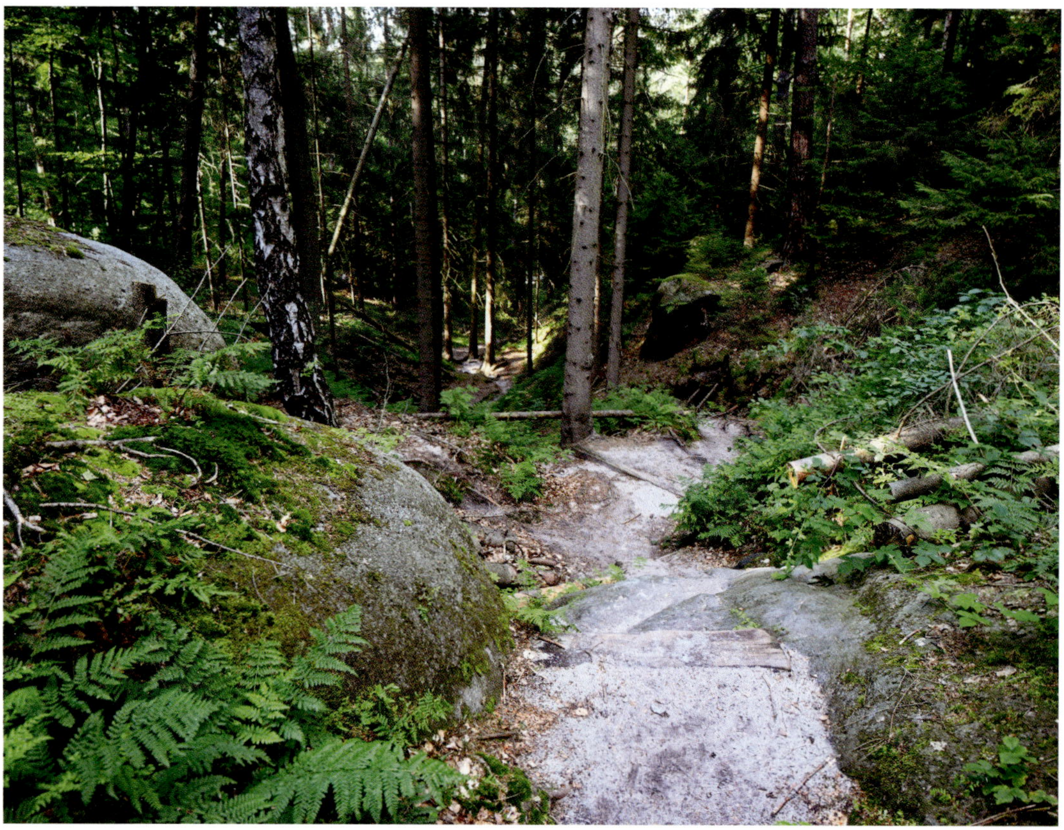

An der gefassten Quelle namens Frienstein-flössel geht unser eigentlicher Wanderweg halblinks weiter, doch wir wagen einen kleinen Abstecher nach rechts zur Idagrotte, die sich als Sackgasse herausstellt. Hier sind zwar keine Klettereien notwendig, dennoch begehen wir den Weg vorsichtig, da er an einer Seite steil abfällt. Nach der Idagrotte geht es für uns wieder zurück zur Quelle, wo wir wie beschrieben dem ursprünglichen Weg folgen. Ein weiterer Abzweig zu einer anderen Höhle folgt kurze Zeit darauf nach links. Die Höhle am Satanskopf ist zwar nicht beeindruckend, wurde aber während der Nazi-Diktatur gut zwei Monate lang von Widerständlern genutzt, um heimlich Flugblätter herzustellen. Die Lage war gut gewählt, wie auch wir feststellen, denn die Höhle ist nicht gleich auf Anhieb zu finden. Kurz vor dem Abzweig zum Satanskopf geht unser eigentlicher Wanderweg rechts hinab zum Königsweg. Diesem folgen wir nach links und verlassen ihn schon wenig später, um auf dem Hinteren Heideweg gemütlich durch den Wald die Zeughausstraße zu erreichen. Nun ist es nur noch ein Katzensprung und wir biegen links ab. Wenig später treffen wir auf unseren E **Ausgangspunkt** im Kirnitzschtal.

Klettersteigset

Für diese Wanderung wird dringend ein Klettersteigset empfohlen. Dieses kann von Mo.–So. gegen eine Gebühr und eine Kaution im Aktiv Zentrum Sächsische Schweiz im Hotel Elbresidenz am Markt Bad Schandau geliehen werden. Wer vorab buchen möchte, kann dies entweder telefonisch unter 035022/900 50 oder per E-Mail unter aktiv@bad-schandau.de machen. Weitere Informationen gibt es unter www.bad-schandau.de.

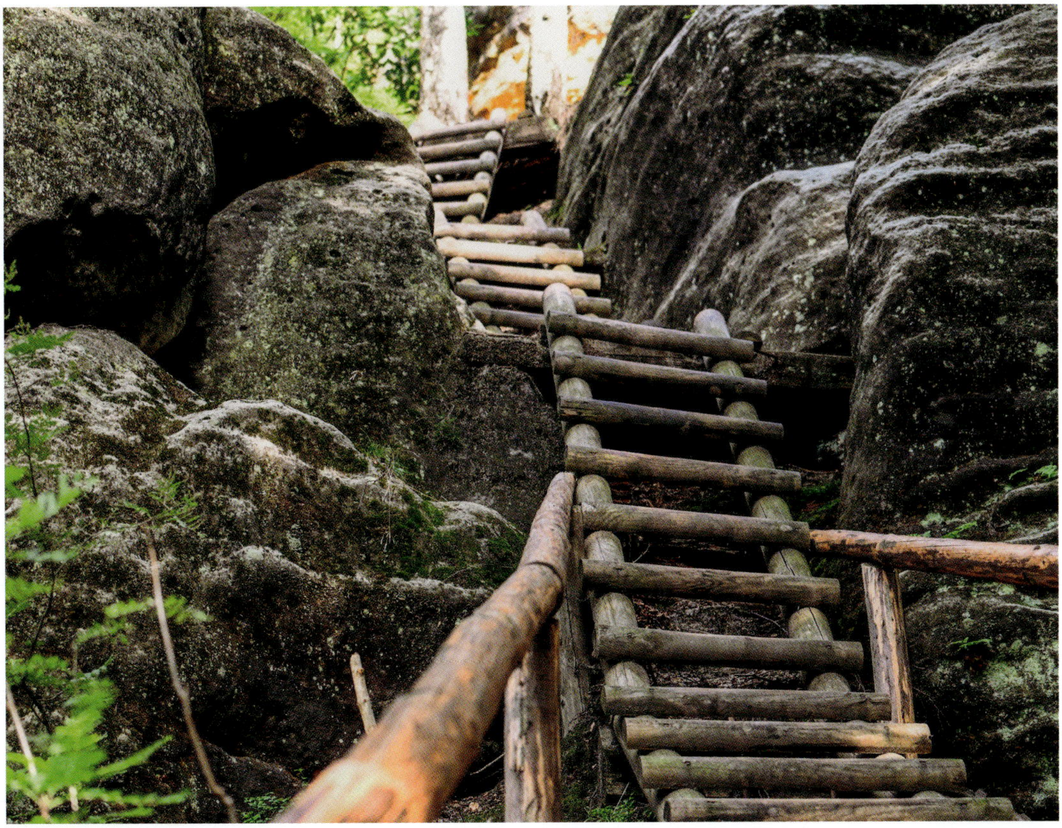

Manche Wanderwege sind nur für Geübte.

13

Aufregende Stiegenwanderung

Über Starke Stiege und Rotkehlchenstiege

Mittel bis Schwer | 4:00 Std. | 700 Hm | 10 km

Tourencharakter

Die Wanderung als solche ist nicht besonders herausfordernd. Zwischendurch sind jedoch zwei Stiegen zu überwinden. In der Starken Stiege geht es bergauf, in der Rotkehlchenstiege bergab. In beiden Fällen muss man auch mit den Händen arbeiten, was die Wanderung herausfordernder macht.

Ausgangs-/Endpunkt

Parkplatz und Haltestelle in Schmilka

Anfahrt

Mit dem Bus 252 bis Schmilka oder mit dem Auto auf der B172 bis zum Parkplatz neben dem Feuerwehrhaus

Gehzeiten

Bis Kleine Bastei 0:30 Std. – Starke Stiege 1:00 Std. – Rotkehlchenstiege 2:00 Std. – Bergsteig 3:30 Std.

Beste Jahreszeit

April–Oktober, am besten nicht bei oder nach Regenfällen

Einkehr

Schmilk'sche Mühle, Schmilka 36, 01814 Bad Schandau, Tel. 035022/91 30, www.schmilka.de sowie weitere Einkehrmöglichkeiten in Schmilka. Unterwegs nur Selbstverpflegung

Hinweis

Festes Schuhwerk, Trittsicherheit und ein wenig Kraft in den Armen sind für die beiden Stiegen notwendig.

Bei Schmilka erwarten uns mal wieder zwei Stiegen, die uns die Schönheit der Sächsischen Schweiz näherbringen. Nach einem kurzen Aufstieg von der Elbe in den Rauschengrund geht es über die Starke Stiege auf einen wunderschönen Panoramaweg bis zur Rotkehlchenstiege. Steile Auf- und Abstiege dominieren diesen relativ ruhigen Wanderweg kurz vor der tschechischen Grenze.

Schmilka, der letzte Ort an der Elbe auf deutscher Seite. Von unserem Ⓐ **Ausgangspunkt am Fähranleger** sind es keine 500 Meter bis zum Grenzübergang nach Tschechien. Wir wenden uns aber in die andere Richtung und wandern mit dem Strom der Elbe gen Norden. Zunächst wandern wir dabei ganz entspannt auf dem flachen Elberadweg an den Pensionen und Villen vorbei bis zur B172. Auch hier bleiben wir noch ein kurzes Stück geradeaus, doch hinter dem dritten Haus, der Hausnummer 5, sehen wir auf der gegenüberliegenden Straßenseite einen schmalen Pfad. Unser erster Aufstieg beginnt, und wir gehen in den Wald.

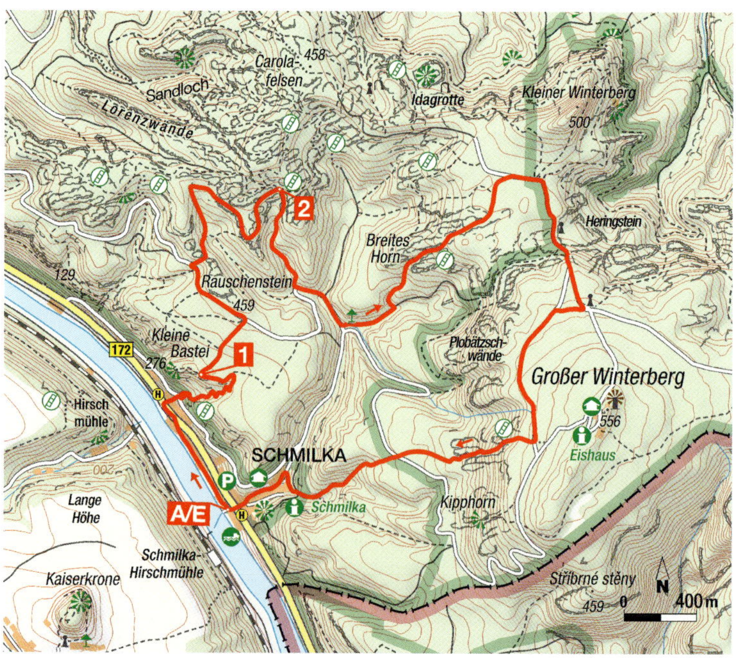

Schon nach wenigen Metern biegen wir an dem quer verlaufenden Holzlagerplatzweg nach rechts ab. Doch diesem folgen wir nur kurze Zeit und wenden uns schon bald wieder nach links. Stufen bringen uns weiter bergauf und wir überwinden mal eben vom Elbufer aus bis hier oben hin 160 Höhenmeter. Dafür können wir aber an einer Kreuzung scharf links abbiegen und sogar ein kleines Stück wieder bergab wandern, um wenig später den Aussichtspunkt ❶ Kleine Bastei zu erreichen. Spätestens hier wissen wir, dass wir mit dieser Wanderung alles richtig gemacht haben. Nach Süden erkennen wir deutlich die beiden Tafelberge Kaiserkrone und Zirkelstein, während wir nach Nordwest dem Elbverlauf hinterherblicken. Durch die steil aufragenden Schrammsteine auf der rechten Seite erinnert das Elbtal hier sehr an einen Canyon und präsentiert sich in prachtvoller Schönheit.

Schmilk'sche Mühle

Der kurze Ilmenbach in Schmilka besitzt die stärkste Quelle der Sächsischen Schweiz und lässt pro Sekunde 6 Liter Wasser sprudeln. Schon im 17. Jahrhundert hat man den kurzen Wasserlauf für den Betrieb einer Mühle genutzt. Doch 1875 musste sie geschlossen werden, weil sie unrentabel war. Heute ist die Mühle in Schmilka ein technisches Denkmal, und wurde von Liebhabern wieder in Gang gebracht. Über 40 Schaufeln wird das eigentlich zu wenige Wasser geleitet, um das Mahlwerk anzutreiben, mit dem heute Bio-Dinkel gemahlen wird.

Nach dem Genuss des Ausblicks gehen wir ein Stück zurück, denn kurz vor der Kleinen Bastei fiel uns ein Abzweig auf, dem wir mit einer sehr sanften Steigung folgen. Er bringt uns zum Elbleitenweg, an dem wir links abbiegen, wobei wir die mächtige Felsgruppe des Rauschensteins passieren, die sich zu unserer Rechten erhebt. Hinter einer Rechtskurve müssen wir ein wenig aufpassen. Vom Elbleitenweg zweigt ein schmalerer Weg nach rechts ab. Durch die zerklüfteten Felsen geht es durch das Rauschentor in den bewaldeten Rauschengrund. Hier befindet man sich

Wassermühle in Schmilka

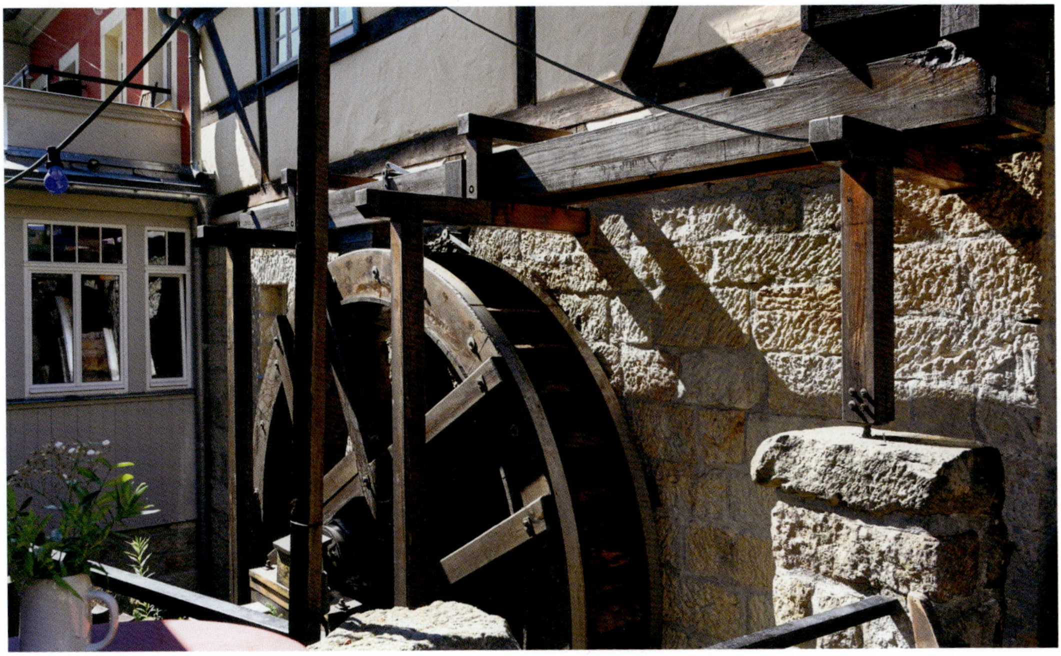

in der Tat in einer Art Canyon und ist fast komplett von hohen Felswänden umgeben, bei denen man sich fragt, wie man hier wieder herauskommt. Wir könnten uns einfach rechts halten, aber wir wollen ja auch ein wenig Herausforderung. Daher gehen wir links, bis wir vor einer steilen Felswand stehen und sich die sogenannte Starke Stiege zeigt. Einige fest installierte Ringe im Fels und ein paar ausgetretene Steine helfen uns, diese Wand zu erklimmen. Aber hierfür brauchen wir mindestens alle viere und damit freie Hände sowie Kraft in den Armen.

Oben angekommen, wenden wir uns nach rechts und wandern auf dem Oberen Terrassenweg. Dabei blicken wir immer wieder nach rechts unten in den Canyon bzw. in den Rauschengrund, aus dem wir aufgestiegen sind. Auf der gegenüberliegenden Seite ist der Rauschenstein gut zu erkennen und gleich dahinter ist zu erahnen, wie das Tal zur Elbe hin abfällt. Wir bleiben auf dem Terrassenweg und kommen von ganz allein zu einem zweiten, kleineren Canyon, dem Falkoniergrund. In diesen wollen wir als Nächstes hinab. Dafür nutzen wir abermals eine Stiege, genauer gesagt die ❷ **Rotkehlchenstiege**. Auch hier brauchen wir zum Teil unsere Hände, um den Höhenunterschied zu überwinden.

Unten treffen wir wieder auf den Elbleitenweg, dem wir nach links folgen. Eine Schutzhütte an einer Kreuzung ist uns Zeichen, nach links auf den Wurzelweg abzu-

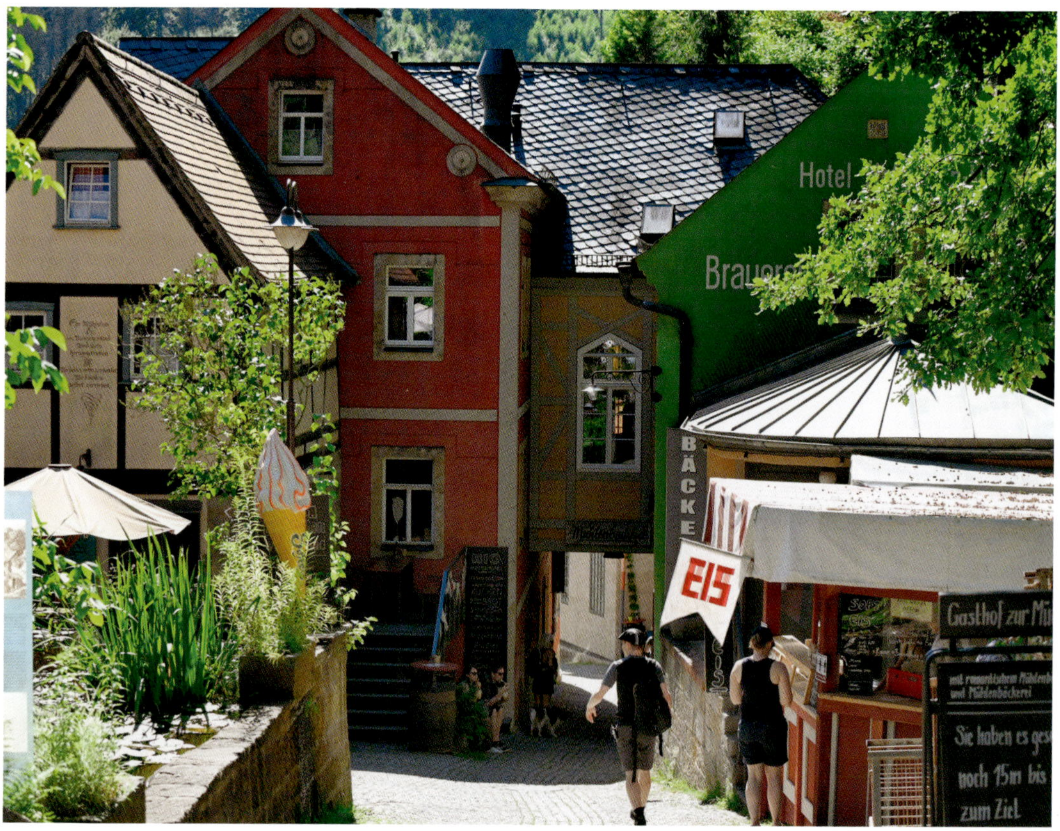

Nach der Wanderung lockt erst mal die Erfrischung.

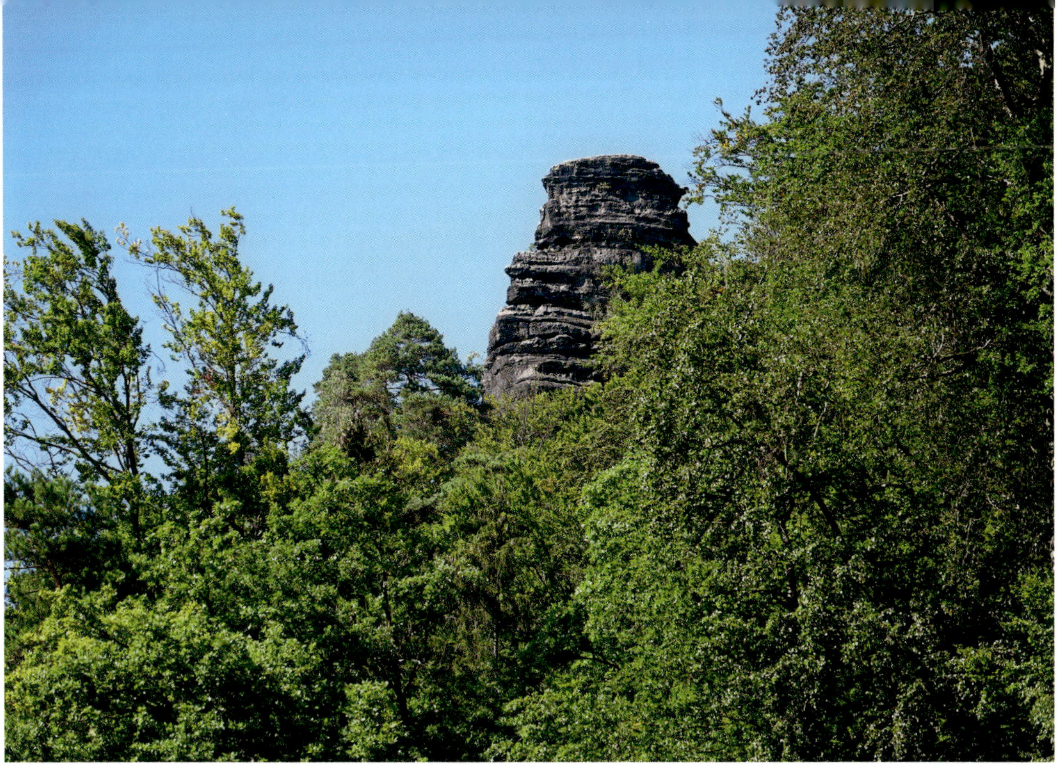

biegen. Aber auch diesen verlassen wir schon sehr bald und ebenfalls nach links. Wir wollen nämlich auf dem Lehnsteig wieder nach oben. Doch dieses Mal reichen uns die Beine, Handarbeit ist nicht mehr erforderlich. Über etliche Stufen geht es aufwärts und wir werden langsam wieder von zahlreichen Felswänden umgeben. Der Lehnsteig ist mit seinen knapp 200 Höhenmetern ein wenig kraftraubend, aber keine technische Herausforderung. Er bringt uns zum Reitsteig, auf dem wir uns nach rechts wenden und nun im leichten Auf und Ab durch den Wald bis zu einer größeren Kreuzung gelangen. Der Reitsteig trifft auf den Roßsteig und auf die Weiberfähre. Geradeaus könnten wir noch auf den Großen Winterberg gelangen, doch wir halten uns rechts und wandern auf der Weiberfähre rund 800 Meter, bis scharf rechts der Bergsteig abzweigt. Auf dem Bergsteig verlieren wir nun deutlich an Höhe, passieren abermals einige Felsformationen und wandern auf Stufen durch den Wald. Dabei bleiben wir immer geradeaus und bergab, überqueren die Winterbergstraße und erreichen den kleinen Ort Schmilka wieder. An der Ilmenquelle wenden wir uns nach links und folgen der Straße bis hinab zur B172, wo wir unseren **E** **Ausgangspunkt** erreichen.

Oben: Blick zur Kleinen Bastei bei Schmilka

Unten: Holzschnitzereien sind in der Region keine Seltenheit.

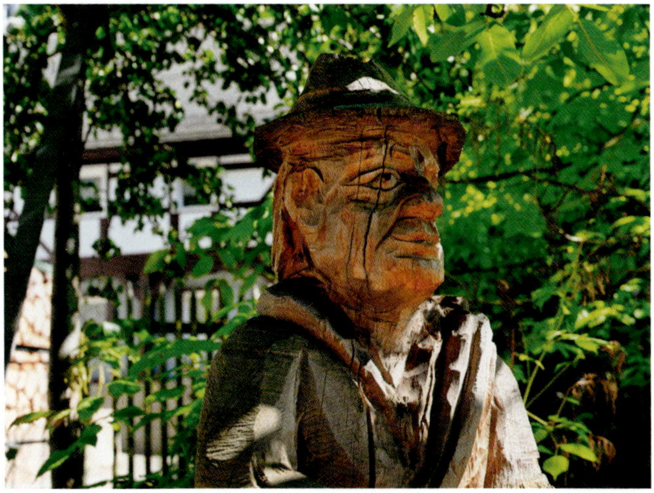

14 Auf einsamen Pfaden unterwegs

Von Krippen bis auf den Kohlbornstein

Leicht | 4:00 Std. | 470 Hm | 11,4 km

Tourencharakter
Leichte Wanderung mit mäßigen Anstiegen, überwiegend schattig im Wald

Ausgangs-/Endpunkt
Fähranleger in Krippen

Anfahrt
Mit der S-Bahn bis Krippen. Mit dem Auto die B172 vor der Elbüberquerung verlassen und bis zum Parkplatz im Ort neben der Bahntrasse fahren

Gehzeiten
Bis Liethenmühle 1:00 Std. – Kohlbornstein 1:45 Std. – Kanigstein 3:00 Std. – Kleine Bastei 3:30 Std.

Beste Jahreszeit
Ganzjährig

Einkehr
Liethenmühle, Liethenhäuser 3, 01824 Gohrisch, Tel. 035028/802 40, www.liethenmuehle.de; Café Sonnenuhr, Elbweg 9a, 01814 Bad Schandau (Krippen), Tel. 035028/85 90 00, www.sonnenuhr-krippen.de

Es müssen nicht immer die berühmten Klassiker sein. Manchmal darf es auch einfach mal ein etwas abgeschiedener kleiner Berg sein, der vielen Besuchern im Elbsandsteingebirge gar nicht bekannt ist. Bei Krippen, am linken Ufer der Elbe, erhebt sich zum Beispiel ganz bescheiden der Kohlbornstein, der aber, wie andere Gipfel der Region, auch eine tolle Aussicht ermöglicht – inklusive ruhiger Wanderung mit nur wenigen anderen Touristen.

Wem die Wandertour Nummer 2 in diesem Buch mit ihren über 18 Kilometern noch zu kurz ist, der kann hier gleich weiterwandern. Denn diese Route beginnt dort, wo die Wanderung durch das Gelobtbachtal endet. Wir legen an der **A Mündung des Krippenbachs** in die Elbe bzw. am Fähranleger los und überqueren das kleine Gewässer – also den Krippenbach, nicht die Elbe. Gleich hinter dem Bächlein halten wir uns links und unterqueren die Eisenbahntrasse, womit wir uns direkt in dem kleinen Ort Krippen wiederfinden. Theoretisch könnten wir auch die Ortschaft

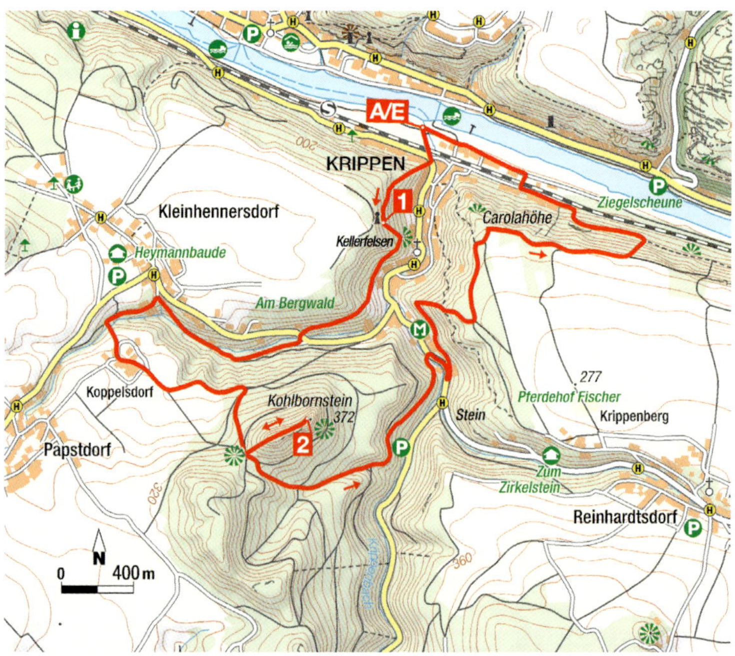

durchqueren und später halbrechts in die Kleinhennersdorfer Straße abbiegen. Dabei kämen wir zum Beispiel an der kleinen, hübschen Kirche vorbei. Doch wir wollen mehr in die Natur. Daher biegen wir schon nach dem ersten Haus, es trägt die Nummer 17a, scharf rechts in die Friedrich-Gottlob-Keller-Straße ein.

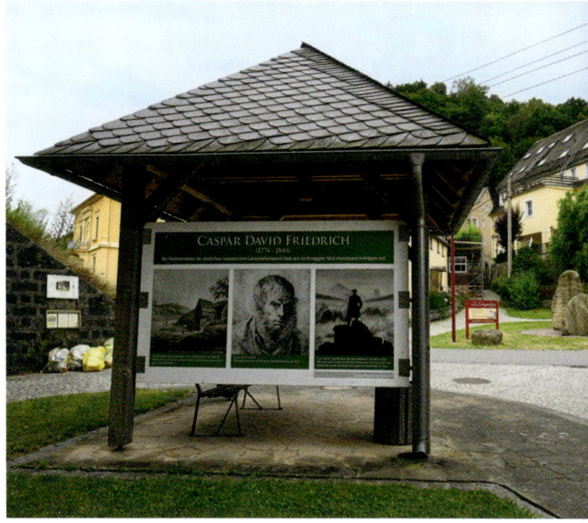

Infos über Caspar David Friedrich

Und auch diese kleine Straße verlassen wir gleich an der ersten Möglichkeit über einige Stufen nach links. Die Stufen bringen uns sowohl in den Wald als auch in die Höhe. Jetzt heißt es Luft schnappen und rund 70 Höhenmeter bewältigen. Auf der Bertheltspromenade halten wir uns jeweils links und wandern nun oberhalb von Krippen in südliche Richtung. Wir kommen am ❶ **Gedenkstein für Friedrich August Berthelt** vorbei, der in Krippen aufwuchs und später große Verdienste um das Volksschulwesen in Deutschland errang. Gleich dahinter gelangen wir zu einem weiteren Gedenkstein. Dieses Mal informiert uns die Inschrift über Friedrich Gottlob Keller. Die nach ihm benannte Straße hatten wir ja bereits kennengelernt. Nach ihm ist auch der Kellerfels genau oberhalb der Krippener Kirche benannt, der eigentlich ein Aussichtspunkt sein sollte, jedoch oftmals stark zugewachsen ist.

Wir behalten unsere ursprüngliche Richtung bei und wandern im leichten Auf und Ab durch den Wald. Nach einiger Zeit mündet die Bertheltspromenade in die

Blick über die Elbe zu den Schrammsteinen

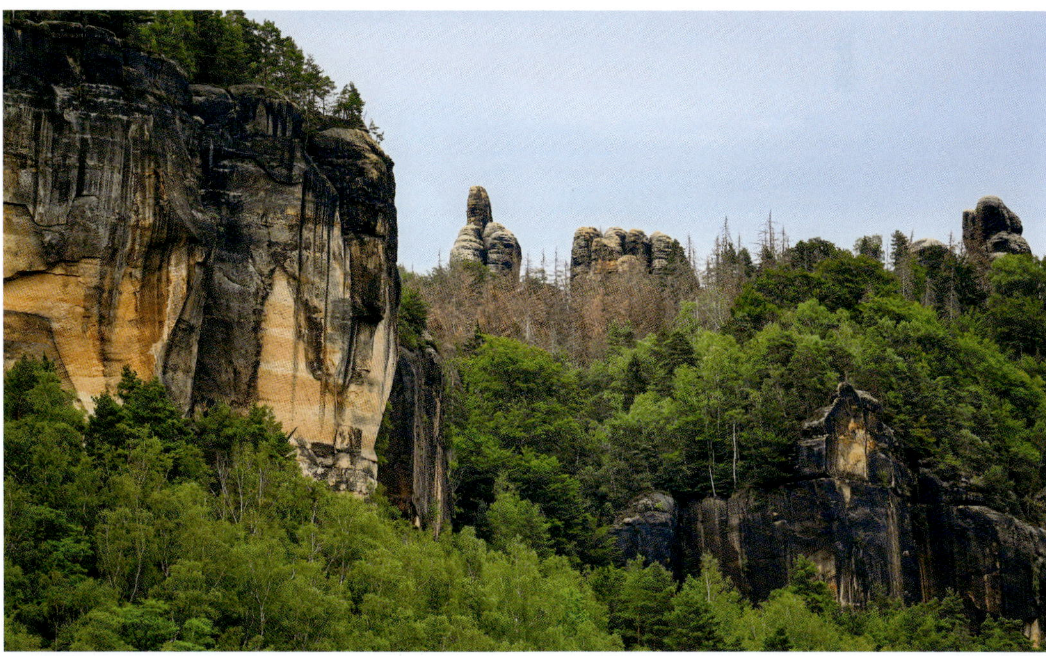

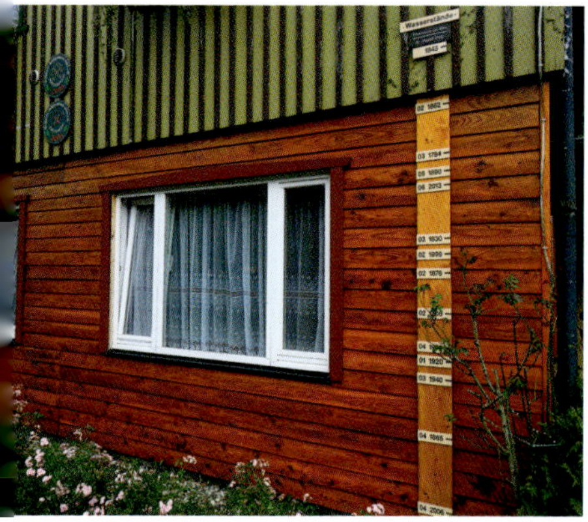

Hauptstraße. Hier wären wir auch rausgekommen, wenn wir durch die Ortschaft gewandert wären. Wir biegen links ab, überqueren den Liethenbach und wenden uns gleich dahinter nach rechts, um auf einem breiten Weg wieder in den Wald hineinzugehen. Diesem kleinen Tal des Liethenbachs folgen wir bis zur malerisch gelegenen Liethenmühle, die laut Inschrift an der Hauswand aus dem späten 16. Jahrhundert stammt. Heute ist sie für uns eine gute Gelegenheit zur Einkehr.

Die Hochwassermarken der Elbe sind beeindruckend und erschreckend zugleich.

Hinter der Mühle bleiben wir geradeaus, bis wir die ersten Häuser von Kleinhennersdorf erreichen. Direkt an der T-Kreuzung biegen wir links ab und gelangen zu einem Privatgrundstück, das aber laut Beschilderung auf eigene Gefahr durchquert werden darf. Der Weg gabelt sich und wir halten uns halblinks, um gleich im Anschluss wieder einmal den Liethenbach zu überqueren. Nach einem kurzen Aufstieg durchqueren wir den kleinen Weiler Koppelsdorf, der eigentlich nur aus ein paar Bauernhöfen besteht. Hier müssen wir ein wenig aufpassen. Hinter dem Ortsteich biegen wir links und sofort rechts ab. Vor den Scheunen geht es erneut nach links und sofort nach rechts. Den Hofbereich verlassen wir halblinks und wandern zwischen den Feldern bis zu einer weiteren Gabelung, an der wir abermals nach links schwenken.

Am Waldrand geht es nun in den Wald und dort gleich an der ersten Gelegenheit nach rechts. Es dauert nun nicht mehr lange, bis wir an einer größeren Kreuzung nach links abbiegen und den restlichen Aufstieg auf den ❷ **Kohlbornstein** wagen. Damit haben wir den höchsten Punkt der Tour erreicht und können den schönen

Hier beginnt der Aufstieg zur Kleinen Bastei.

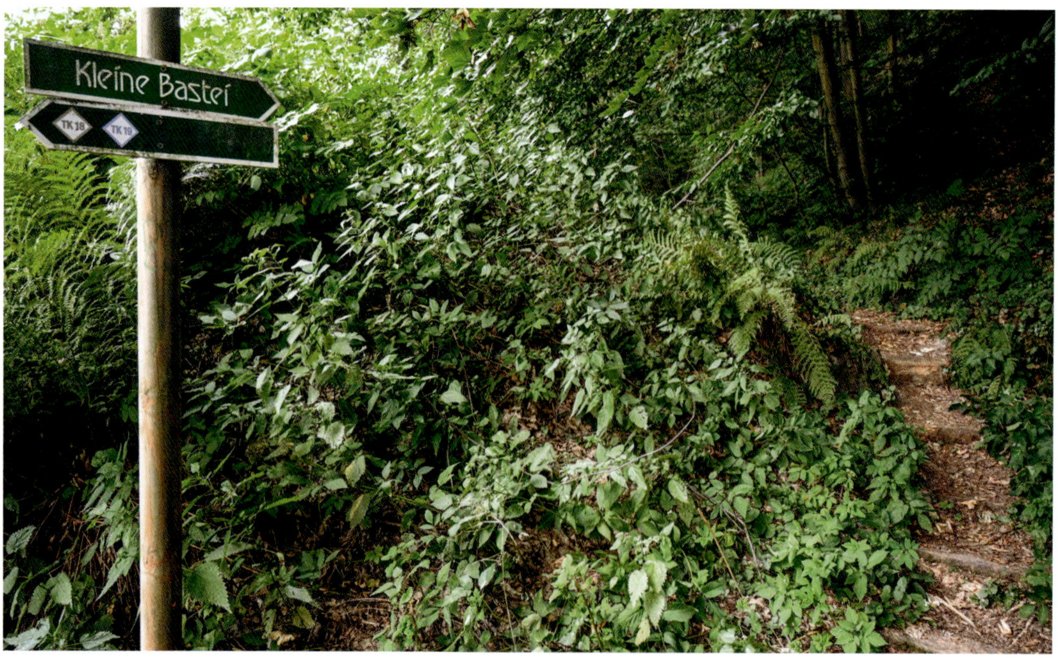

Ausblick genießen. Von der Sitzbank auf dem Felsen blicken wir hinab in das enge Tal von Krippen. Dahinter sehen wir, wie die Elbe von rechts nach links fließt, und rechts davon sind unverkennbar die Schrammsteine auszumachen.

Nach der Aussicht gehen wir denselben Weg zur großen Kreuzung hinab, wenden uns nach links und verlassen den Kohlbornsteig gleich zu Beginn nach rechts auf dem Weg namens Klüftel. Diesem folgen wir spürbar bergab, über den breiteren Hofeweg hinweg und erreichen eine T-Kreuzung. Hier wenden wir uns nach links auf den Krippenhangweg, der uns weiter hinab wieder auf die Friedrich-Gottlob-Keller-Straße bringt. Richtig, wir könnten jetzt hier einfach nach links abbiegen und wieder durch den Ort zurück zum Elbufer. Aber ein kleiner Aufstieg darf heute gerne noch sein und durch den Wald wandert es sich doch viel schöner als entlang der Straße. Daher biegen wir rechts ab und verlassen die Straße unmittelbar darauf an der Haltestelle nach links.

Etwas oberhalb der Straße wandern wir in nördlicher Richtung, biegen aber schon bald nach rechts ab, um weiter bergauf zu wandern. Ein kleiner Abstecher nach links bringt uns zum Kanigstein, von dem aus wir wieder in das Tal hinabblicken können. Doch die weitere Wanderung bringt uns hinauf zum Waldrand, dem wir bis zur Kleinen Bastei folgen. Diesen Abschnitt kennen wir schon, wenn wir die Wandertour 2 gemacht haben. An der Kleinen Bastei halten wir uns links und gehen leicht bergab, bis wir über den Mittelhangweg wieder die ersten Häuser von Krippen erreichen. Einmal kurz nach rechts und unter der Bahntrasse hindurch, so sind wir schon wieder am Elbufer und wenig später am E **Ausgangspunkt** angekommen.

Friedrich Gottlob Keller

Friedrich Gottlob Keller lebte im 19. Jahrhundert und erfand das noch heute übliche mechanische Verfahren zur Papierherstellung mit dem sogenannten Holzschliff. Dabei wird Papier aus Holzfasern erschaffen, doch mangels Eigenkapital, dafür aber mit einigen Schicksalsschlägen, hat er sein Patent hierauf weitergegeben und starb verarmt im Jahr 1895 in Krippen.

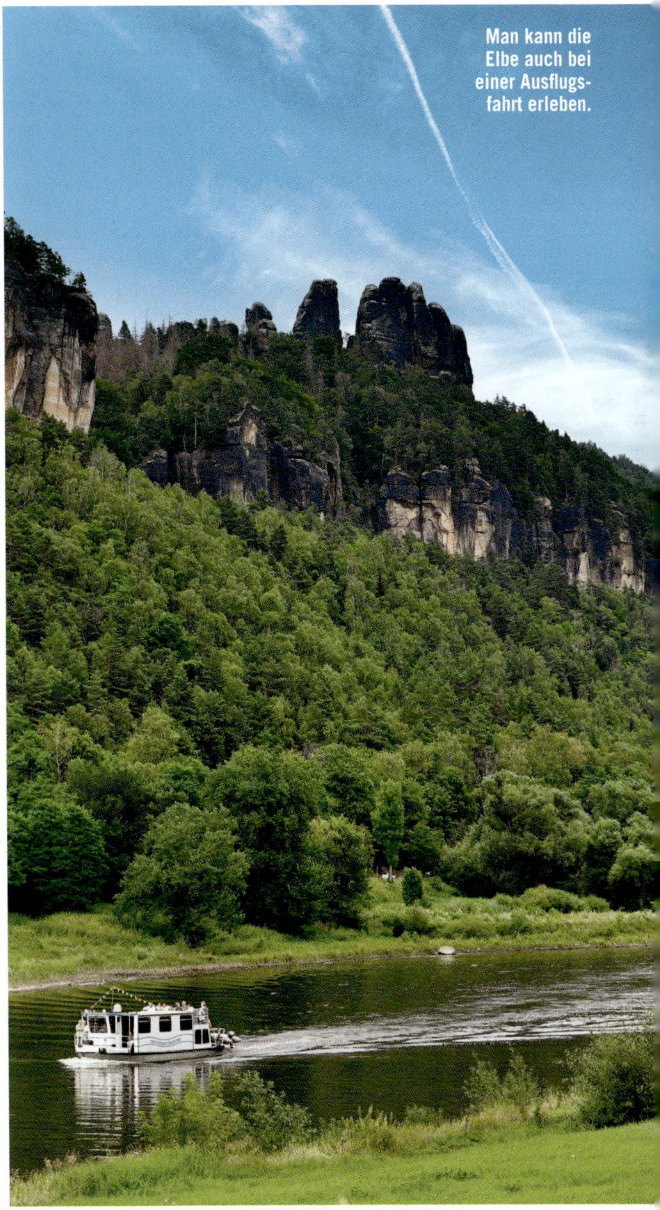

Man kann die Elbe auch bei einer Ausflugsfahrt erleben.

15

Ein ruhiges Tal erwartet uns

Durch das Polenztal an Hohnstein vorbei

Leicht 3:30 Std. 420 Hm 14,2 km

Tourencharakter
Leichte Wanderung ohne Kraxeleien und mit gemäßigten Anstiegen. Für Anfänger gut geeignet

Ausgangs-/Endpunkt
Wanderparkplatz Füllhölzelweg

Anfahrt
Mit der Buslinie 253 bis zur Haltestelle Wanderweg nach Kurort Rathen. Mit dem Auto ab Bad Schandau über Waltersdorf bis zum Wanderparkplatz auf der linken Seite

Gehzeiten
Bis Gaststätte Polenztal 0:45 Std. – Gautschgrotte 1:30 Std. – Brandbaude 2:30 Std.

Beste Jahreszeit
Ganzjährig

Einkehr
Gaststätte Polenztal, Polenztal 2, 01848 Hohnstein, Tel. 035975/808 26, www.polenztal.de; Brandbaude, Brandstraße 27, 01848 Hohnstein, Tel. 035975/844 25, www.brand-baude.de; Waltersdorfer Mühle, Neuweg, 01814 Porschdorf

Das Polenztal ist geprägt von Ruhe, Idylle und märchenhafter Landschaft. Spektakuläre Kulissen fehlen gänzlich und das ist auch einfach mal gut so. Denn die Schönheit kommt hier durch die Ruhe und Gelassenheit, die die Polenz ausstrahlt. Und dennoch erleben wir nach einem Aufstieg auf einen Bergrücken tolle Ausblicke über das Polenztal hinweg.

Wir lassen Ⓐ **Wanderparkplatz und Haltestelle** hinter uns, indem wir die Straße überqueren und in den Wald hineingehen. Sofort geht es spürbar bergab in das Polenztal und es dauert nicht lange, bis der namensgebende Fluss vor uns erscheint. Wir halten uns links, sind von den mächtigen Felsformationen beeindruckt, die das Tal flankieren, und folgen dem Fluss an seinem Ufer. Spektakuläres passiert auf diesem ersten Abschnitt der Tour nicht, es ist einfach nur schön. Wie in einem Canyon fließt die Polenz zwischen den steil aufragenden Felsen hindurch und wir genießen dieses Stück Natur mit den zarten Pflanzen am Uferrand und dem Zwit-

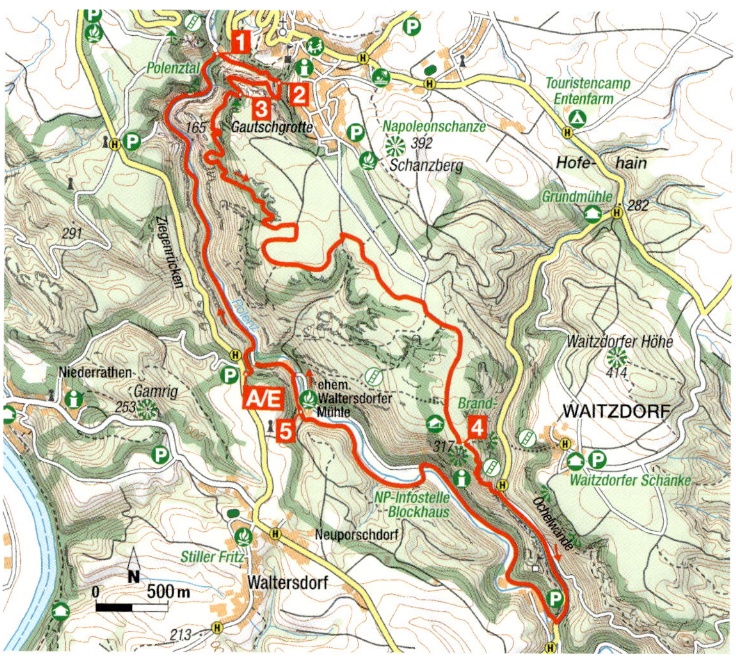

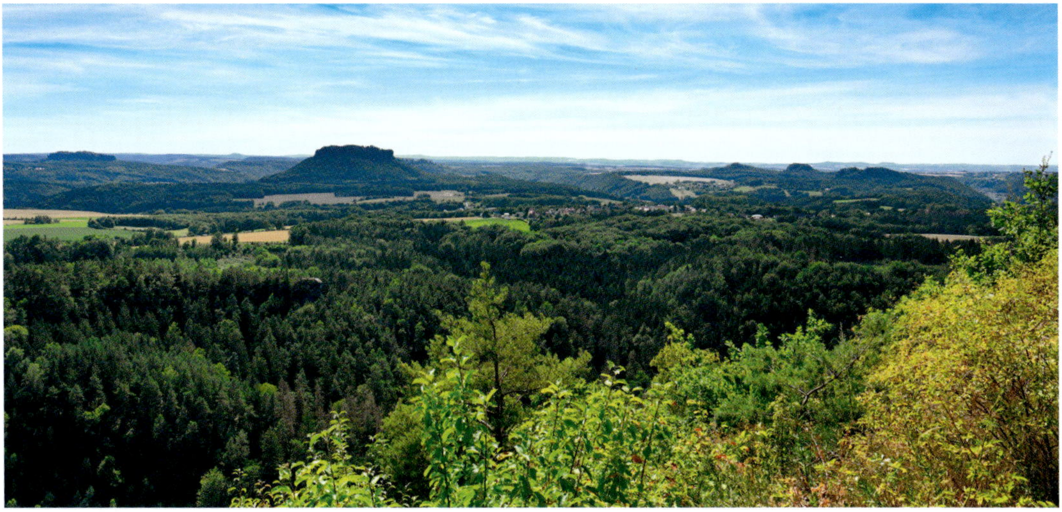

schern der Vögel in den Bäumen. Dabei folgen wir dem leicht kurvigen Flusslauf, bis sich das Tal nach einiger Zeit weitet und sich vor uns mit der ❶ Gaststätte Polenztal eine idyllisch gelegene Einkehrmöglichkeit offenbart. Vor der Gaststätte wenden wir uns nach rechts und folgen nun dem Wanderweg durch den Schindergraben.

Weiter Fernblick von der Brandbaude

Damit verlassen wir das Polenztal und steigen spürbar in die Höhe. Links über unseren Köpfen ragen abermals steile Felswände empor. Gleich obendrauf steht die ❷ Burg Hohnstein, der wir einen Besuch abstatten können, wenn wir oben nach links abbiegen. Bis dorthin überqueren wir mehrmals den schmalen Wasserlauf des

Im Innenhof der Burg Hohnstein

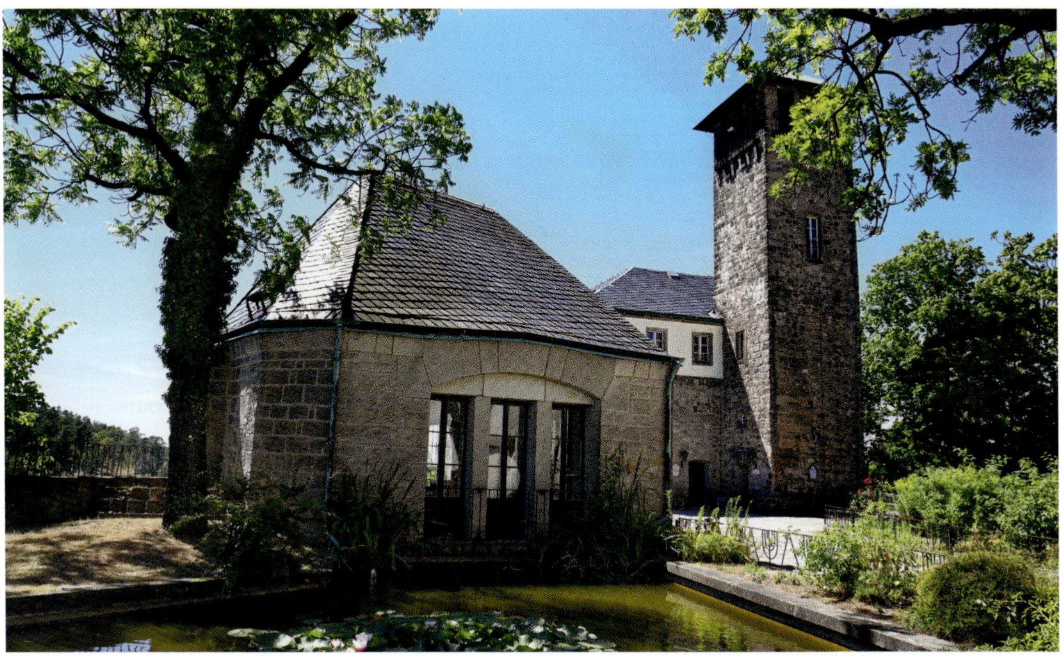

Schindergrabens. Hinter dem Götzinger-Gedenkstein wenden wir uns nach rechts (oder eben nach links für den Besuch von Burg und Ortschaft) und folgen abermals nach rechts dem Halbenweg. Dieser bringt uns in einer weiten Kurve zur sehens-

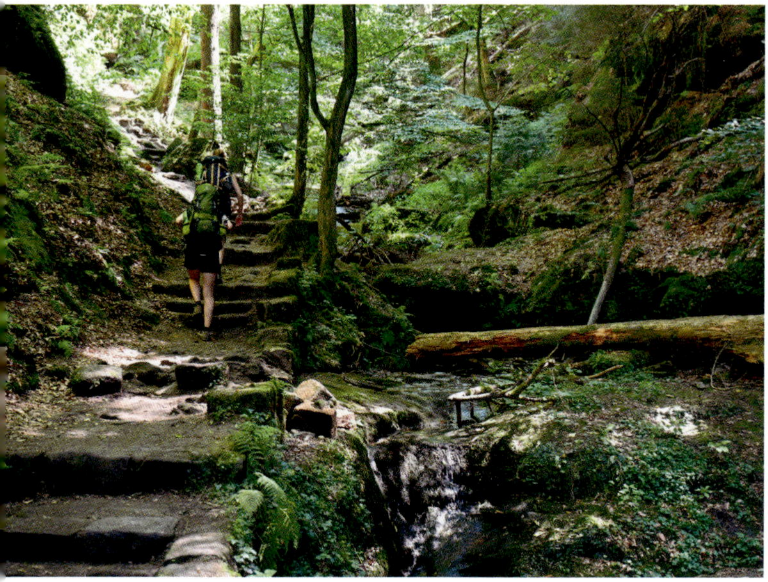

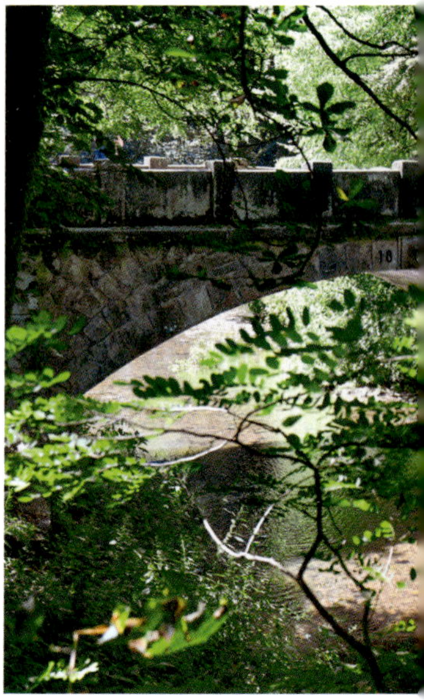

Links: Aufstieg im Schindergraben

Mitte: Brücke an der Waltersdorfer Mühle

Rechts: Da blickt die Burg Hohnstein noch auf einen herab.

werten ❸ **Gautschgrotte**. Grotte mag ein wenig übertrieben erscheinen, wenn man vor dem Halbrund der überstehenden Felswand steht, aber beeindruckend ist der Ort allemal. Im Sommer tropft an dem moosbehangenen Felsen das Wasser herab, während es im Winter dazu kommen kann, dass dieses Wasser einen ansehnlichen Eiszapfen entstehen lässt.

Nach dem Besuch der Gautschgrotte folgen wir dem Halbenweg weiter und genießen die Tour, bei der wir uns nun oberhalb des Polenztals befinden. Rechts geht es hinunter ins Tal, während sich links von uns weitere imposante Felsgebilde erheben. Diese tragen Namen wie Drachenkopf, Riesenechse und Brandpyramide. Auch den Kleinen Kuhstall passieren wir noch, bevor wir auf den Räumigtweg stoßen und an einer Lichtung vorbeiwandern. Der Wanderweg bringt uns durch den Wald oberhalb des Polenztals bis zur Brandstraße, an der wir nach rechts schwenken und nach kurzer Zeit die ❹ **Brandbaude** erreichen. Sie ist uns nicht nur eine willkommene Einkehrmöglichkeit, sondern bietet von der Außenterrasse auch noch einen wunderbaren Ausblick auf das Polenztal. Kein Wunder, wurde die Brandbaude doch gleich oberhalb der steil abfallenden Felskante errichtet. So genießt man Speis' und Trank und gleichzeitig den Augenschmaus.

Nach der entspannenden Einkehr besuchen wir nur wenige Minuten weiter westlich die nächste Aussicht namens Haferbänke. Dort blicken wir in das Tal des Tiefen Grundbachs. Damit wird klar, dass wir uns auf einem immer schmaler werdenden Bergrücken befinden, der nach Süden hin an Höhe verliert. Daher machen wir uns anschließend an den Abstieg von diesem Bergrücken und wandern auf den sogenannten Brandstufen hinab bis ins Tal des Tiefen Grundbachs. Die Anzahl der Stufen ist enorm und erinnert stark an die deutlich bekannteren Schwedenlöcher in der

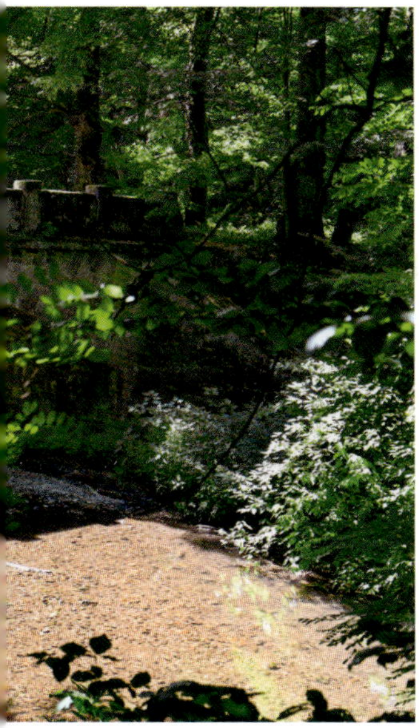

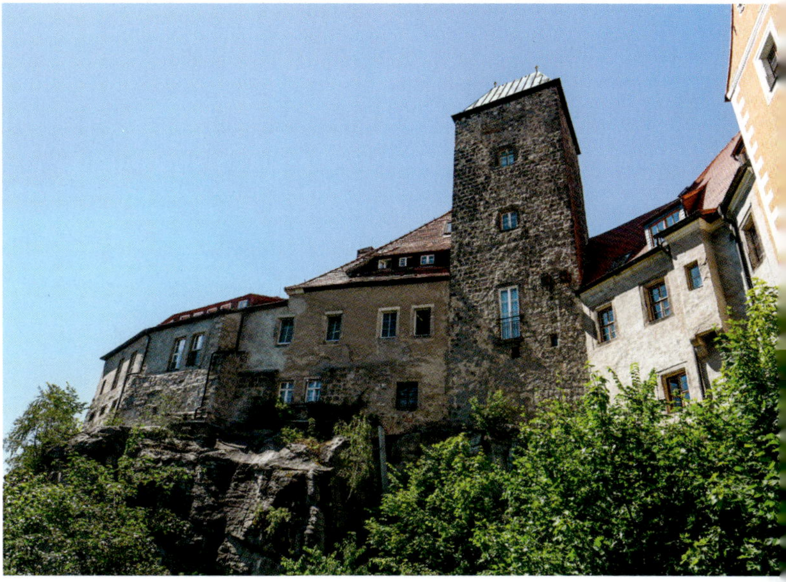

Nähe der Bastei. Doch auch diese Stufen haben irgendwann ein Ende und so wandern wir, einmal unten angekommen, parallel zur dort verlaufenden kleinen Straße und überqueren immer wieder auf Holzbrücken den schmalen Wasserlauf. Nach einiger Zeit trifft unser aktuelles, kleines Tal auf das Polenztal, womit wir die Polenz wieder erreicht haben. Vor einem Wanderparkplatz wenden wir uns nach rechts und passieren schnell ein Firmengelände, das hier im Polenztal ein wenig deplatziert wirkt. Wir lassen uns dadurch aber auf keinen Fall die Stimmung nehmen und genießen nach einer engen Rechtskurve bald schon wieder das enge Polenztal mit seiner ganzen Natur. Anfangs sind wir auf einem befestigten Weg unterwegs. An seinem Ende überqueren wir die Polenz und wechseln auf einen schmalen Pfad im Wald. Gleichzeitig erhebt sich rechts über uns der Bergrücken, auf dem, für uns von hier aus nicht sichtbar, die Brandbaude steht. Es bleibt dabei, die Wanderung ist wie schon am Anfang der Tour herrlich gemütlich. Und bevor wir uns dem Ende nähern, erreichen wir kurz vor Abschluss sogar noch eine weitere, letzte Einkehrmöglichkeit mit der **5 Waltersdorfer Mühle**. Kurz darauf erblicken wir zu unserer Linken unseren Einstieg vom Wanderparkplatz in das Polenztal und folgen dem kurzen Aufstieg zurück zur **E Straße**

Polenz

Neun Quellen sind es, die den Fluss Polenz entstehen lassen. Sie liegen nördlich von Sebnitz an der deutsch-tschechischen Grenze auf rund 400 Metern Höhe. Südlich des Wanderparkplatzes am Gewerbegebiet im Polenztal vereint sich der Fluss mit der Sebnitz und heißt von dort an Lachsbach. Damit endet die 31 Kilometer lange Geschichte der Polenz, die ihren schönsten Abschnitt in ihrem Unterlauf besitzt, der in dieser Tour beschrieben wird.

16

Große Rundtour am linken Elbufer

Die linkselbischen Tafelberge in Kombination

Mittel | 7:30 Std. | 700 Hm | 21,5 km

Tourencharakter
Technisch leichte Wanderung mit einigen Aufstiegen zu den Tafelbergen, die zum Teil aber optional und nach Belieben angegangen werden können. Herausfordernd ist die Länge der Strecke, wobei ein Abkürzen möglich ist (siehe Hinweis am Ende dieses Kastens).

Ausgangs-/Endpunkt
Bahnhof und Parkplatz am Bahnhof Bad Schandau

Anfahrt
Mit der S-Bahn bis zum Bahnhof Bad Schandau. Mit dem Auto über die B172 bis zum Bahnhof Bad Schandau

Gehzeiten
Bis Papststein 1:30 Std. – Pfaffenstein 3:00 Std. – Quirl 4:30 Std. – Königstein 6:00 Std.

Beste Jahreszeit
Ganzjährig

Einkehr
Bergwirtschaft Papststein, Auf dem Papststein 1, 01824 Gohrisch, Tel. 035021/609 56, www.berggast.de; Berggaststätte Pfaffenstein, Pfaffensteinweg 1, 01824 Königstein, Tel. 035021/594 10, www.pfaffenstein.com

Hinweis
Die Tour kann abgekürzt werden, wenn man dem Elbverlauf zum Abschluss nicht folgen will oder kann. Hierfür einfach in Königstein in die S-Bahn setzen und die letzten 5 km bis zum Ausgangspunkt zurückfahren.

Diese Wanderung ist ideal für alle, die sich in Königstein einquartiert oder gar auf dem Campingplatz am Elbufer ihren Urlaubsort bezogen haben. Denn dann kann man in dieser Rundtour direkt ab der Campingparzelle wandern und mehrere Tafelberge am linken Elbufer in einer wunderbaren Tageswanderung miteinander kombinieren. Um die Route auch für weitere Wanderer ideal zu gestalten, legen wir den Einstieg am Bahnhof Bad Schandau fest, der entlang des Elbufers gut zu erreichen ist.

Wir blicken auf die **A Elbe**, wie sie langsam von rechts nach links an uns vorüberzieht. Auf der linken Seite sehen wir die Brücke, auf der die B172 nach Bad Schandau verläuft. Den Ort dazu sehen wir halbrechts am gegenüberliegenden Ufer. Wir drehen uns nach rechts und wandern entlang der Elbe in östliche Richtung neben der Friedrich-Gottlob-Keller-Straße. Nach Überquerung der Bahngleise wenden wir uns scharf

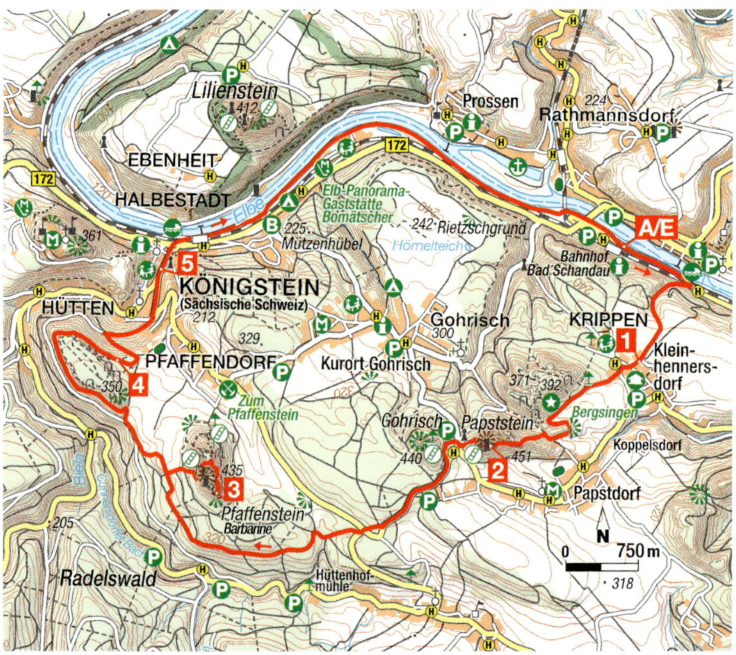

nach rechts und verlassen das Elbtal auf dem Täppichtsteig, indem wir in den Wald hineingehen und deutlich nach oben steigen. Nach dem Aufstieg lichtet sich der Wald und unser Blick schweift über die Felder bei Kleinhennersdorf. An einer Baumreihe wandern wir auf dem schmalen Weg bis in den Ort, wo es mit zahlreichen Ferienhöfen und -häusern eine große Auswahl an Übernachtungsmöglichkeiten gibt.

Linkselbisch vs. rechtselbisch

Die Elbe ist nicht nur Namensgeber für das Gebirge in der Sächsischen Schweiz, sondern trennt die Wanderregion in zwei Bereiche. Rechtselbisch befinden sich Berühmtheiten wie die Bastei, die Schrammsteine, die Schwedenlöcher und die Kernzone des Nationalparks. Das linke Elbufer ist nicht ganz so ausgeprägt, bietet aber mit den frei stehenden Tafelbergen Pfaffenstein, Quirl, Königstein, Zirkelstein, Kaiserkrone, Papststein und weiteren ein mindestens ebenso schönes Landschaftsbild.

An der T-Kreuzung mit dem frei stehenden Baum halten wir uns rechts und biegen gleich an der ersten Möglichkeit links in den Alten Schulweg ein. Dieser bringt uns so schnell aus ❶ **Kleinhennersdorf** heraus, wie wir hineingegangen sind. Am Waldrand folgen wir dem Weg und mit etwas Glück sehen wir einen Reiher links in dem kleinen Gewässer namens Krähenpfütze. Ganz sicher sehen wir aber Rehe in dem kurz darauf folgenden Damwildgehege. Auf dem Weg dorthin könnten wir mehrfach rechts in den Wald abbiegen und den Kleinhennersdorfer Stein besuchen, der aber bereits in Tour 5 ausgiebig erwandert wird.
Einen kurzen Abschnitt der Tour 5 werden wir aber auf den folgenden Metern erneut sehen. Hinter dem Wildgehege halten wir uns rechts und biegen gleich im Anschluss links auf den ansteigenden Waldweg ab. Dieser Weg bringt uns hinauf bis zum Gipfel des ❷ **Papststeins**, auf dem wir neben einer tollen Aussicht auch noch die Möglichkeit zur Einkehr haben. Das lassen wir uns nach diesem ersten Viertel

Wildgehege bei Papstdorf

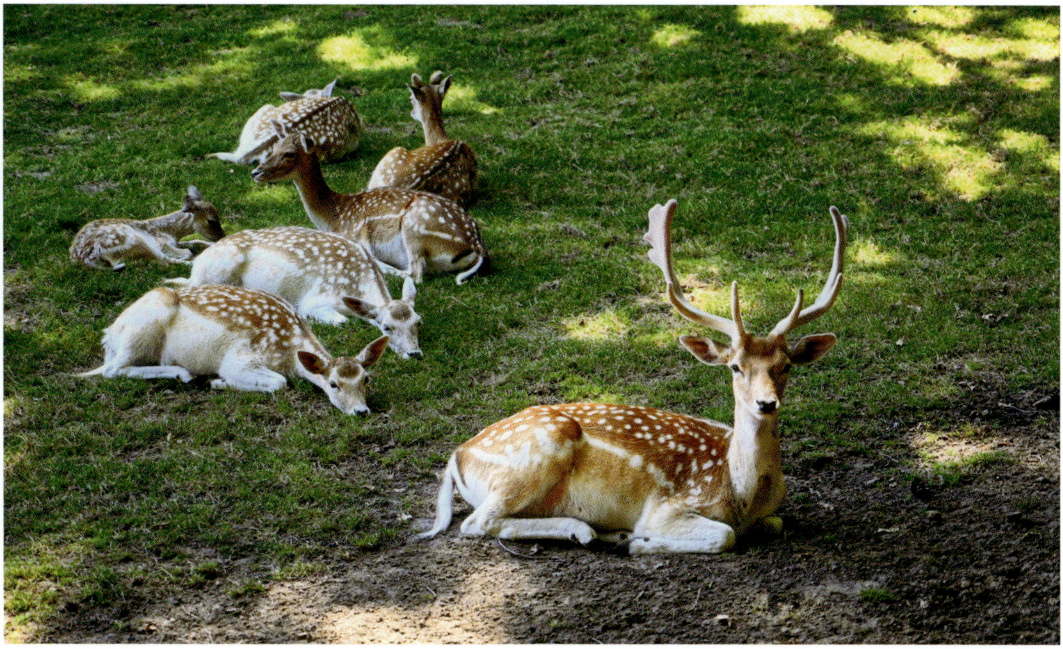

der Wanderung nicht entgehen, bevor wir dem Wanderweg in der ursprünglichen Richtung weiter folgen.

Über Stufen geht es vom Papststein bergab, durch die Kurve am Aussichtspunkt Hunskirchenblick und bis zum Wanderparkplatz Gohrisch. Hier überqueren wir die Straße und folgen der Beschilderung in Richtung Gohrisch bzw. Aufstieg. Auch diese Wandermöglichkeit kennen wir schon aus einer anderen Wegbeschreibung, daher bleibt es uns überlassen, ob wir den Tafelberg besteigen oder ihn nur kurz passieren. An seiner Südostflanke gehen wir leicht hinab bis zur Straße und wenden uns an dieser unmittelbar nach rechts. Für einige Zeit folgen wir ihr, bis wir in einer Kurve halbrechts einen schmalen Pfad sehen. Dieser bringt uns durch den Wald zu einer weiteren Straßenkreuzung. Hier überqueren wir die Landstraße, gehen geradeaus und halten uns nach wenigen Metern halbrechts in den Todweg. Wir folgen ihm bis zu einer Waldkreuzung, biegen auf den Königsteiner Steig nach rechts und kurz darauf links auf den Oberen Kohlweg ab. Auf diesem wandern wir längere Zeit im leichten Auf und Ab durch den Wald, bis wir die Kreuzung mit dem sogenannten Bequemen Weg erreichen. Hier wenden wir uns nach rechts und steuern auf die fantastischen Felsformationen des Pfaffensteins zu. Auch diese kennen wir bereits,

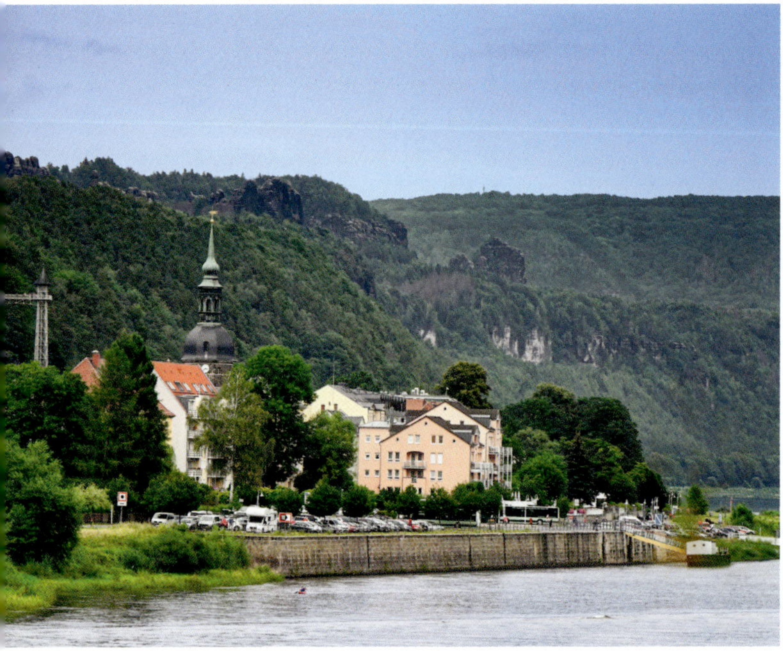

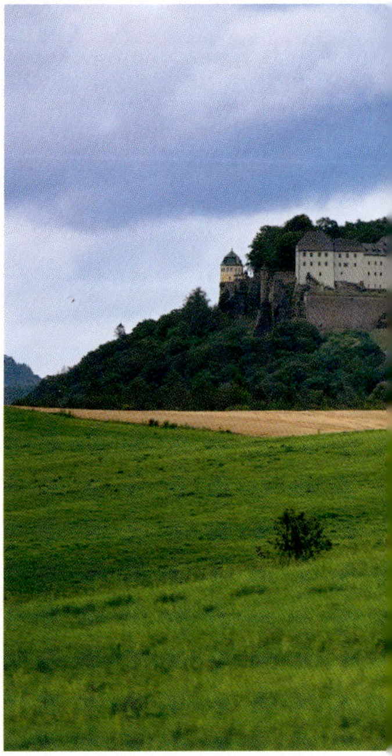

wenn wir Tour Nummer 1 erwandert haben. Es geht deutlich bergauf, während sich links und rechts von uns die mächtigen Felswände erheben. Oben angekommen haben wir zwei Möglichkeiten, die wir uns nicht entgehen lassen sollten. Da wäre einmal der kurze Abstecher nach links zum Aussichtsturm und zur Berggaststätte und zum anderen ist da natürlich die ❸ **Barbarine** zu nennen, die sich im Südosten des Tafelbergs erhebt. Wir erreichen sie, indem wir nach rechts gehen und, teilweise durch Engstellen hindurch, das Aussichtsplateau am Südrand des Pfaffensteins erreichen. Dort geht es links durch eine weitere Kluft und schon befindet sich die Barbarine frei stehend vor uns.

Wir verlassen den Pfaffenstein auf demselben Weg, wie wir ihn bestiegen haben, und gelangen wieder zu der uns bekannten Kreuzung. Hier wenden wir uns nach rechts und wandern am Waldrand entlang. Dabei berühren wir kurz wieder den Oberen Kohlweg, wenden uns aber sofort nach rechts und nähern uns dem nächsten Tafelberg, dem ❹ Quirl. Der Wanderweg umrundet seinen Gipfel und um diesen zu erreichen, biegen wir gleich an der ersten Gelegenheit scharf nach links ab. Im Verlauf der Umrundung passieren wir die Höhle Diebskeller und wieder den Waldrand. Hier blicken wir über die Felder zurück zum Pfaffenstein, wenden uns zweimal nach links und tauchen auf dem Dreirutenweg wieder in den Wald ein. Bis zur Kirchleitenstraße geht es nun deutlich bergab und wir halten uns an der Kreuzung rechts.

Schon bald erreichen wir die ersten Wohnhäuser an der Cunnersdorfer Straße, an der wir uns halblinks halten. Durch den Ort geht es weiter bergab bis zum Zentrum

Links: Bad Schandau in der Ferne

Mitte: Markant ist die Festung Königstein.

Rechts: Unterhalb der Festung erstreckt sich die gleichnamige Ortschaft Königstein.

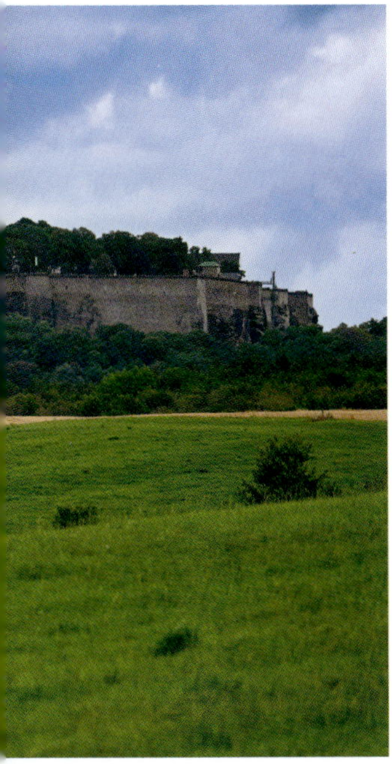

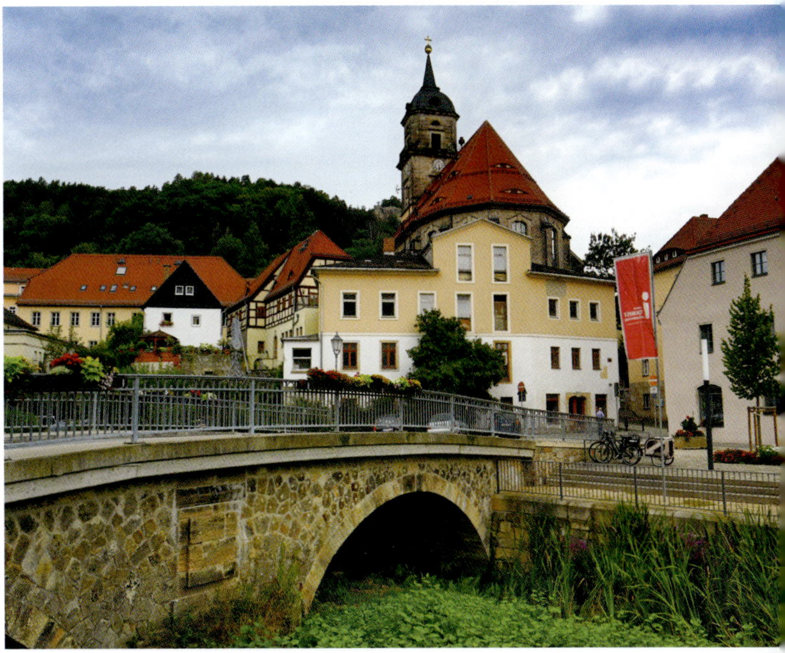

von ❺ Königstein. Auf der linken Seite taucht das kleine Flüsschen Biela auf, dem wir bis zu einem Kreisverkehr folgen. Gleich dahinter unterqueren wir die Eisenbahntrasse und halten uns am Elbufer rechts. Nun ist die Wanderung sehr einfach und kaum eine Beschreibung notwendig. In einem weiten Flussbogen wandern wir an der Elbe entlang, passieren den Campingplatz und erreichen am Ende erst die Carolabrücke und gleich darauf die Ⓔ Brücke der B172.

17

Wanderung mit zweimaliger Schifffahrt

Von Rathen über die Bastei nach Wehlen und zurück

Mittel 3:30 Std. 330 Hm 10,6 km

Tourencharakter
Als mittel ist die Wanderung nur wegen des Aufstiegs durch die Schwedenlöcher zu bezeichnen. Technisch ist die Tour sehr leicht und bietet unterwegs zahlreiche Einkehrmöglichkeiten.

Ausgangs-/Endpunkt
S-Bahn-Haltestelle und Parkplatz in Rathen

Anfahrt
Mit der S-Bahn bis zum Bahnhof Rathen. Mit dem Auto über die B172 über Struppen nach Oberrathen zum Parkplatz neben dem Fähranleger

Gehzeiten
Bis Einstieg zu den Schwedenlöchern 0:45 Std. – Bastei 1:30 Std. – Steinerner Tisch 2:15 Std. – Stadt Wehlen 2:45 Std.

Beste Jahreszeit
Ganzjährig

Einkehr
Hotelrestaurant Ettrich's, Elbweg 2, 01824 Rathen, www.ettrichs-hotel.de; Sonniges Eck, Am Grünbach 3, 01824 Rathen, www.sonnigeseck.de; Biergarten Am Bach, Am Grünbach 4, 01824 Rathen; Amselgrundschlösschen, Amselgrund 3, 01824 Rathen, www.amselgrund.de; Forellenräucherei Leuschke, Amselgrund 6, 01824 Rathen; Panoramarestaurant Bastei, Basteistraße, 01847 Lohmen, www.berghotel-bastei.de; Imbiss Zur Habe, Mennickestraße 17, 01829 Stadt Wehlen und weitere Einkehrmöglichkeiten in Stadt Wehlen inkl. dem linkselbischen Ortsteil Pötzscha

Hinweis
Kleingeld für die Fährüberfahrten einstecken

Auf dieser Wanderung erleben wir die klassische Seite des Elbsandsteingebirges. Da wäre zum einen die Bastei, der wir einen kurzen Besuch abstatten und die wir durch die aufregenden Schwedenlöcher erreichen, und zum anderen die Elbe, an deren Ufer wir zum Abschluss des Tages gemütlich entlangspazieren. Zwischendrin, um das Elbufer zu wechseln, fahren wir zweimal mit den örtlichen Fähren über das Wasser.

Wir beginnen unsere Wanderung mit einer entspannten Ⓐ **Schifffahrt** auf der Elbe. Zugegeben, es ist bloß eine kurze Überfahrt mit der Fähre von einem Ufer zum anderen, aber immerhin ein guter Einstieg, bei dem wir auch gleich mal einen ersten Blick auf eines unserer Wanderziele erhaschen. Links oben erhebt sich das Basteigebiet, das wir im Lauf der Tour erreichen werden und von dem aus wir später von oben auf die Elbe und die Fähre hinabblicken werden. Die Fähre selbst ist vom Parkplatz und der S-Bahn-Haltestelle, also unserem Ausgangspunkt der Wanderung, kaum zu übersehen. Vor dem Start könnte man sich noch im Res-

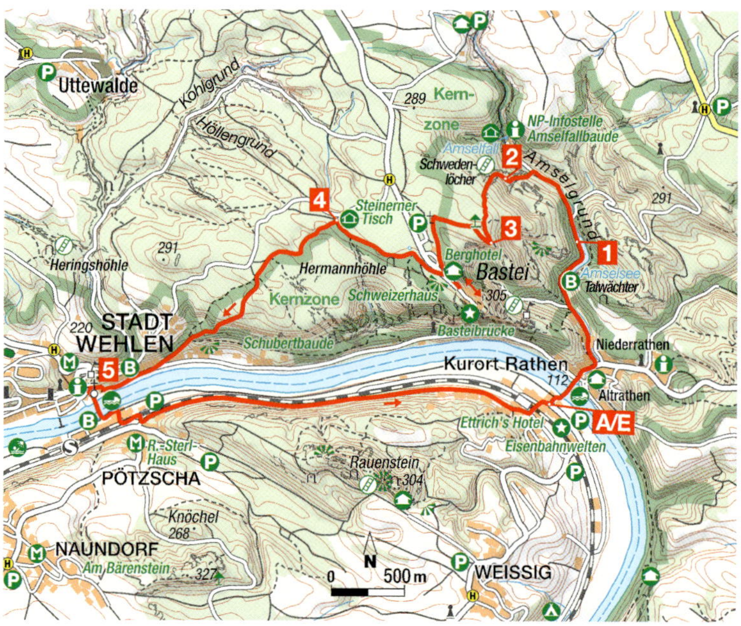

taurant gleich neben dem Bahnhof für die Wanderung stärken. Apropos Bahnhof. Wer ein wenig Zeit mitbringt, kann sich vor oder nach der Wandertour noch in den sogenannten Eisenbahnwelten aufhalten und liebevoll platzierte Miniaturmodelle und Eisenbahnen besichtigen. Nach eigener Aussage gibt es hier die weltweit größte Gareneisenbahnanlage der Welt.

Stadt Wehlen

Bei Stadt Wehlen bedarf es möglicherweise einer Erläuterung, warum dieser Ort diesen Zusatz trägt. Andere Ortschaften werden in diesem Wanderführer ja auch nicht explizit so bezeichnet. Aber der Name der Ortschaft lautet ausdrücklich Stadt Wehlen. Daher befinden wir uns bei der Wanderung nicht in der Stadt Wehlen, sondern in Stadt Wehlen. Der Grund liegt in der Unterscheidung zum benachbarten Dorf Wehlen, das allerdings 1994 eingemeindet wurde und somit ohnehin Teil von Stadt Wehlen ist. Der offizielle Name der Siedlung lautet – wen wundert es jetzt noch? – Dorf Wehlen.

Nach dem Rundgang durch die Miniaturwelt folgt der Rundgang durch die Sächsische Schweiz. Nachdem wir mit der Fähre an das rechtsseitige Ufer der Elbe gefahren wurden, geht es mit einem entspannten Spaziergang los. Zunächst folgen wir der Straße Am Grünbach durch den Ort Rathen, wo weitere Einkehrmöglichkeiten unsere Wandertour ein wenig unterbrechen möchten. An einem Kreisverkehr wenden wir uns nach links in den Amselgrund. Gleich auf der linken Seite hätten wir die Möglichkeit, dem Basteiweg steil nach oben zu folgen, doch wir bleiben geradeaus und erreichen nach kurzer Zeit den ❶ **Amselsee**. Rechter Hand vor dem See macht uns eine weitere Einkehrmöglichkeit Appetit. Die Forellenräucherei bietet unter anderem schmackhafte Fischbrötchen an, denen wir kaum widerstehen können oder wollen. Mit einem Snack in der Hand gehen wir weiter und am Ufer des Amselsees vorbei.

In dem engen Tal erreichen wir nach einiger Zeit einen Abzweig nach links. Wer sich vorhin noch gefreut hat, dass wir den Basteiweg ignorieren und in der Ebene

Links: Nach der Wanderung lohnt noch ein Besuch bei den Eisenbahn-Miniaturwelten.

Rechts: Historischer Wegweiser

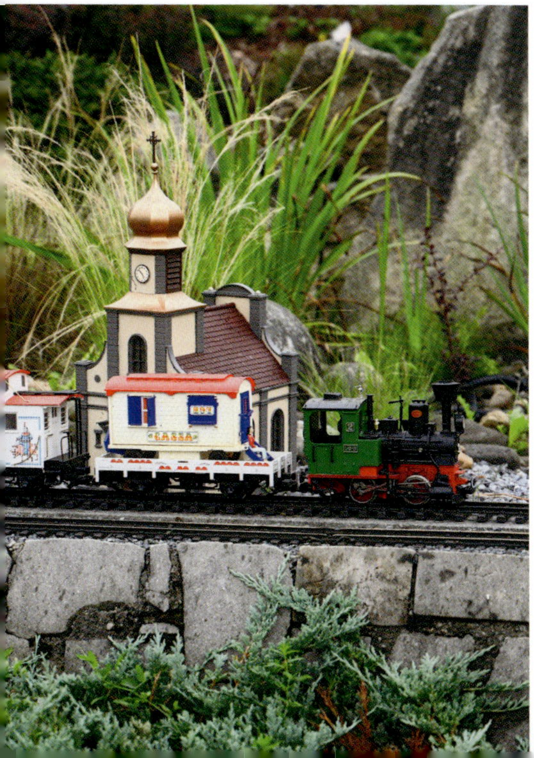

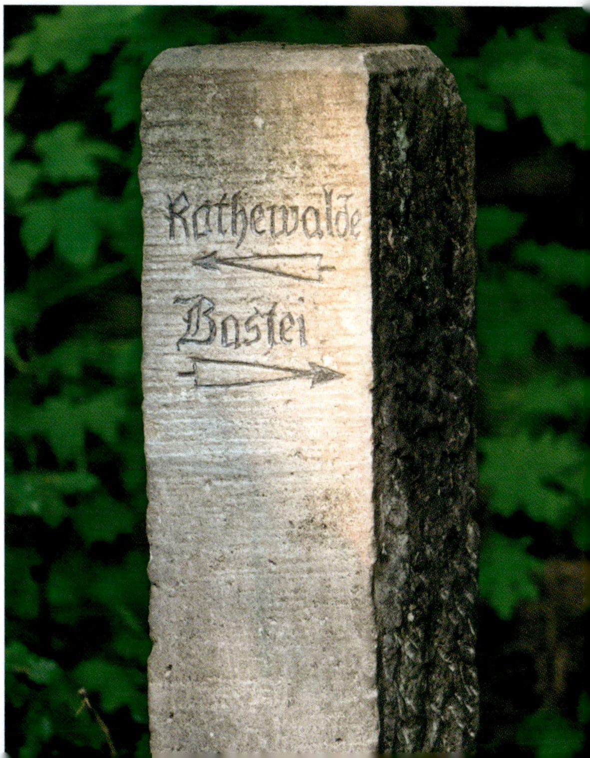

weiterwandern, wird nun sein blaues Wunder erleben. Denn auch hier geht es bergauf und dieser Aufstieg hat es in sich. Willkommen in den ❷ **Schwedenlöchern**. Wer schon die Tour über den Gamrig gemacht hat (Tour 11), der kennt die Schwedenlöcher bereits und weiß, dass über 800 Stufen in den Felswänden zu überwinden sind. Aber jeder Aufstieg hat mal ein Ende und so können wir oben gleich dem Wanderweg zum Klassiker der Region folgen. Ein Verlaufen ist hier angesichts der

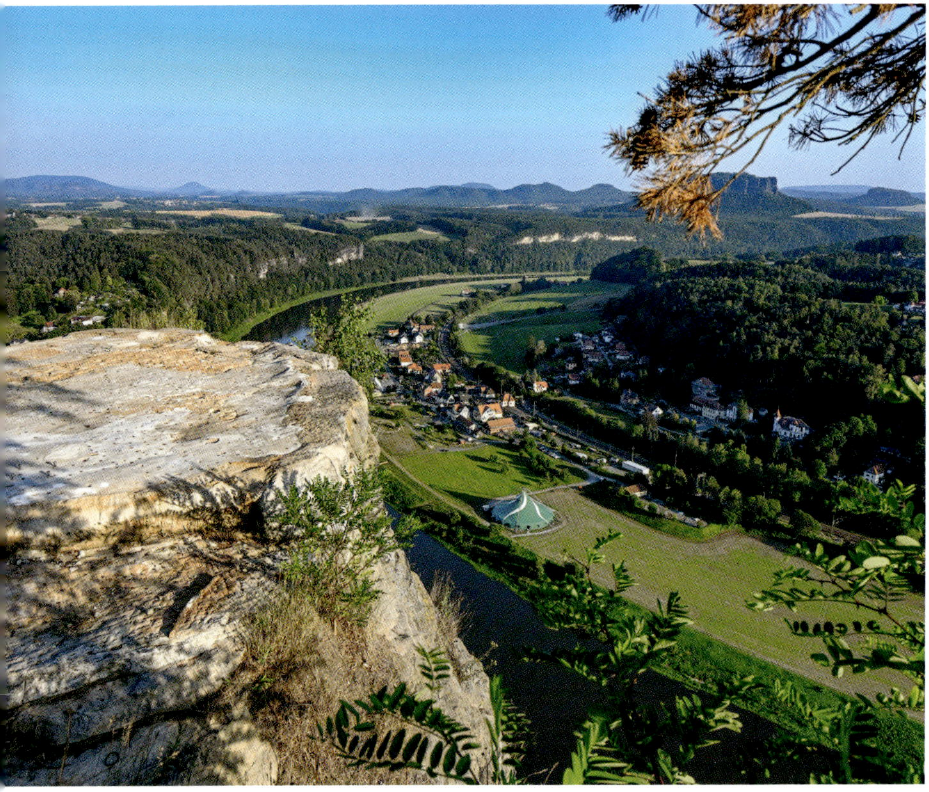

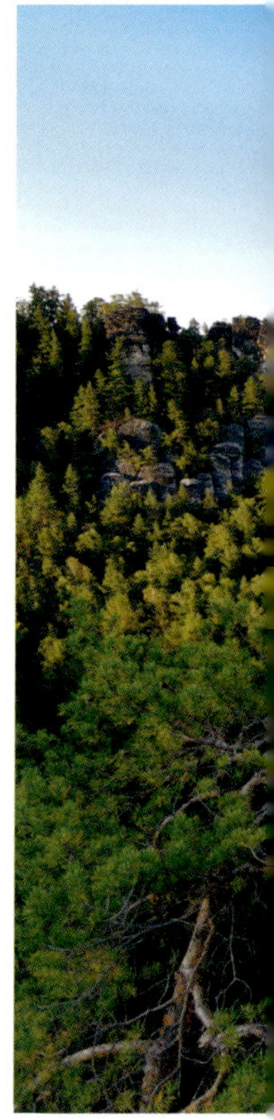

guten Beschilderung und der vielen anderen Wanderer und Tagesausflügler schier unmöglich. Auch wenn es zuweilen sehr voll ist, sollte man der Bastei natürlich einen kurzen Besuch abstatten und die versprochene Aussicht auf das Elbtal und natürlich auf die berühmte ❸ **Basteibrücke** genießen.

Nach ausgiebiger Besichtigung des Basteigebiets inklusive der Felsenburg Neurathen kehren wir wieder ein Stück zurück und zwar bis zum Kiosk an der Ecke. Dort zweigt halblinks der Fremdenweg ab, dem wir oberhalb des Elbtals folgen. Auf ihm erreichen wir den ❹ **Steinernen Tisch**. Der Name ist Programm, denn es handelt sich wirklich um einen Tisch aus Stein mitsamt den dazugehörigen steinernen Sitzbänken. Geschaffen wurde er im Jahr 1710, als hier ein Essen stattfand, das den Abschluss einer Grenzfeststellung bildete. Seither dient dieser historische Ort, an dem schon vor über 300 Jahren gespeist wurde, als Picknickplatz. An dem Steinernen Tisch wenden wir uns nach links in Richtung Stadt Wehlen und gelangen zu einer

Waldkreuzung, an der wir dem Schanzenweg durch den Wald bergab folgen. Anfangs geht es noch mäßig bergab, kurz vor dem Ort dann deutlich steiler, bis wir das Elbufer und die Häuser von 5 **Stadt Wehlen** erreicht haben.

Gerne schlendern wir noch durch den gemütlichen Ort, der sich rund um den Marktplatz an der Kirche erstreckt, und begeben uns dann zum Fähranleger, wo die zweite

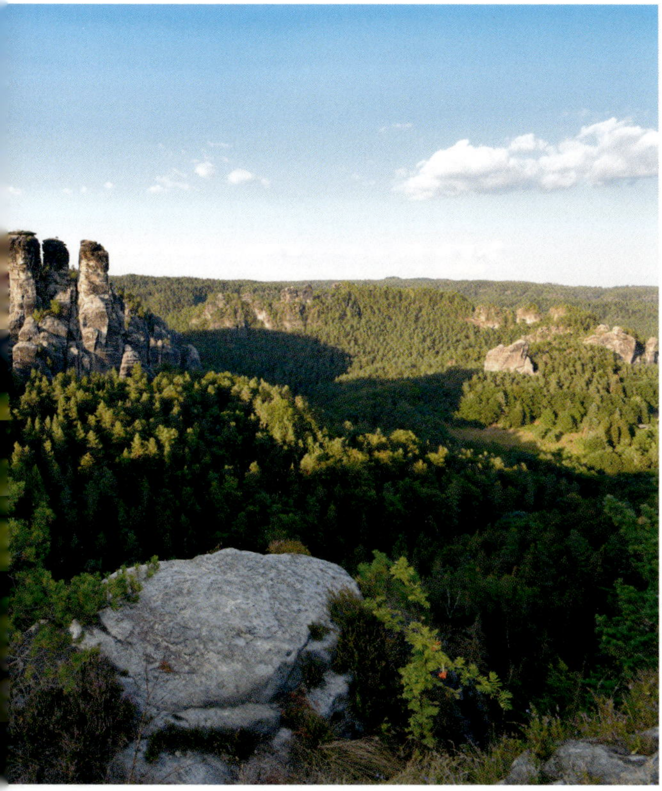

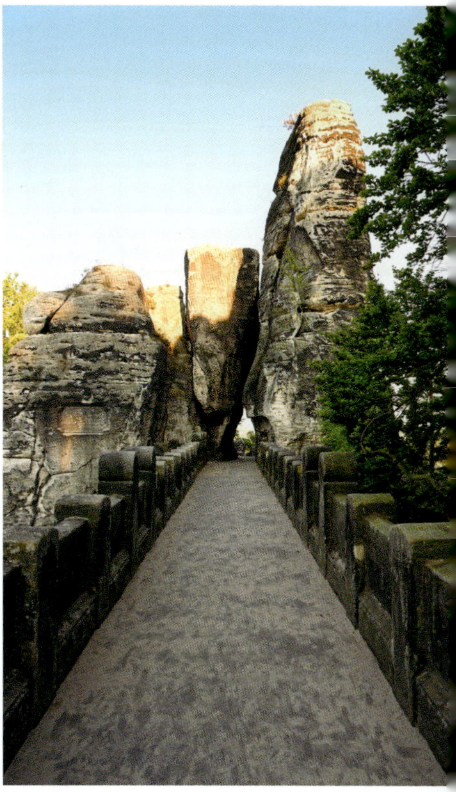

Schifffahrt des Tages auf uns wartet. Wieder am linken Elbufer, haben wir zwei Möglichkeiten, wie wir zu unserem Ausgangspunkt zurückkehren. Beide sind grundsätzlich sehr einfach und benötigen keine größere Wegbeschreibung. Entweder steigen wir an dem kleinen Parkplatz in der Nähe des Fähranlegers in den Treidlerweg ein und wandern direkt am Elbufer auf einem teilweise schmalen Pfad entlang oder wir entscheiden uns für den Waldweg etwas oberhalb der Bahntrasse. Ein spontaner Wechsel zwischen den beiden mehr oder weniger parallel verlaufenden Wegen ist nicht möglich, da eben genau diese Bahntrasse zwischen beiden Möglichkeiten verläuft. Für die zweite Variante gehen wir ebenfalls zum Parkplatz, wenden uns aber vor diesem nach rechts in die Dampfschiffstraße, vor den Bahngleisen dann wiederum nach links, bis uns nach wenigen Schritten eine Unterführung auf die andere Seite bringt. Hier biegen wir sofort links in den Rathener Weg ab, der schon bald in einen Wald hinein verläuft. Beide Wege bringen uns ganz automatisch nach Rathen zurück, wo wir unseren E **Ausgangspunkt** schnell wiedererkennen.

Links: Weit unten befindet sich der Kurort Rathen.

Mitte: Wie riesige Finger erheben sich die Felsen an der Bastei.

Rechts: Ein seltener Anblick: die Basteibrücke ohne Besucher.

18

Auf den höchsten Berg des Gebirges

Über die Tyssaer Wände zum Hohen Schneeberg

Mittel | 7:00 Std. | 630 Hm | 25,6 km

Tourencharakter
Mittelschwere Wanderung, die technisch wenig herausfordernd ist

Ausgangs-/Endpunkt
Waldparkplatz Ottomühle

Anfahrt
Mit dem Bus Nr. 245 nur bis Haltestelle Schweizermühle möglich. Von dort nur zu Fuß bis Ottomühle. Mit dem Auto die B172 bei Krietzschwitz verlassen und in Richtung Bielatal fahren. Von dort weiter Richtung Rosenthal und vorher rechts zum Bielagrund

Gehzeiten
Bis Tyssaer Wände 2:00 Std. – Schneeberger Aussichtsturm 5:00 Std.

Beste Jahreszeit
Ganzjährig

Einkehr
Gaststätte Daxensteinbaude, Ottomühle 8, 01824 Rosenthal-Bielatal, www.rosenthal-bielatal.de; Gasthof Ottomühle, Ottomühle 9, 01824 Rosenthal-Bielatal, www.ottomuehle.de; Turistická chata Tisá (Touristenbaude), Tisá 257, 40336 Tisá, Tschechien, www.turistickachatatisa.cz; Penzion a Restaurace Pod Rozhlednou (Gasthaus am Schneeberger Aussichtsturm), Sněžník 125, 40502 Děčín, Tschechien; Hotel Hřebenová bouda Sněžník (Kammbaude), Sněžník 24, 407 01 Jílové, Tschechien, www.hrebenovabouda.cz

Hinweis
Kleingeld für den Eintritt zu den Tyssaer Wänden und für den Aussichtsturm auf dem Hohen Schneeberg mitnehmen. Tschechische Kronen sind von Vorteil, aber nicht zwingend notwendig.

Was sich zunächst nach einer steilen und anstrengenden Bergwanderung anhört, stellt sich als gemütliche Tagestour mit verhältnismäßig wenig Anstiegen heraus. Der höchste Berg des Elbsandsteingebirges ist ein Plateau, das nicht weit in die Höhe ragt, weil das Umfeld ohnehin schon hoch gelegen ist. Anstrengend wird die Wanderung eher wegen ihrer Länge, dafür führt sie aber immer wieder auch durch den Schatten spendenden Wald.

Den Ⓐ **Parkplatz im Bielagrund** lassen wir hinter uns und begeben uns geradewegs in Richtung ❶ **Gasthaus Ottomühle**, wo wir uns vor der langen Tour kräftig stärken können. Zu Beginn sind wir auf dem Sträßchen unterwegs, das an der Ottomühle vorbeiführt und uns bis zu den letzten Häusern in den Wald hineinbringt. Hinter dem letzten Haus überqueren wir den Fluss Biela nicht zum ersten und nicht zum letzten Mal. Wir bleiben in unmittelbarer Nähe zum Fluss, bis wir in der Nähe einiger Kletterfelsen die Dürre Biela überqueren. Hier befindet sich ein Abzweig nach links. Aus diesem Abzweig werden wir zum Ende der Tour unseren Kreis an dieser Stelle schließen. Doch wir bleiben erst einmal weiter gera-

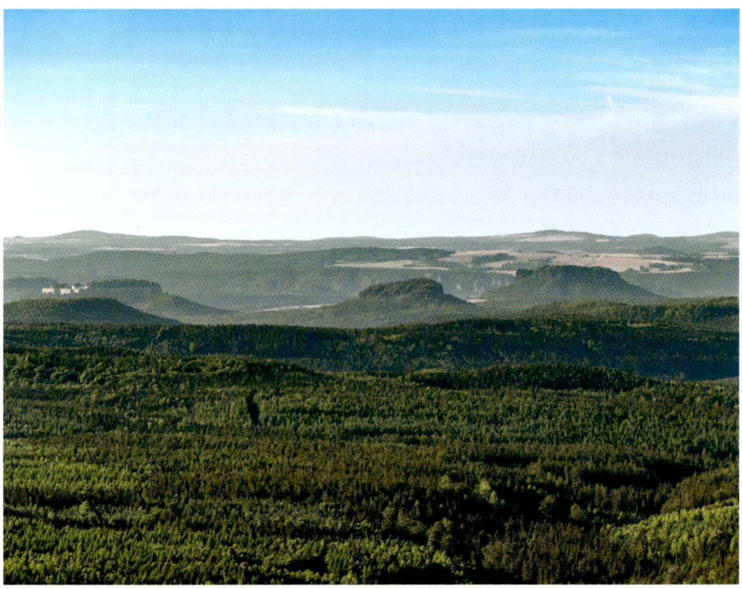

deaus und genießen die frische Luft im Wald und weiterhin im Bielatal. Nach einiger Zeit wird unser Wanderweg zum Grenzweg. Zu unserer Linken befindet sich Tschechien, während auf der rechten Seite weiterhin deutsches Staatsgebiet liegt. Rund 400 Meter geht das so, bis unser Weg an den ersten tschechischen Häusern nach links schweift bzw. die Grenze halbrechts weiter durch den Wald verläuft.

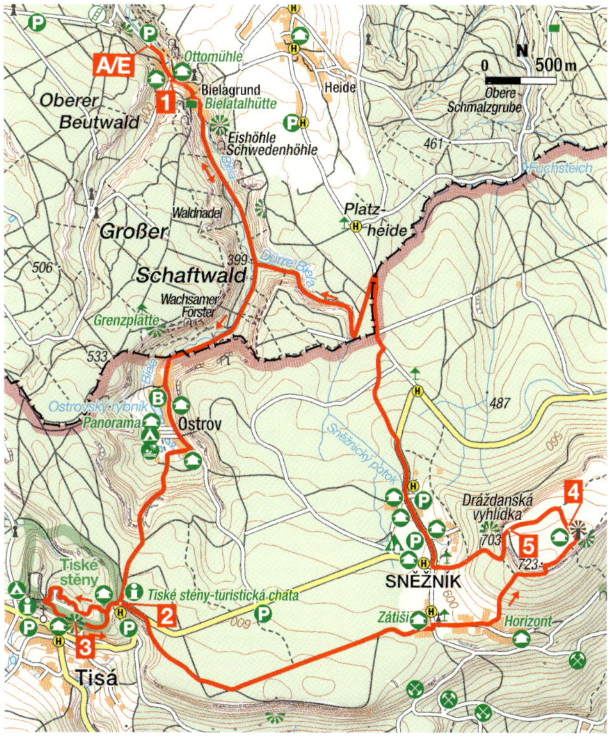

Willkommen in Tschechien. Unser Weg verläuft nach Süden und durch den kleinen Ort Ostrov. Ein paar Häuser liegen rechts und links und auf der rechten Seite weiter unterhalb ein kleiner See. Am Ufer ein Hotel, dahinter ein Campingplatz. Tschechien präsentiert sich an dieser Stelle mit einem gemütlichen Ort, der gern Gäste in Empfang nimmt und dabei nicht überlaufen ist. Hinter dem Abzweig zum Campingplatz wenden wir uns nach rechts, gehen kurz hinab, um einen Bachlauf zu überqueren, und steigen gleich anschließend halblinks in den Wald hoch.

Einige Felsformationen passieren wir auf unserem Weg durch den Wald, bevor wir an einer Landstraße die ❷ Turistická chata, eine Einkehrmöglichkeit erreichen. Wir gehen nicht zur Straße hinab, sondern folgen dem schmalen Pfad vor der Touristenbaude. Hier werden wir nach einem schönen Rundweg durch die Tyssaer Wände gleich wieder ankommen. Der Rundweg durch die ❸ Tyssaer Wände ist gegen ein kleines Entgelt kostenpflichtig. Geboten bekommt man dafür wunderbare Felsformationen, die fast alle einen Namen tragen. Da wären zum Beispiel der Tunnelturm, der Doggenkopf, der Januskopf, der Steinerne Schneemann oder auch der Steinpilz und die Schildkröte. Nicht alle sind als das zu erkennen, aber es ist eine schöne Abwechslung, in den Felsen eine Figur zu erkennen oder zu erraten. Gleichzeitig hat man eine wunderbare Aussicht auf die sich weiter unten ausbreitende

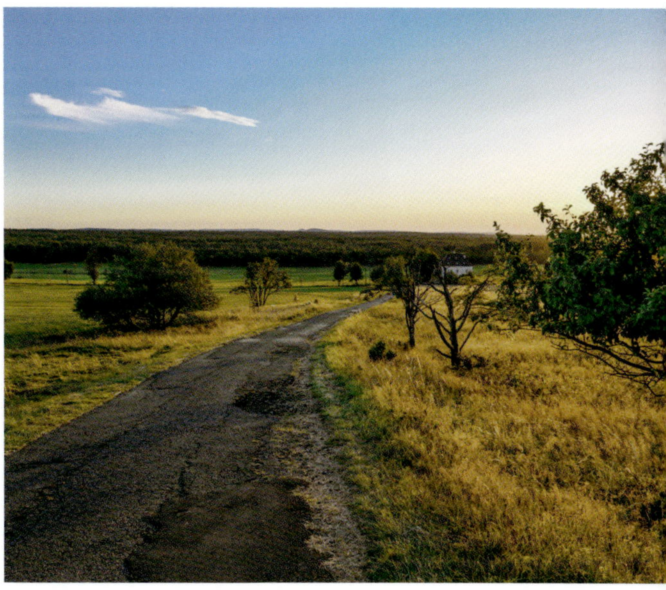

Links: Die Tafelberge auf deutscher Seite in der Ferne

Rechts: Abendstimmung beim Verlassen des Hohen Schneebergs

Děčínský Sněžník

Der Hohe Schneeberg, auf Tschechisch Děčínský Sněžník, markiert den höchsten Punkt des gesamten Elbsandsteingebirges. Er ist 722 Meter hoch und besteht aus einem fast ebenen Gipfelplateau. Das wird wiederum, besonders an der Südflanke, von steilen Abhängen begrenzt. Der Schneebergturm im Südosten des Plateaus wurde bereits 1864 gebaut und bietet nicht nur eine wunderschöne Aussicht auf Böhmen, sondern ist mit seinen Zinnen auch für sich sehenswert.

tschechische Stadt Tysá. Ein wenig Vorsicht und Trittsicherheit sind jedoch geboten, wenn man durch dieses Felslabyrinth wandelt.

Auf dem Rundweg gelangt man automatisch wieder zur Touristenbaude. Hier folgen wir ein kurzes Stück der Landstraße und gehen dabei am Schild Okres Děčín vorbei, was lediglich auf einen neuen Bezirk hinweist. Kurz vor einer Linkskurve verlassen wir die Straße nach rechts und gehen wieder in einen Wald. Dort halten wir uns halblinks und erreichen einen Forstweg, dem wir lange Zeit folgen. An einer Stelle ist er ein wenig eintönig, da er fast 2 Kilometer schnurgerade durch den Wald verläuft. Dafür werden wir aber anschließend mit einer tollen Aussicht belohnt. Zunächst halten wir uns am Ende des Weges rechts und durchqueren den kleinen Ort Sněžník, zu Deutsch Schneeberg. An der kleinen Kapelle gehen wir rechts vorbei. Der gleichnamige Berg, den wir ansteuern, ist halblinks vor uns nur als sanfter Hügel zu erkennen. Denn wir sind bereits auf 600 Höhenmetern unterwegs und der ❹ **Hohe Schneeberg** ist 722 Meter hoch. Damit steht uns also kein steiler Anstieg bevor. In einer Rechtskurve lassen wir die Häuser des Ortes hinter uns und biegen auf den kleinen Feldweg zu unserer Linken ab, der uns geradewegs in den Wald und auf den Berg bringt.

Der Hohe Schneeberg begrüßt uns mit einigen Felswänden, die wir durchschreiten, um auf dem Gipfelplateau einen Rundweg zu erreichen. Einmal rechts abgebogen, umrunden wir den Gipfel entgegen dem Uhrzeigersinn. Dabei kommen wir nach

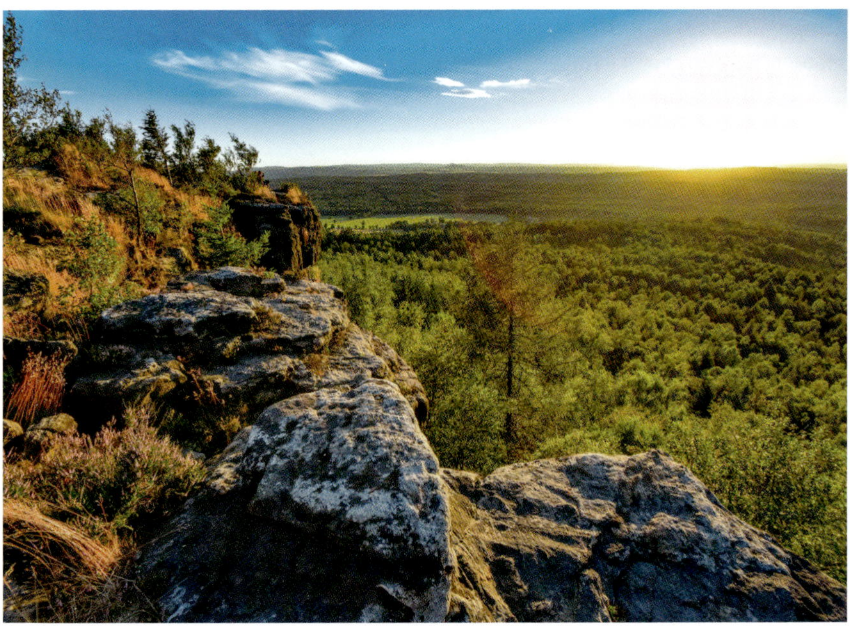

Sonnenuntergang an der Dresdner Aussicht

kurzer Zeit zu einem kostenpflichtigen Aussichtsturm, der uns tolle Ausblicke auf die Landschaft ermöglicht. Am Fuß des Turms haben wir die Möglichkeit, in einer kleinen Gaststätte etwas zu essen. Wer seine eigene Brotzeit mitgebracht hat, entscheidet sich vermutlich lieber für einen der vielen Felsen, die oberhalb der Abbruchkante wie Tische bereitstehen und beim Speisen ebenfalls einen tollen Ausblick auf die tschechische Landschaft ermöglichen.

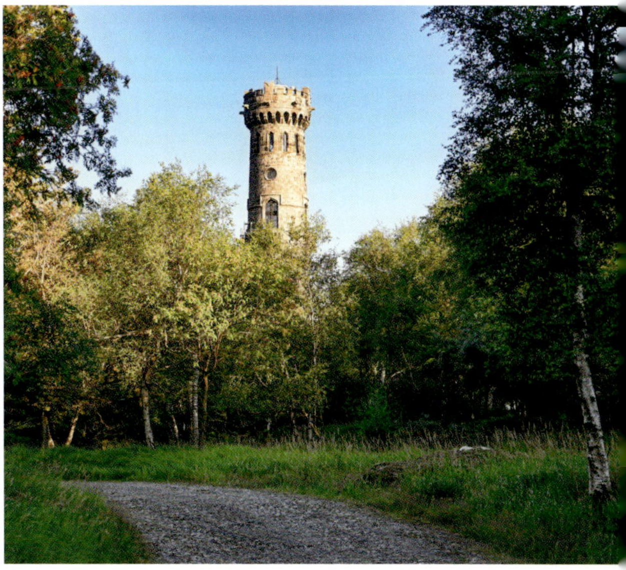

Der Aussichtsturm auf dem Hohen Schneeberg

Auf dem Fahrweg gehen wir vom Aussichtsturm weiter und erreichen nach einer Linkskurve die sogenannte ❺ Dresdner Aussicht (Drážďanská vyhlídka). Auch hier werden wir wieder mit tollen Ausblicken für unsere lange Wanderung belohnt, dieses Mal jedoch in Richtung Norden. In der Ferne sind sogar deutlich die Tafelberge auf deutscher Seite zu erkennen. Wir folgen dem Sträßchen bergab bis zu einer Kreuzung, wo die Kammbaude (Hřebenová bouda) uns zu einer weiteren Einkehr einlädt. An der Kreuzung biegen wir vor der Kammbaude nach rechts ab und gehen zwischen den wenigen Häusern hindurch, bis wir wieder in den Wald gelangen. Hinter einer leichten Rechtskurve verlassen wir die Straße und folgen einem schmalen Weg durch den Wald. Sollten wir den Einstieg verpasst haben, ist das auch nicht schlimm. Dann gehen wir geradeaus bis zur nächsten Rechtskurve. Dort können wir immer noch links in den Weg einbiegen. Beide Strecken treffen sich nach kurzer Zeit wieder. Kaum spürbar betreten wir nach einiger Zeit wieder deutschen Boden und biegen wenig später scharf links in den Steinbornweg ab.

Manchmal wundert man sich einfach nur, wie die Bäume wachsen.

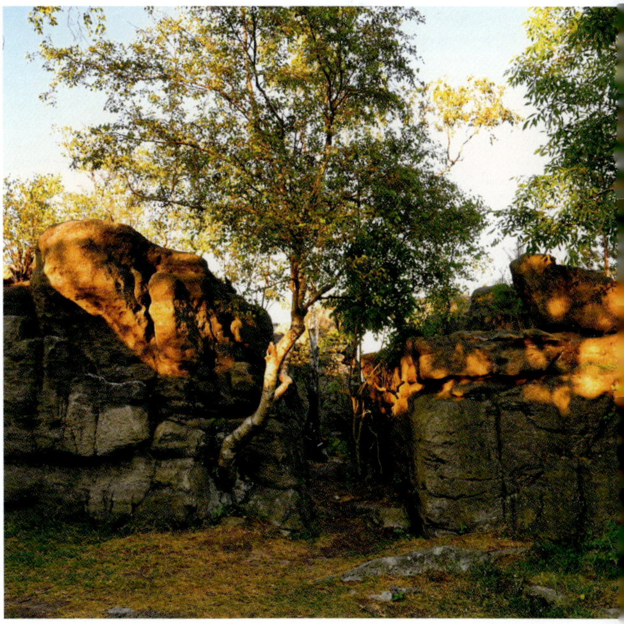

Der Steinbornweg bringt uns in einer engen Rechtskurve in das Tal der Dürren Biela, wo wir nun ein wenig an Höhe verlieren und vor allen Dingen zu unserer Rechten an zahlreichen Felswänden vorbeiwandern. Es sind die Kletterfelsen, die wir schon zu Beginn unserer Wanderung kennenlernten, als wir auf die Dürre Biela trafen. An der Mündung der Dürren Biela in die Biela erkennen wir auch unseren früheren Wanderweg wieder. Nun ist es nur noch ein Katzensprung bis zu unserem Ausgangspunkt. Wir wenden uns nach rechts und folgen der Biela zurück, bis wir schließlich zur Ⓔ Ottomühle kommen.

19

Wanderung mit Kulturgeschichte

Am Ufer der Elbe entlang bis zur Kaiserkrone

Leicht | 4:00 Std. | 410 Hm | 14,4 km

Tourencharakter
Leichte Wanderung ohne spezielle Anforderungen mit einigen Ausblicken und gemütlichem Spaziergang am Elbufer

Ausgangs-/Endpunkt
Parkplatz im Ort Krippen, in der Straße Zum Mittelhang

Anfahrt
Mit der S-Bahn bis Krippen.
Mit dem Auto die B172 vor der Elbüberquerung verlassen und bis zum Parkplatz im Ort neben der Bahntrasse fahren

Gehzeiten
Bis Kaiserkrone 2:00 Std. – Wolfsberg 2:45 Std.

Beste Jahreszeit
Ganzjährig

Einkehr
Café Sonnenuhr, 01814 Bad Schandau (Krippen), Elbweg 9a, Tel. 035028/85 90 00, www.sonnenuhr-krippen.de; Landgasthaus Ziegelscheune, Elbweg 22, 01814 Bad Schandau, Tel. 035028/804 37, www.ziegelscheune.de

Auf dem Caspar-David-Friedrich-Weg erleben wir die Landschaft der Elbe im 21., aber auch im 19. Jahrhundert. Der Künstler hielt zahlreiche Ausblicke mit dem Pinsel fest, die auf diesem Weg immer wieder an den entsprechenden Orten zum Vergleich angebracht wurden. Die Krönung ist dabei die Kaiserkrone mit dem berühmten Ausblick vom *Wanderer über dem Nebelmeer.*

Den Spaziergang durch den kleinen Ortskern von Krippen bewahren wir uns für später, genauer gesagt für die Rückkehr auf. Zunächst kehren wir dem Ort den Rücken und spazieren unter der Ⓐ **Bahntrasse** hindurch auf dem Elbweg in Richtung Elbe. Halblinks sehen wir eine Elbfähre und am gegenüberliegenden Ufer in einiger Entfernung die Häuser von Bad Schandau. Vor dem Spiel- und Sportplatz biegen wir rechts ab und folgen nun einige Zeit dem Elbradweg in geringer Entfernung zum Fluss. Ein paar Einkehrmöglichkeiten wie das Café Sonnenuhr und wenig später das ❶ **Landgasthaus Ziegelscheune** machen uns Appetit und berei-

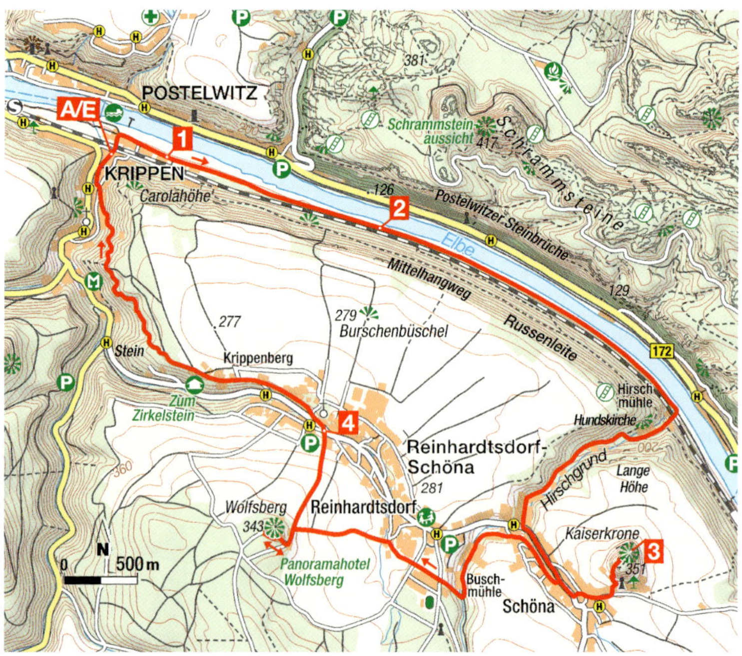

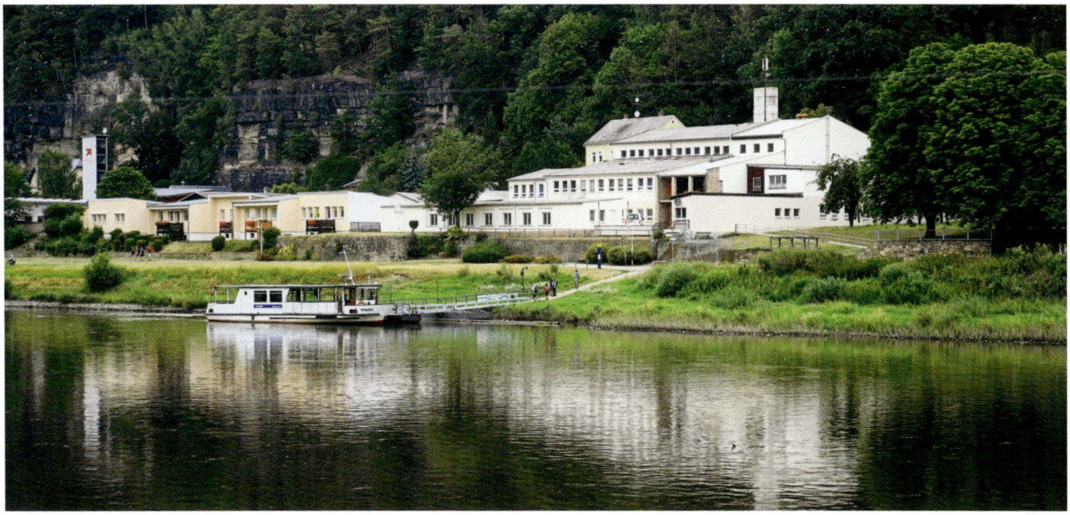

chern uns mit einigen Kalorien. Wie gut, dass im Anschluss an die Einkehr etliche Kilometer vor uns liegen, auf denen wir wenigstens einen Teil der Kalorien wieder verlieren.

Bei Krippen kann man mit der Fähre die Elbe überqueren.

Die Ziegelscheune wird für die nächste Zeit das letzte Gebäude an unserem Weg gewesen sein. Dafür passieren wir aber andere Elemente und zwar Hinweistafeln zum Maler der Romantik – Caspar David Friedrich. Mit ❷ **Vergleichsbildern** vor Ort wird uns gezeigt, wie er an gleicher Stelle stand und seine Werke schuf. Mit diesen Eindrücken, die schon der Künstler erlebte und auf Leinwand festhielt, wandern wir weiter durch das enge Elbtal und erreichen nach einiger Zeit den Mühlgrundbach. Wir überqueren den kleinen Wasserlauf kurz bevor er in die Elbe mündet und biegen an dem Picknickplatz dahinter gleich nach rechts ab. Mit der erneuten Unterquerung der Bahngleise wandern wir nun im Hirschgrund parallel zum Mühlgrundbach und steigen dabei leicht in die Höhe.

Auf dem Weg durch Schöna wandert man an rustikalen Häusern vorbei.

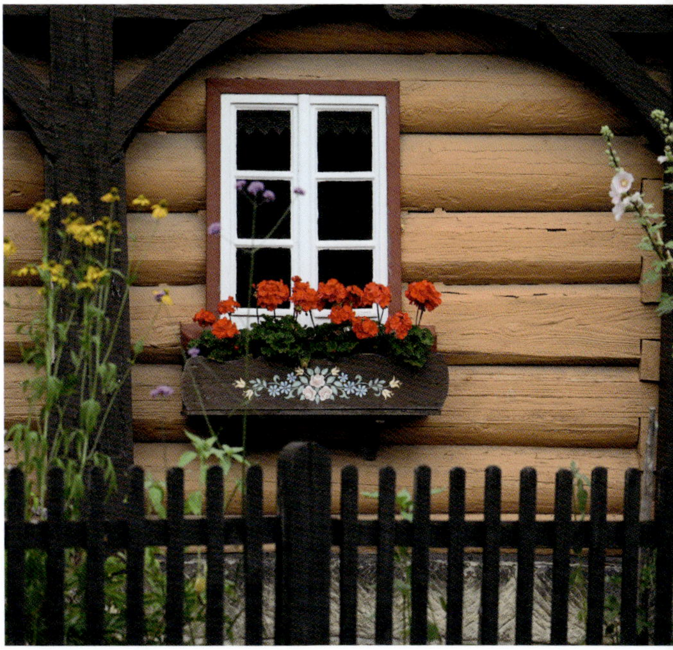

Leicht kurvig führt der Weg in den Ortsteil Schöna, wo wir uns auf der Hauptstraße halblinks halten und stets dem Aufstieg folgen. Die Hauptstraße mündet in die Bahnhofstraße, an der wir ebenfalls halblinks weiterwandern. Gegenüber von einem Feld sehen wir das Haus mit der Nummer 25. Vor diesem zweigt ein schmaler Pfad ab, der uns in Richtung

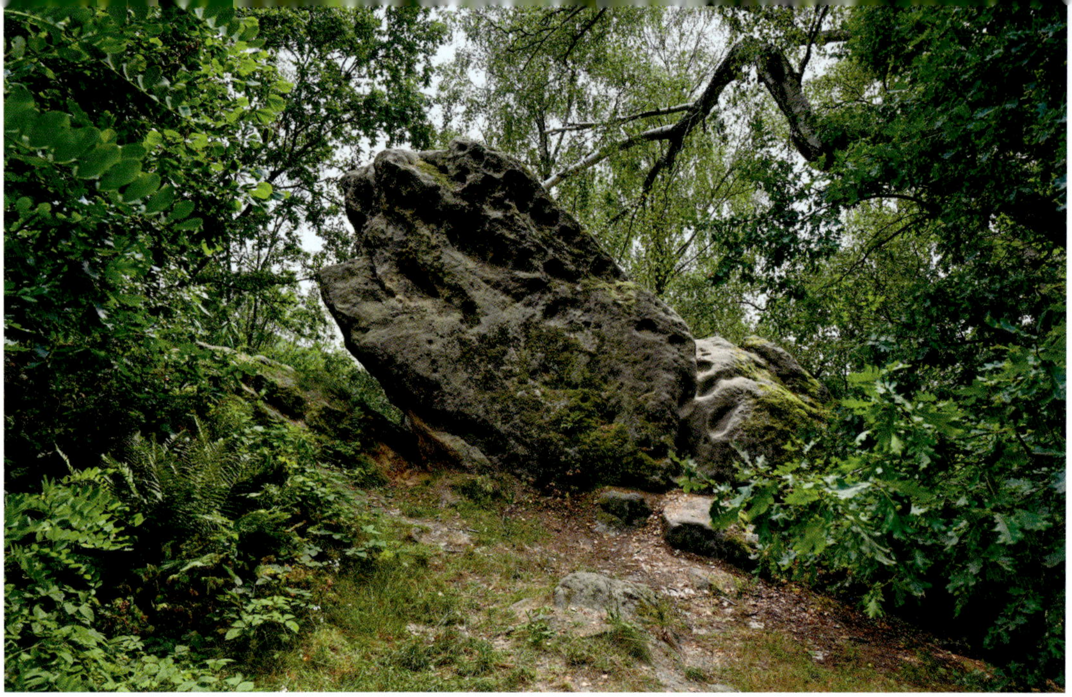

Der Felsen aus dem Gemälde »Der Wanderer über dem Nebelmeer«

❸ Kaiserkrone bringt. Hier kommen wir nicht nur weiter bergauf, sondern auch zu *dem* Denkmal zu Ehren Caspar David Friedrichs überhaupt. Es fehlt nur noch der Nebel, und wir könnten uns auf dem Felsen neben dem Denkmal so postieren wie der *Wanderer über dem Nebelmeer*. So romantisch dieses Bild auch wäre, so froh sind wir, dass wir bei gutem Wetter die Fernsicht von der Kaiserkrone genießen können.

Nach einer Pause auf der Kaiserkrone gehen wir auf gleichem Weg wieder hinab in den Ort und bis zur Hauptstraße. Von ihr zweigt nach links der Grundweg ab, auf dem wir an einem sanften Hang entlangwandern und noch einige Häuser von

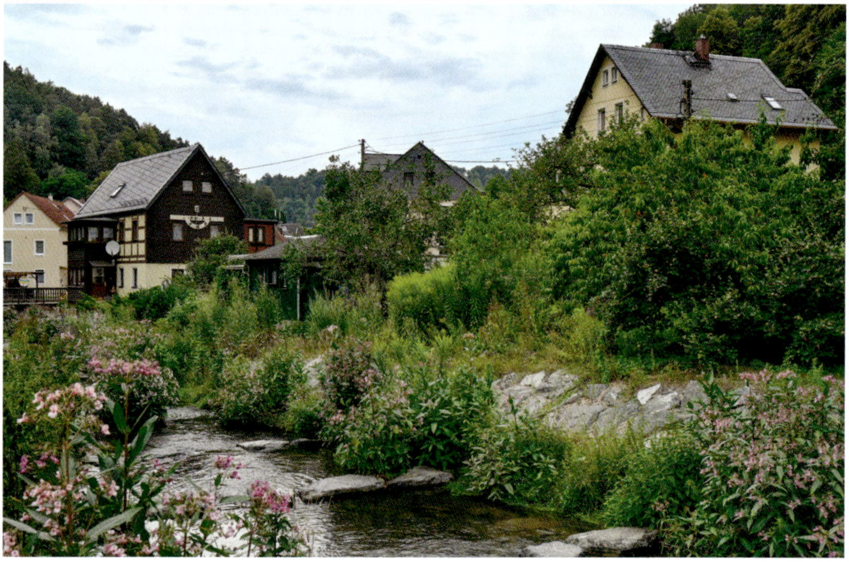

Gemütliches Dorfleben in Krippen

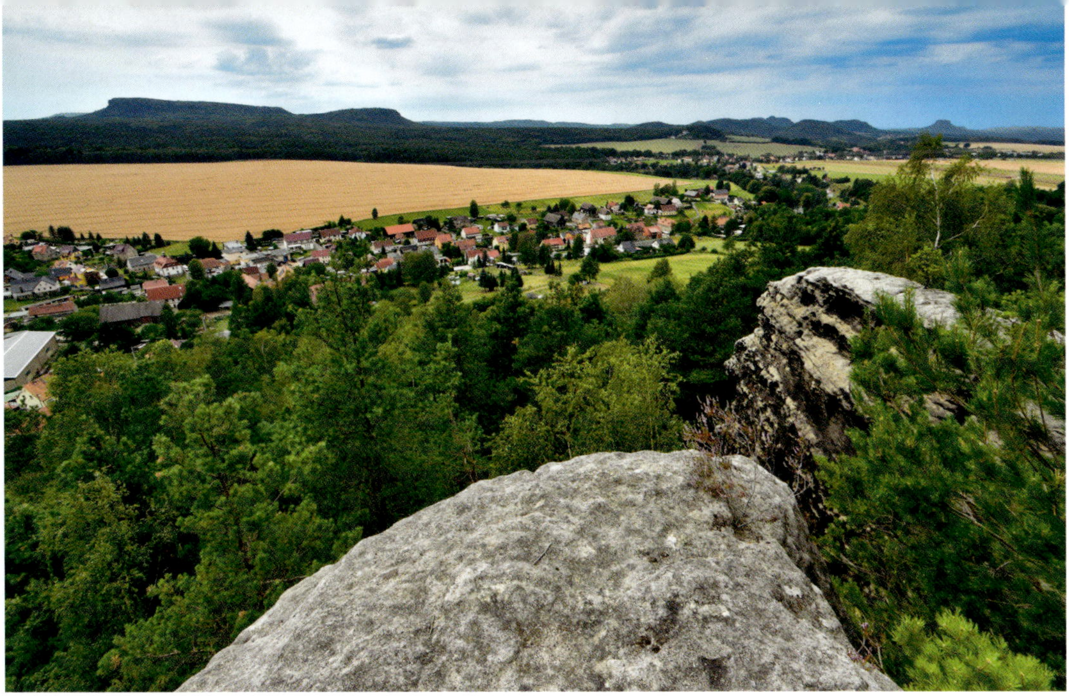

Tolle Ausblicke belohnen den Aufstieg auf den Zirkelstein.

Schöna passieren. Dabei kommen wir wieder in das Tal des Mühlgrundbachs. Ziemlich am Ende des Grundwegs, hinter Haus Nummer 78, wenden wir uns nach rechts, überqueren den Bach erneut und steigen hinauf bis zur Waldbadstraße, die wir geradeaus überqueren. Felder und Häuser wechseln sich ab, wir sind immer noch am Ortsrand unterwegs und vor den Häusern 29 und 29c folgen wir einem schmalen Pfad, der uns zwischen den Feldern an einem kleinen Tümpel vorbeibringt. Der Weg mündet in eine Straße vor dem Wolfsberg. Wir können hier ein kurzes Stück nach links und ein paar Meter nach oben zum gleichnamigen Hotel wandern, doch die Aussicht ist vom Wolfsberg wegen der dichten Bewaldung arg eingeschränkt. Daher halten wir uns rechts in nördliche Richtung und folgen dem kleinen Sträßchen leicht bergab, bis wir die ersten Häuser von Reinhardtsdorf-Schöna erreichen. Den Ort berühren wir nur kurz. Wir sehen in der 4 **Dorfmitte** einen kleinen Bach, der wie ein Graben bzw. Kanal eingefasst wurde. Gleich dahinter geht es halblinks hoch in den Krippenberg, auf dem wir den Ort wieder verlassen und erneut in den Wald hineingelangen.

Wir genießen den Abschluss dieser Wanderung im Schatten der Bäume und sind im leichten Auf und Ab im Wald unterwegs. Zum Ende hin fällt der Wanderweg relativ deutlich ab und bringt uns dabei in das Tal des Krippenbachs, in dem sich die gleichnamige Ortschaft Krippen ausbreitet. Wie zu Beginn der Wanderung versprochen, werfen wir nach Verlassen des Püschelwegs einen Blick auf die gemütliche Stadt und gelangen schlendernd auf dem Bächelweg zurück zu unserem E **Ausgangspunkt**.

Wanderer über dem Nebelmeer

Das berühmte Gemälde *Der Wanderer über dem Nebelmeer* entstand vermutlich um das Jahr 1818 und ist zu einem Symbol der Epoche der Romantik geworden. Im Lauf der Jahre hat es auch vielfach Eingang in die Popkultur gefunden. So wurde es zum Beispiel von der Duckomenta genutzt, wobei der Wanderer von hinten der Figur von Dagobert Duck gleicht.

20

Durch den Böhmerwald in Tschechien

Das Tal der Kirnitzsch auf der tschechischen Seite

Mittel 6:00 Std. 480 Hm 15,4 km

Tourencharakter
Mittelschwere Wanderung, die einerseits lang ist und daher gute Kondition erfordert und andererseits zum Teil über felsige Abschnitte und Stufen verläuft.

Ausgangs-/Endpunkt
Wanderkarte im Zentrum des kleinen Dorfs Brtníky

Anfahrt
Grenzüberschreitende Anreise mit öffentlichen Verkehrsmitteln nur ab Sebnitz mit der Bahn möglich. Mit dem Auto ebenfalls ab Sebnitz über Mikulášovice.

Gehzeiten
Bis Wolfsberg 1:00 Std. – Oberer Karlstein (Kyjovský hrádek) 2:30 Std. – Feenhöhle 3:15 Std. – Turistický most 4:00 Std. – Brtnický hrádek 5:00 Std.

Beste Jahreszeit
Ganzjährig

Einkehr
Wirtshaus Die Fakultät (Hostinec Fakulta), Kyjov 22, 40747 Krásná Lípa, Tel. +420 412/38 30 88, www.pernikova-chaloupka.cz

Hinweis
Für die Besteigung des Aussichtsturms auf dem Wolfsberg ist Kleingeld nötig.

Eine zweigeteilte Wanderung bringt uns in ihrem ersten Abschnitt zu einem Aussichtsturm und weiteren Stellen, die Fernblicke ermöglichen. Nach einer Halbzeitpause bei guter tschechischer Hausmannskost ändert sich das Bild und wir fühlen uns wie in einem verwunschenen Tal, das sich mit zahlreichen malerischen Felsformationen präsentiert.

Auf dieser Tour geht es gleich gut los. Wir stehen an der Wanderkarte mitten im tschechischen Ort **A Brtníky**, folgen der roten Beschilderung in Richtung Rumburk und wenden uns gleich hinter dem ersten Haus nach der Einmündung nach rechts, wo es sofort bergauf geht. Auf einem schmalen Pfad gehen wir in einen kleinen Wald und erreichen den Kreuzberg. Der Name kommt nicht von ungefähr, denn wir passieren einen Kreuzweg und

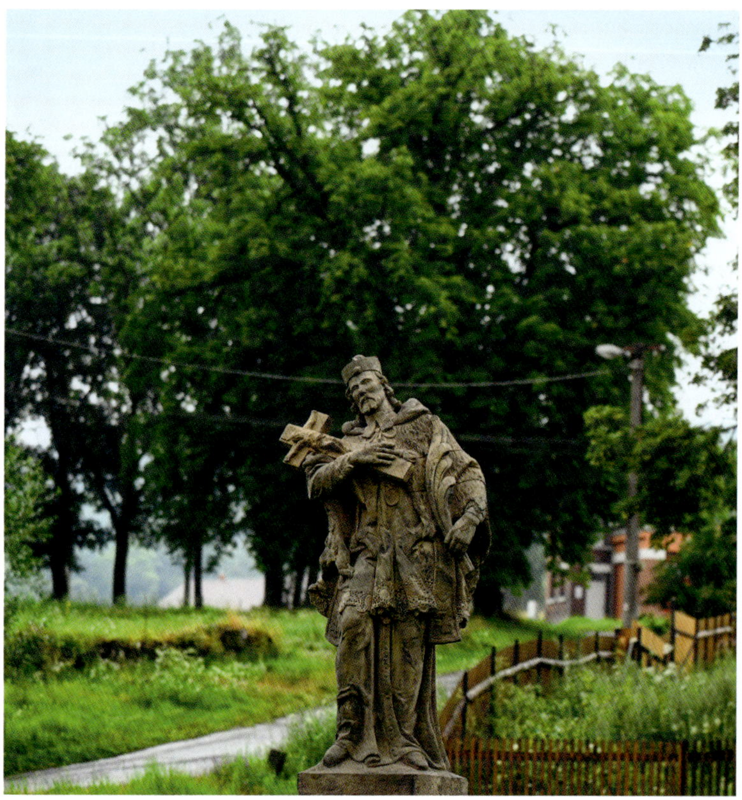

Links: Auch auf tschechischer Seite lässt es sich gut wandern und entdecken.

Rechts: Kapelle am Ende des Kreuzwegs

werfen gleich zu Beginn unserer Tour einen Blick in die hiesige ❶ **Dreifaltigkeitskapelle (Křížová cesta)** am Ende des Kreuzwegs. Hinter der Kapelle lassen wir den Wald und den Hügel hinter uns, wandern über die weite Fläche bis zu einem Traktorweg, an dem wir uns nach links wenden und den nächsten Wald erreichen. Dieser ist nun umfangreicher und gleichzeitig geht es noch weiter bergauf.

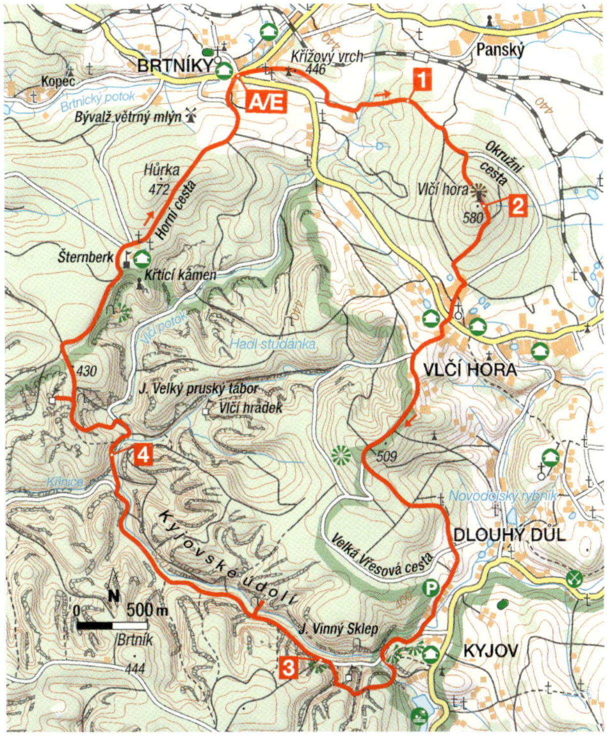

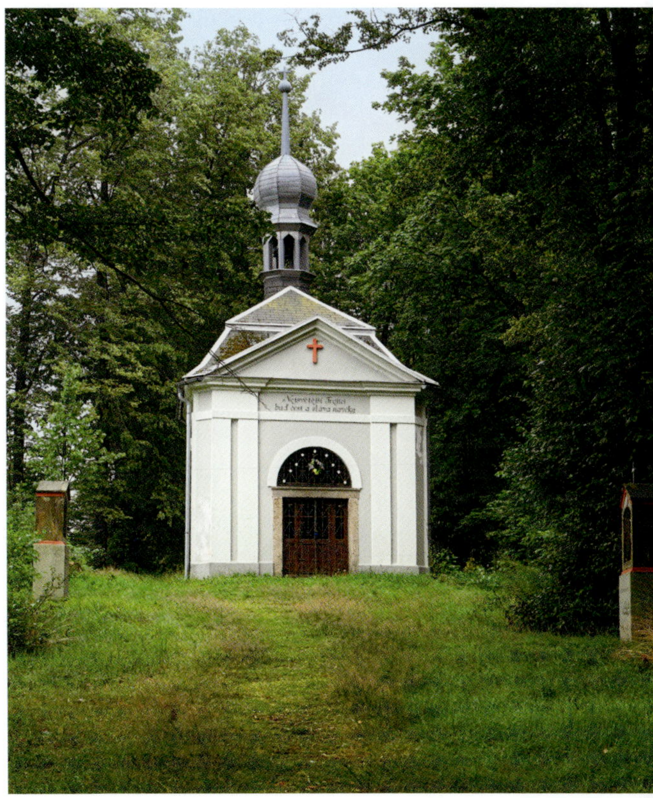

An einer größeren Kreuzung halten wir uns halbrechts und folgen der Ausschilderung hinauf zum Gipfel des ❷ **Vlčí hora bzw. Wolfsbergs**. Oben angekommen, erhebt sich vor uns ein Aussichtsturm, der gegen eine geringe Gebühr bestiegen werden kann. Die Aussicht über den Böhmerwald ist zwar sehr sehenswert, aber nur durch Fensterreihen möglich. Eine Hinweistafel informiert uns zugleich darüber, dass wir hier Probleme mit unserem Kompass bekommen könnten. Denn der Berg ist durch Vulkanismus entstanden und präsentiert sich mit zahlreichen Basaltsäulen, insbesondere am Fuße des Aussichtsturms. Im Basaltgestein steckt Magnetit, das für eine deutliche Abweichung einer Kompassnadel sorge. Wie praktisch, dass wir gut orientiert sind. Wir verlassen den Wolfsberg in Richtung Süden, gehen also am Turm vorbei und langsam wieder bergab. Auf der linken Seite führt ein sehr kurzer Abstecher zum Veronikabrunnen. Diese Quelle wurde bereits im Jahr 1886 mit Basaltsteinen gefasst und diente einige Zeit als Trinkwasserquelle. Heute fällt der Veronikabrunnen oftmals trocken, ist aber weiterhin ein beliebter Platz für ein kurzes Picknick.

Ein weiterer Abstecher kann uns am Fuß des Wolfsbergs zum geologischen Garten von Rudolf Kögler bringen, doch den lernen wir ohnehin auf Tour 21 kennen. Ein

Teil des Naturlehrpfads von Kögler erwandern wir dennoch schon hier. Wir gelangen in den kleinen Ort Vlčí hora, wenden uns nach links und sofort hinter dem Haus nach rechts, wo sich die blau-weiße Markierung befindet. Auf einem Feldweg wandern wir abermals leicht bergauf und erreichen den Steinberg. Kurz hinter dem unscheinbaren Gipfel durchqueren wir eine Linkskurve und verlassen den breiten Weg über einen schmalen Pfad, der nach links abzweigt. Auf ihm geht es in südöstlicher Richtung nicht nur leicht bergab, sondern auch aus dem Wald hinaus und bis zu einigen wenigen Häusern des kleinen Dorfes Dlouhý Důl. In geringer Entfernung verläuft die Dorfstraße zu unserer Linken parallel zu unserem Wanderweg. Wir überqueren den kleinen Fluss Křinice, besser bekannt als Kirnitzsch, um durch das dazugehörige Tal, auch Khaa-Tal genannt, und danach oberhalb zum **3 Oberen Karlstein (Kyjovský hrádek)** zu gelangen. Die in Stein gehauenen Stufen und einige Holztreppen erinnern an ähnliche Wege auf deutscher Seite des Elbsandsteingebirges. Als malerisch entpuppen sich auch dieses Wandergebiet und das enge Tal, dem wir weiterhin folgen. Mehrere Felsformationen erheben sich rechts und links des Weges. Ebenso sind kurze Abstecher möglich, zum Beispiel zur Feenhöhle Jeskyně víl. Eine besondere Schönheit ist sie vor allem im Winter, wenn zahlreiche Eiszapfen herunterhängen oder sich auf dem Boden kleine Eishügel gebildet haben.

Festes Schuhwerk ist hier besonders bei Regen vonnöten.

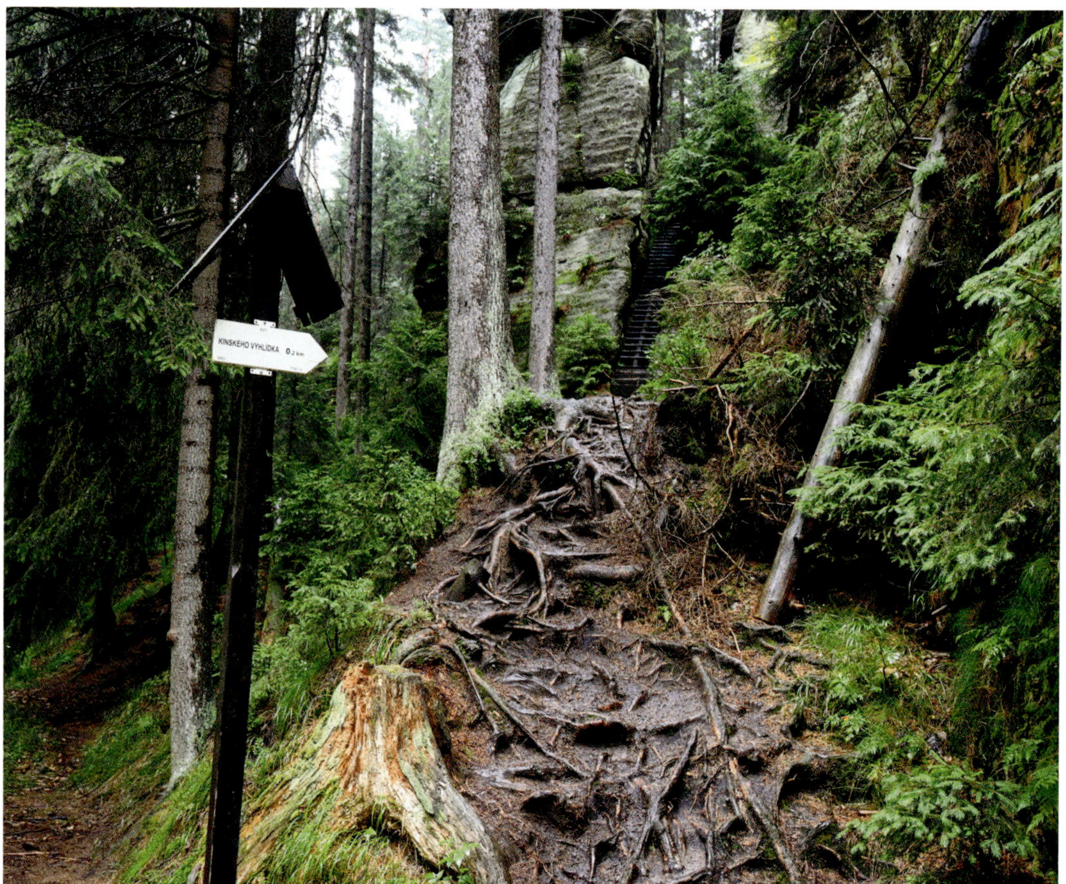

An einem überdachten Picknickplatz namens ❹ **Turistický most** verlässt uns die Kirnitzsch. Die Beschilderung zur Oberen Schleuse verrät uns, dass die Kirnitzschklamm aus Tour 7 nicht weit entfernt ist. Wir bleiben jedoch geradeaus und wandern in einem etwas kleineren Tal weiter, das nicht minder schön ist. Doch nach einer engen Linkskurve lassen wir dieses Tal hinter uns und folgen dem Aufstieg bis zur Zeidlerburg (Brtnický hrádek). Ein wenig müssen wir hier auf den teils schlecht erkennbaren und ausgeschilderten Weg achten. Wir folgen der Beschilderung zu Šternberk, einem einstigen Jugendlager aus der Zeit der Tschechoslowakei. Hinter den verfallenen Häusern halten wir uns rechts und folgen durch eine Linkskurve dem Weg, der uns schon bald wieder aus dem Wald hinausführt. Sobald wir den Wald verlassen, erkennen wir etwas weiter unterhalb vor uns die Ortschaft Brtníky. Der Rest der Tour zu unserem Ⓔ **Ausgangspunkt** ist dann nur noch Geschichte.

Krtek

So wie auf deutscher Seite haben auch die Felsformationen und -nadeln in Tschechien oftmals Bezeichnungen, die ihnen wegen ihrer Form verliehen wurden. Einer der Felsen im tschechischen Teil der Kirnitzsch heißt Krtek. Das bedeutet nichts anderes als Maulwurf und genauso heißt in Tschechien auch die beliebte Zeichentrickserie, die wir in Deutschland als »Der kleine Maulwurf« kennen.

Auch die tschechischen Ortschaften haben ihren Reiz.

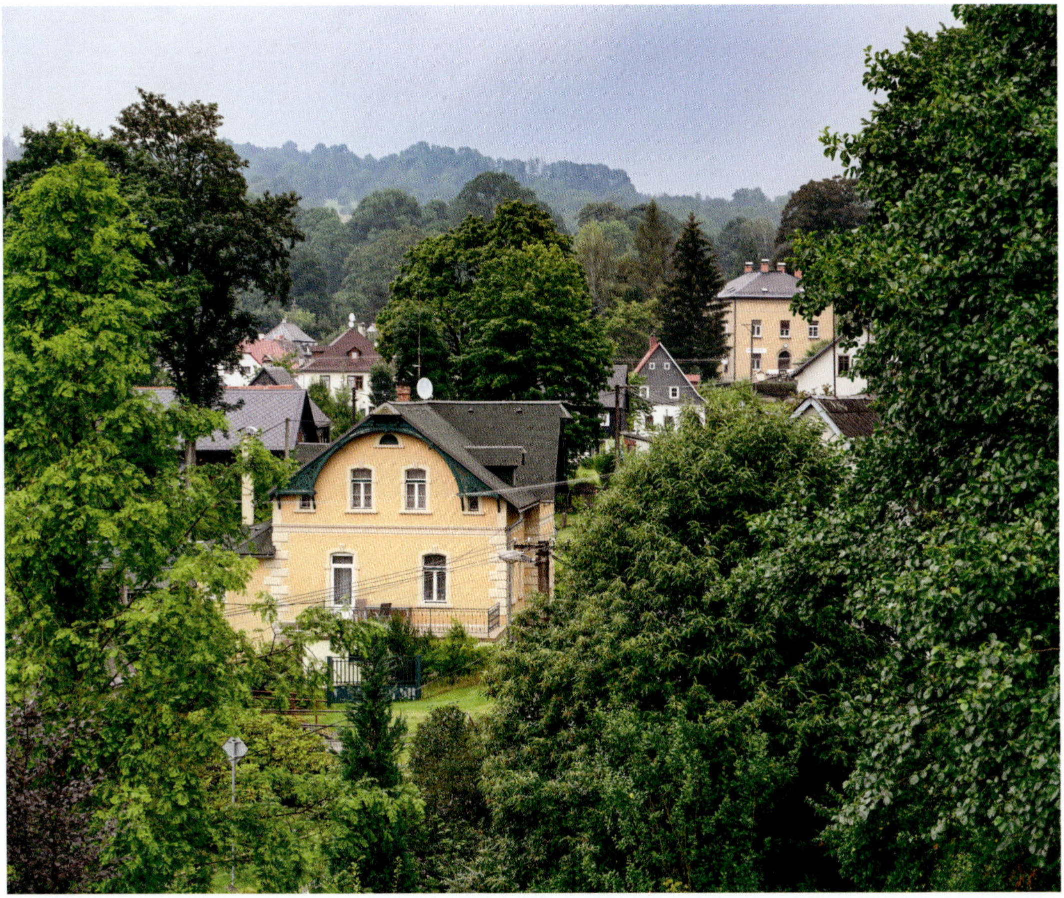

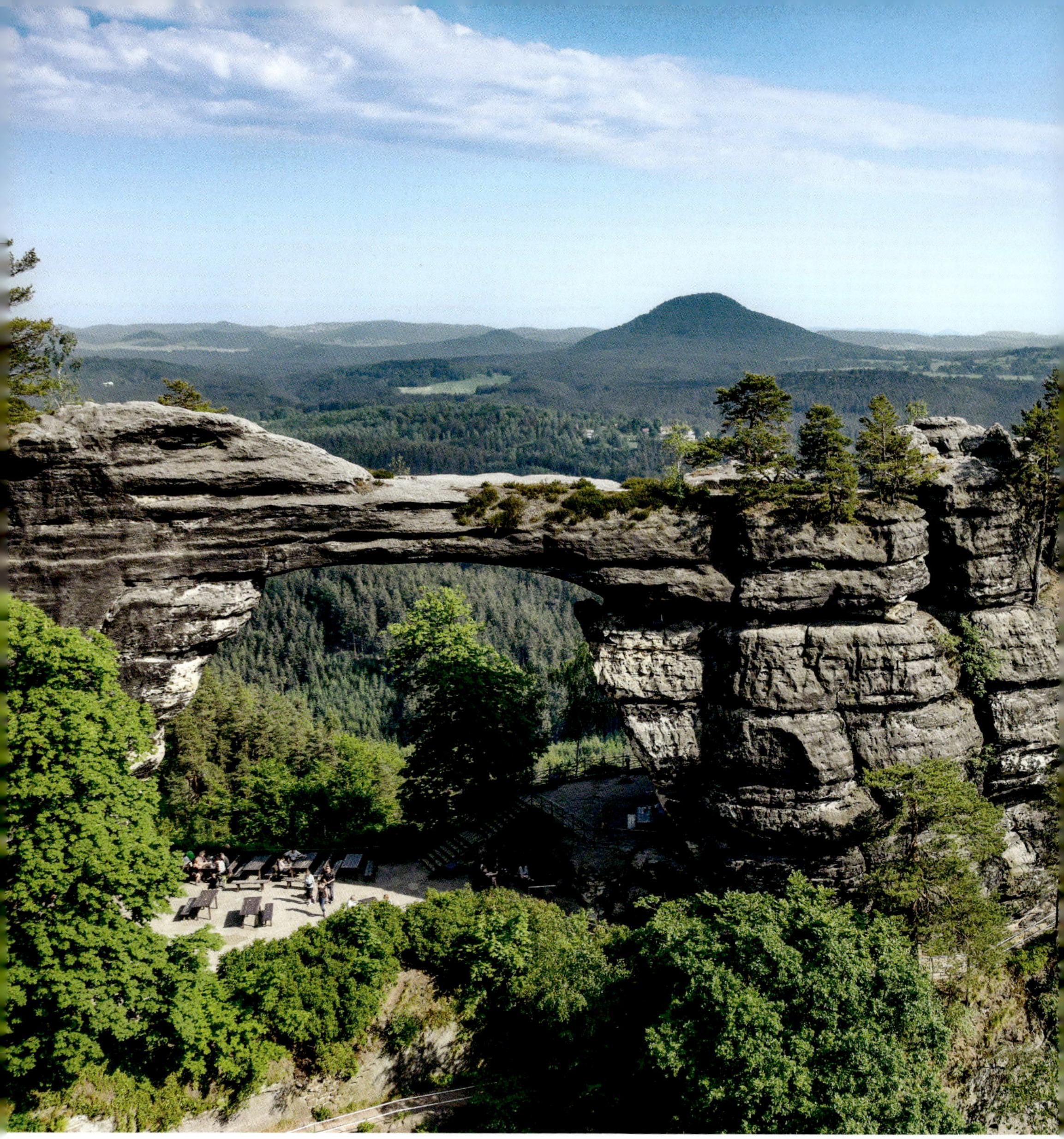

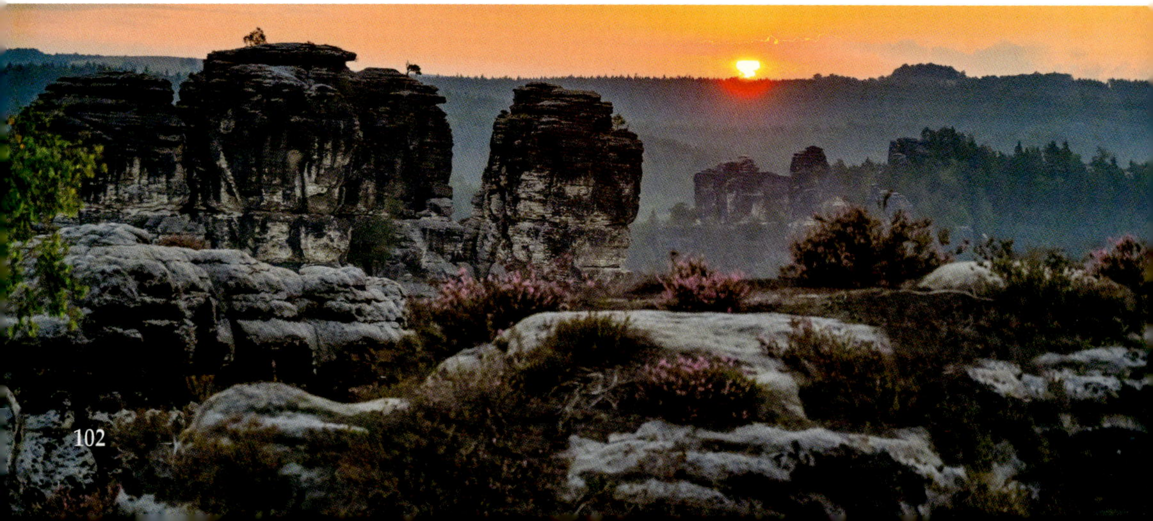

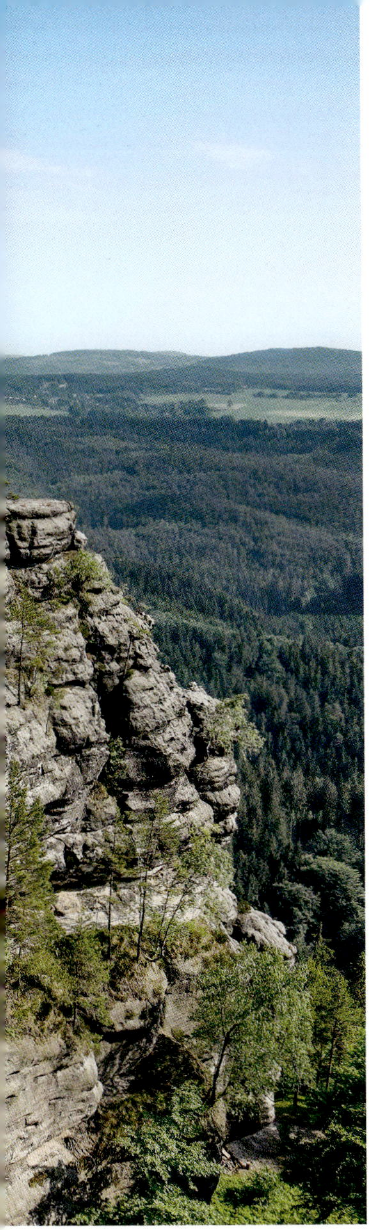

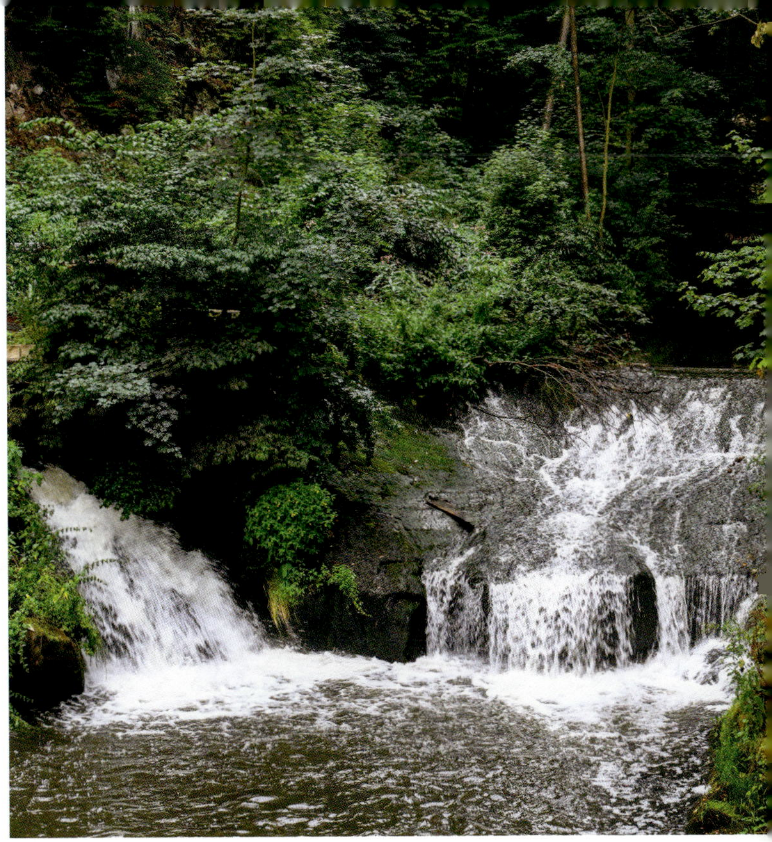

Grenzenloses Wandern

Das Prebischtor zieht verständlicherweise zahlreiche Wanderer in der Böhmischen Schweiz an (o. li.). Kleine Wasserfälle runden das Wandererlebnis ab (o. re.). In den Fels gebaut, kann man dort gut einkehren (u. re.). Auch im frühen Morgenlicht ist die Region ein Erlebnis (u. li.).

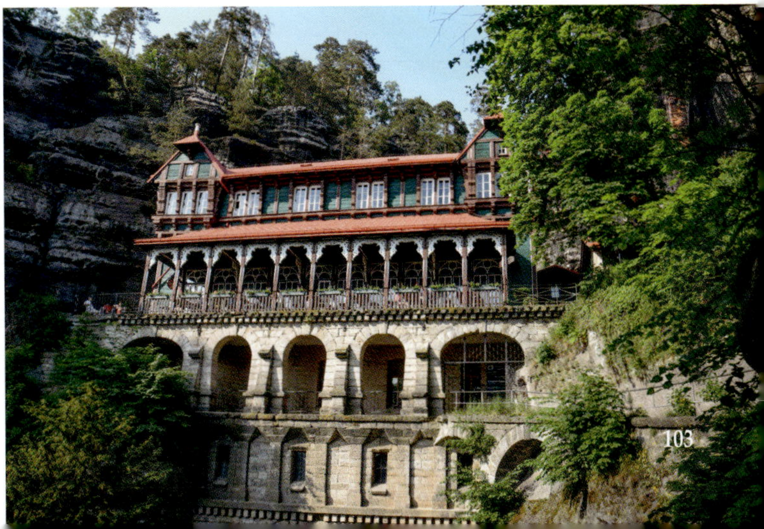

21

Unterwegs auf dem Kögler Naturpfad

Sehr gut informiert durch die Böhmische Schweiz

Mittel | 8:00 Std. | 700 Hm | 21,8 km

Tourencharakter
Technisch ohne besondere Herausforderung. Lediglich die Länge erfordert Kondition und Wandererfahrung.

Ausgangs-/Endpunkt
Zentrum von Krásná Lípa

Anfahrt
Mit dem Zug ab Sebnitz bis Krásná Lípa, von dort zu Fuß ins Stadtzentrum. Mit dem Auto ebenfalls ab Sebnitz über Mikulášovice

Gehzeiten
Bis Vápenka 1:30 Std. – Felsenpfad Khaa 2:30 Std. – Wolfsberg 5:00 Std.

Beste Jahreszeit
Ganzjährig

Einkehr
Wirtshaus Die Fakultät (Hostinec Fakulta), Kyjov 22, 40747 Krásná Lípa, Tel. +420 412/38 30 88, www.pernikova-chaloupka.cz; Penzion Vlčárna, Zahrady 4, 40747 Krásná Lípa, Tel. +420 722/ 40 96 60, www.vlcarna.cz; weitere Einkehrmöglichkeiten im Zentrum von Krásná Lípa

Hinweis
Für die Besteigung des Aussichtsturms auf dem Wolfsberg ist Kleingeld nötig.

Auch die Böhmische Schweiz als tschechischer Teil des Elbsandsteingebirges bietet wunderbare Wandermöglichkeiten. Das erkannte schon ein Rudolf Kögler, der einen Wanderweg anlegte, dem wir durch Wälder und auf Felsenpfaden folgen wollen. Zahlreiche Informationen über Geologie und Naturräume erhalten wir auf diesem abwechslungsreichen Weg.

Innerstädtisch beginnen wir zwar unsere Wanderung, doch Ⓐ **Krásná Lípa** ist einerseits nicht besonders groß und zum anderen sind wir sehr schnell im Grünen. Am Ausgangspunkt sehen wir das moderne Aparthotel, an dem wir rechts vorbeigehen. Gleich auf der rechten Seite erhalten wir eine erste Orientierung durch die dortigen Wandertafeln und Wanderwegweiser. Wir gehen am Hotel vorbei, an einem kleinen Teich

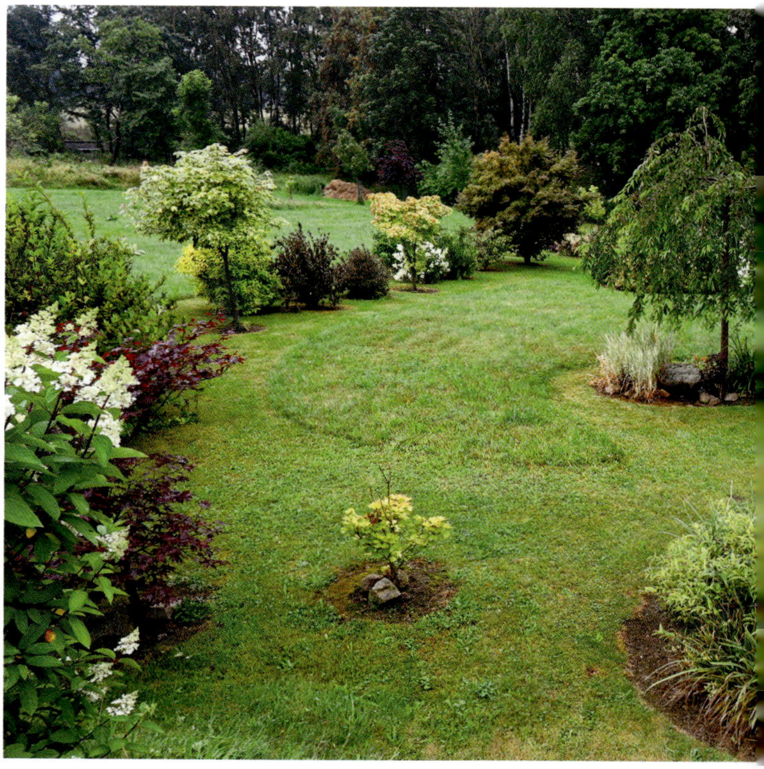

Unterwegs in Köglers Garten

zu unserer Rechten und sind schon im Grünen. Auf einem schmalen Spazierweg gehen wir anschließend geradeaus bis zum Stadtsee und biegen vor diesem und dem dazugehörigen Picknickplatz rechts ab. Die folgende Straße überqueren wir und wandern an der kleinen Friedhofsmauer entlang.

Den Friedhof umrunden wir und wandern in südliche Richtung weiter durch die Parkanlage, um zur kleinen Straße Mánesova zu gelangen. Auf ihr sind wir unterwegs bis zu einer T-Kreuzung mit der ebenfalls kleinen Straße Wolkerova. Vereinzelt befinden sich ein paar Häuser rechts und links der Straßen, und wir biegen rechts ab. Hinter einem Wäldchen verlassen wir die Straße nach links und folgen einem schmalen Pfad. An der Abzweigung erinnert uns eine der vielen Schautafeln über die hiesigen Begebenheiten daran, dass wir auf dem Kögler Naturpfad unterwegs sind. Im Wald folgen wir dem breiten Weg und erreichen nach einem leicht kurvigen Verlauf eine weitere kleine Asphaltstraße. Dieser folgen wir nach rechts. Hinter einer Linkskurve geht es leicht bergab, und wir dürfen jetzt den Abzweig nach rechts nicht verpassen. Die grün-weiße Markierung zeigt uns an, dem

Rudolf Kögler

Der in Krásná Lípa (Schönlinde) 1899 geborene Rudolf Kögler interessierte sich privat sehr für die Themen Geologie und Natur. Er schuf mit den Steinen der Regionen eine geologische Karte in seinem Garten, die heute noch besichtigt werden kann. Gleichzeitig entwarf er einen Wanderweg mit 70 Schautafeln zu seinen Lieblingsthemen. Der damals 12 Kilometer lange Rundweg in seiner Heimat wurde nach dem Zweiten Weltkrieg zunächst zerstört. Doch im Jahr 2006 eröffnete man ihn neu und hat ihn nach Kögler benannt. Die alte Wegführung, die fast identisch mit der neuen Variante ist, gilt als der erste Naturlehrpfad in Böhmen.

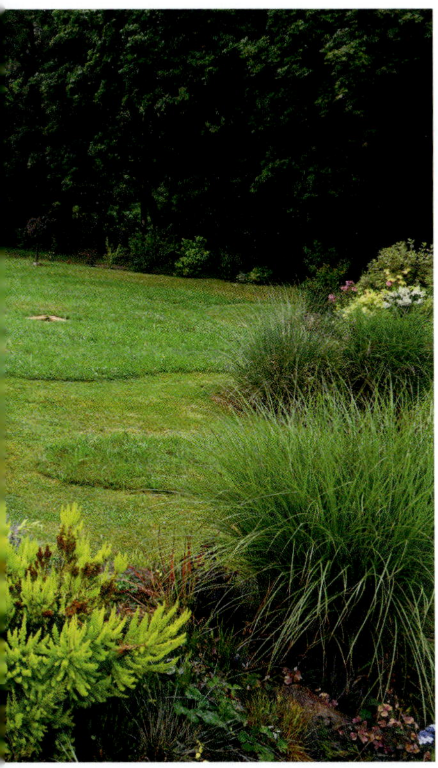

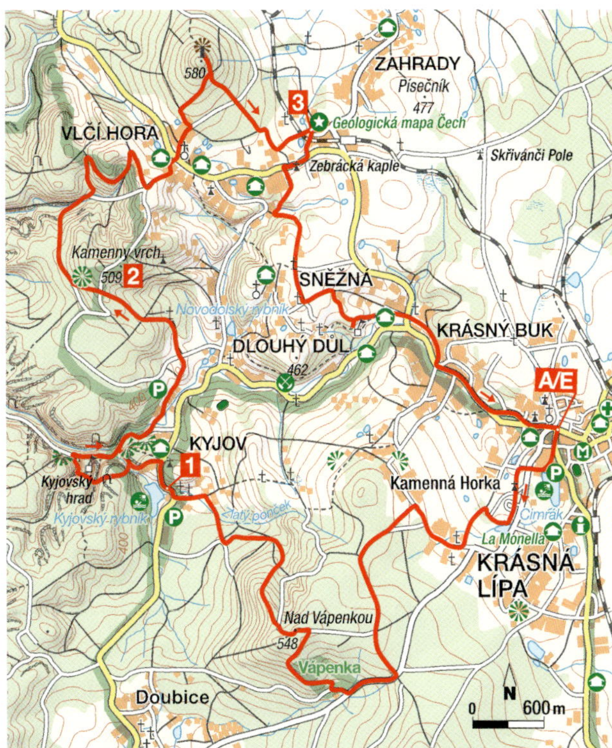

zweispurigen Waldweg halbrechts zu folgen. Kurz darauf verlassen wir diesen abermals nach rechts und gelangen zu Vápenka, womit wir uns auf 470 Höhenmetern befinden.

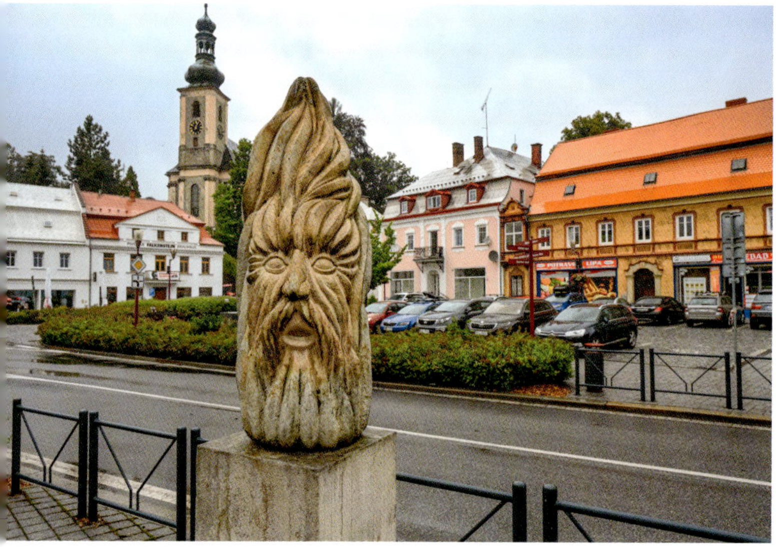

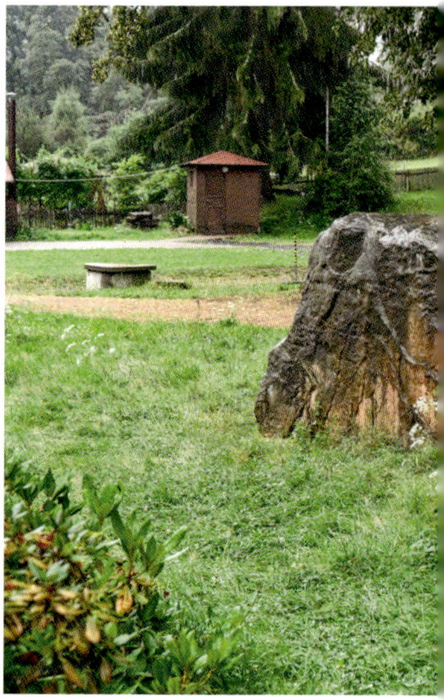

Eine weitere Schautafel, mittlerweile schon die Nummer 10, erläutert uns hier die geologische Besonderheit der Lausitzer Überschiebung. Durch den Wald geht es weiter leicht bergauf und wir erreichen den Maschkenberg (tschech.: Vápenný vrch). Nach einer kurzen Pause am Picknickplatz wenden wir uns nach links und verlieren sanft, aber deutlich wieder an Höhe. Nach einiger Zeit verlassen wir den Wald und vor uns erstreckt sich eine Landschaft mit Grünland, in der vereinzelte Höfe und Häuser zu sehen sind. An dem kleinen Weg, an dem wir herauskommen, biegen wir eigentlich rechts ab, doch wir könnten auch links gehen und wenig später den Blick auf die kleine ❶ Khaa-Talsperre genießen. Nördlich der Talsperre treffen beide Wege wieder aufeinander. Genau gegenüber von Haus Nummer 82 an der Hauptstraße, die durch den kleinen Ort verläuft, gehen wir halbrechts hoch und sofort links zu einem alten Waldfriedhof.

Durch den Wald erreichen wir die Felsformationen von Khaa, die wir auch schon in Tour 20 kennenlernen durften. Wir könnten hier direkt hinab zur Kirnitzsch gehen, aber wir wollen natürlich noch den Felsenpfad genießen und wandern daher zwischen den Formationen hindurch und am Oberen Karlstein vorbei. Erst an der sogenannten Burgnadel nehmen wir den Abstieg, um im Khaa-Tal bzw. im Tal der Kirnitzsch nach rechts zu wandern. Wenn sich das Tal erweitert und wir kurz vor dem Ort sind, überqueren wir die Brücke nach links. Wenige Meter geradeaus hätten wir die Möglichkeit zur Einkehr mit typisch böhmischen Speisen. Auf dem Weg wandern wir erst am Ortsrand entlang und wenig später leicht bergauf in einen weiteren Wald. Dem Naturpfad folgend, gelangen wir in die Nähe des Gipfels des ❷ Kamenný Vrch, biegen jedoch kurz vorher links ab. Es geht wieder leicht bergab und an einer Kreuzung wenden wir uns nach rechts, vorbei an der Engelsquelle, die wir über einen kurzen Holzsteg erreichen. Zurück auf dem Weg, wandern wir in die ursprüngliche Richtung nach Norden und genießen die waldreiche Wanderung, bis

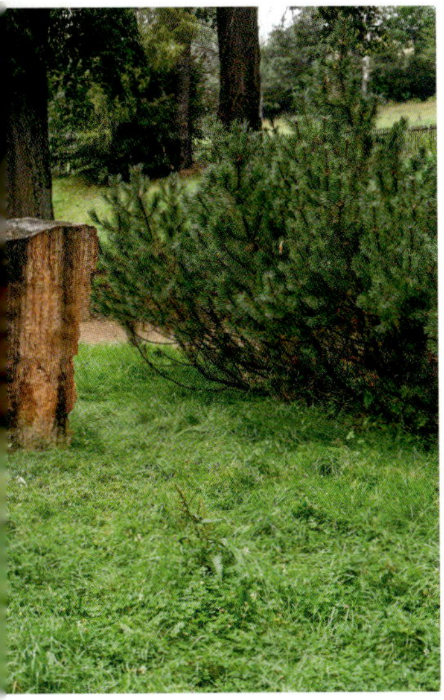

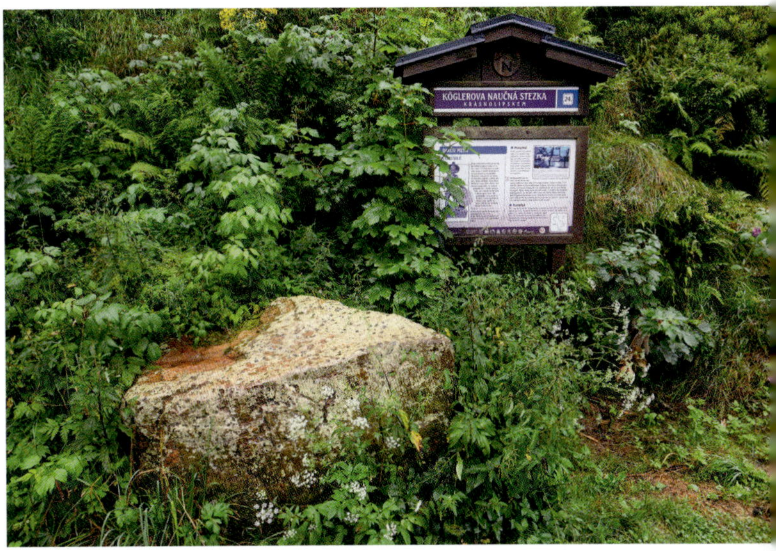

wir den Wald verlassen und vor den Häusern des Ortes Vlčí Hora stehen. Gleich hinter dem Ort sehen wir schon die leichte Erhebung des gleichnamigen Berges, zu Deutsch Wolfsberg. Wir durchqueren den Ort und machen uns an den Aufstieg bis hinauf zum Aussichtsturm. Gegen eine geringe Gebühr dürfen wir den Turm besteigen und den Blick auf den Böhmerwald durch die Fenster genießen. Unten, am Fuß des Turms, informiert uns eine der vielen Hinweistafeln über die vulkanische Geologie des Berges und seine vielen Basaltsäulen.

Links: Im Zentrum von Krásná Lípa

Mitte: Die Wanderung steht hier ganz im Zeichen der Geologie.

Rechts: Zahlreiche Tafeln informieren auch auf Deutsch über die Welt der Geologie.

Im südöstlichen Bereich des Gipfels werfen wir noch einen Blick auf den Veronikabrunnen und gehen von hier schnurstracks hinab bis Zahrady. Dem Lehrpfad folgend, erreichen wir hier das Wohnhaus und den ❸ **geologischen Garten von Rudolf Kögler**, dem wir diesen Wanderweg zu verdanken haben. Auf dem schmalen Asphaltweg gelangen wir zu einer kleinen Straße, halten uns rechts und passieren wenig später eine Kapelle. Gleich dahinter biegen wir links in die Sackgasse ab und wandern zwischen Feld und Flur durch die böhmische Landschaft bis zur leichten Erhebung mit der Krásný Buk (Burg Schönbuch). Lange hatte die Burg aus dem 13. Jahrhundert keinen Bestand. Schon zu Beginn des 14. Jahrhunderts wurde sie zerstört und nicht mehr aufgebaut. Heute erkennen wir noch einen alten Burggraben und die Überreste des Turms. Ob die Burg tatsächlich so ausgesehen hat, wie es auf der Zeichnung der Kögler-Informationstafel zu sehen ist, ist fraglich und wissenschaftlich nicht bewiesen. Von der Burg ist es nur noch ein kurzer, einfacher Weg zurück zu unserem Ausgangspunkt. Wir gehen hinab in das hier breite Tal des noch jungen Flusses Kirnitzsch. Das Gewässer fließt parallel zur Landstraße und zu einem kleineren Weg namens Vyhlídky, dem wir bis in das Ⓔ **Stadtzentrum von Krásná Lípa** folgen.

22

Zum Katzfels bei Cunnersdorf

Aussichten im beinahe unberührten Terrain

Leicht | 3:00 Std. | 400 Hm | 13,8 km

Tourencharakter
Leichte Wanderung mit wenigen bedeutenden Steigungen. Überwiegend ist man im Wald unterwegs. Lediglich die Aussichtspunkte sind über Metallleitern zu erreichen, was man bei Regen und besonders bei Gewitter vermeiden sollte.

Ausgangs-/Endpunkt
Landbäckerei Schmidt im Gohrischer Ortsteil Cunnersdorf, an der Haltestelle Cunnersdorf Schmiede

Anfahrt
Mit dem Bus Linie 244a/244b bis zur Haltestelle Cunnersdorf Schmiede. Mit dem Auto ab Königstein in Richtung Cunnersdorf. Alternative Parkmöglichkeit auch am Waldbad Cunnersdorf. Von dort direkter Einstieg in den Wanderweg an der Katzsteinbaude

Gehzeiten
Bis Katzfels 1:15 Std. – Spitzstein 2:30 Std.

Beste Jahreszeit
Ganzjährig

Einkehr
Selbstversorgungsmöglichkeit an der Landbäckerei Schmidt am Ausgangspunkt. Ansonsten Einkehr in der Katzsteinbaude, Cunnersdorfer Str. 2c, 01824 Gohrisch, Tel. 035021/689 40, www.katzsteinbaude-cunnersdorf.de

Hinweis
Die Aussichtspunkte sind nur über Leitern zu erreichen.

Zugegeben, unberührtes Terrain mag ein wenig übertrieben erscheinen, aber dieser Bereich im Elbsandsteingebirge gehört zu den weniger bekannten Wanderzielen. Dabei sind die Felsformationen auf dem Katzstein nicht minder sehens- und erlebenswert als die auf den klassischen Tafelbergen. Tolle Fernblicke und damit verbundene Rastplätze erreicht man hier nach Aufstiegen über lange Leitern.

Auf der einen Seite der Cunnersdorfer Bach, auf der anderen eine Landbäckerei – so sieht unser Ⓐ **Ausgangspunkt in Cunnersdorf** aus. Während der Bach leise vor sich hinplätschert, füllen wir unseren Wanderrucksack mit einigen »temporären Andenken« aus der Cunnersdorfer Bäckerei. Im Lauf der Wanderung wird der Rucksack sicherlich wieder leichter werden. Froh gestimmt gehen wir so durch den Ort und genie-

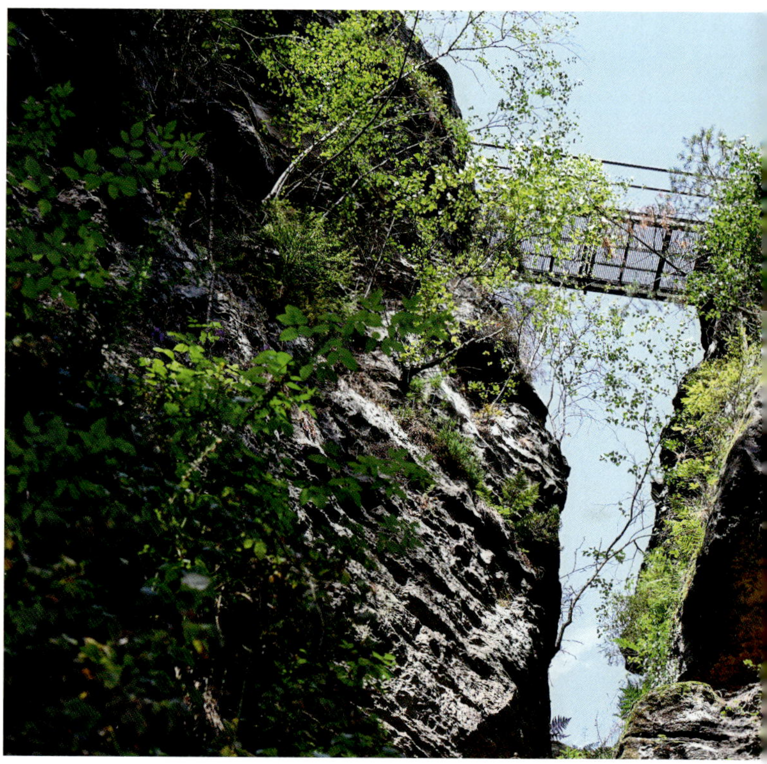

Ja, hier wandert man auch über hohe Brücken.

ßen den Spaziergang als Einstieg in die Wandertour. Hinter einer Autowerkstatt zweigt unser Weg halbrechts ab. Wir überqueren den Cunnersdorfer Bach, nicht zum ersten und auch nicht zum letzten Mal. Die Abstände zwischen den Häusern entlang der wenig befahrenen Straße werden immer größer und wir merken, dass wir uns dem Ortsende nähern.

Boofe

In der Sächsischen Schweiz und auch bei dieser Tour trifft man immer wieder auf den Begriff Boofe. Mit Boofen wird in der Region das Übernachten in der freien Natur bezeichnet. Eine Boofe ist dann oftmals ein Felsüberhang oder eine Felshöhle, in der man einigermaßen wettersicher sein Nachtlager aufschlagen kann. Das Boofen innerhalb des Nationalparks ist nur an eigens gekennzeichneten Stellen erlaubt.

Noch bleiben wir im Bachtal, doch gleich hinter dem Freibad auf der rechten Seite biegen wir ab. Während die Sonnenanbeter auf der Liegewiese rund um das Schwimmbecken relaxen oder ab und an in das kühle Nass eintauchen, wagen wir uns an einen sanften Aufstieg in den Wald. Allerdings bremst uns ein wenig der Duft von der Katzsteinbaude zu unserer Linken aus. Warum nicht noch schnell einkehren und eine Kleinigkeit verspeisen, bevor wir weiterwandern? Schwere Entscheidung, wenn man den Rucksack voll mit Backwaren hat. Kurzum, verhungern muss man auf dieser waldreichen Rundwanderung nicht. Ob mit oder ohne weitere Pause, unsere Wanderung verläuft nun leicht bergauf auf dem Katzsteinbaudenweg und mit einer Linkskurve in den Schatten spendenden Wald. Der Pfad bringt uns halbrechts relativ schnell zum Rosenthaler Steig, an dem wir links abbiegen.

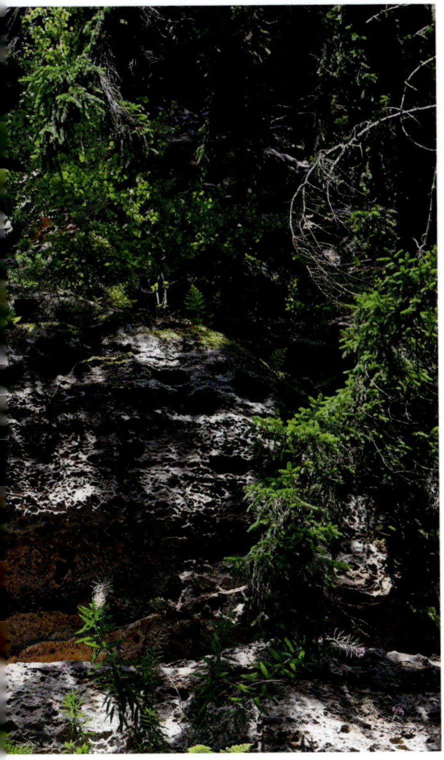

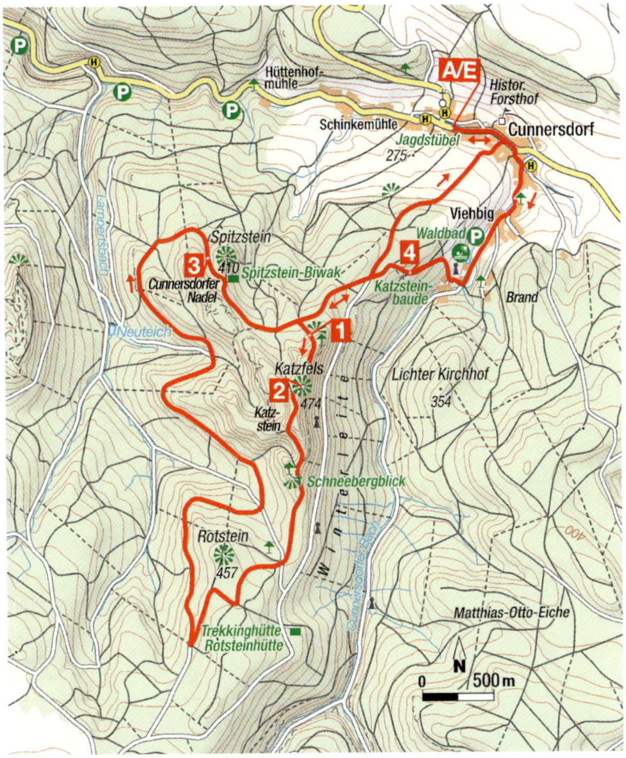

Eine Wegkreuzung mit einem einfachen Picknickplatz merken wir uns. Wir gehen zwar geradeaus, doch wir werden am Ende unserer Wanderung hier nochmals ankommen und dann den Weg nach Norden nutzen. Von uns aus betrachtet, wird das dann der Weg nach rechts sein. Wenn wir dort ankommen, ist es aus der anderen Richtung der Abzweig nach links. Aber so weit sind wir noch nicht. Auch in unserem jetzigen Wanderabschnitt werden wir in Kürze links abbiegen. Wir wollen nämlich hoch hinaus auf den ❶ **Signalstein** oder kurz auch nur Signal genannt. Über einige Leitern gelangen wir auf den Felsen und erleben mal wieder eine dieser wunderschönen Aussichten, für die das Elbsandsteingebirge bekannt ist. Kein Wunder, dass der Signalstein einst auch als sogenannter Brandwachpunkt genutzt wurde, um Waldbrände schnell zu entdecken und bekämpfen zu können.

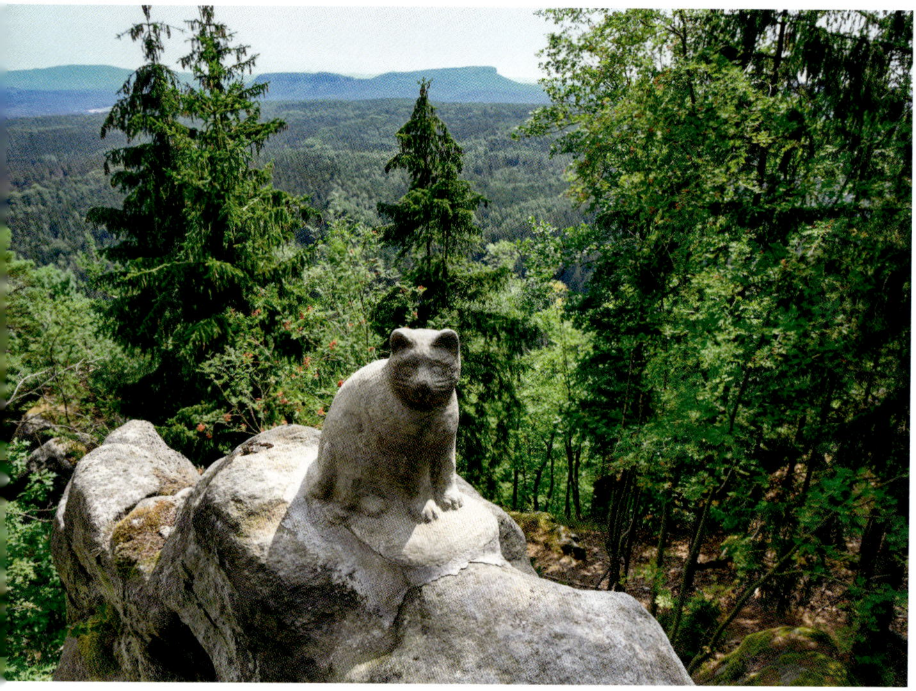

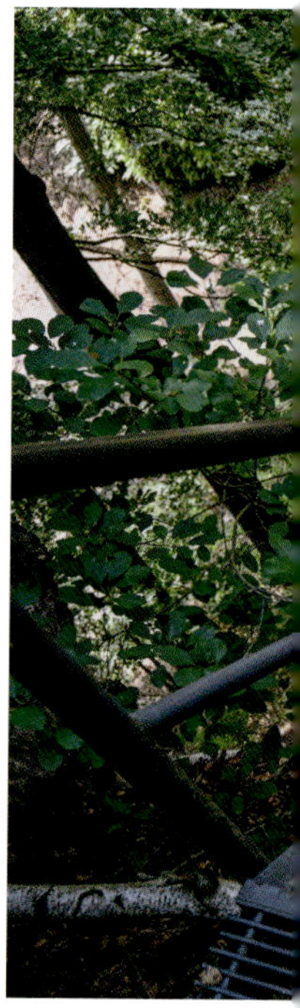

Über einen Berggrat namens Katzstein geht unsere Wanderung weiter nach Süden und schon bald gelangen wir zum nächsten sehenswerten Felsen. Der ❷ **Katzfels** ragt steil empor und ist über eine metallene Leiter in luftiger Höhe gut zu erreichen. Für den Aufstieg auf den Katzfels werden wir nicht nur mit einer ebenfalls tollen Aussicht belohnt, sondern auch mit dem Anblick einer Katze. Keiner lebendigen leider, aber mit einer in Stein gemeißelten Katze, die nur auf uns zu warten scheint. Der Katzstein als Bergmassiv und der sich darauf erhebende Katzfels haben ihren Namen von der Wildkatze, die einst in dieser Region durch die Wälder streifte. Leider wurde die letzte Wildkatze vor über 200 Jahren im Jahr 1809 erlegt.

Wir wandern weiter in Richtung Süden. Ein dritter folgender Aussichtspunkt nennt sich Schneebergblick, denn von hier aus kann man den höchsten Berg des Elbsandsteingebirges erblicken. Die Wanderung auf den Schneeberg auf tschechischer Seite wird in Tour Nummer 18 beschrieben. Auf dem Mäusebornweg erreichen wir bald eine Kreuzung mit Picknicktisch im Wald und wandern dabei geradeaus, um wenig später den Wurzelweg zu erreichen und dabei die bewaldete Kuppe des Rotstein zu umrunden. Sobald wir rechts auf den Wurzelweg abbiegen, geht es sogleich wieder in nördliche Richtung. Im leichten Auf und Ab genießen wir die Wanderung durch den Wald, der in diesem Bereich nur von wenigen Wanderern besucht wird. Sowohl Heuweg als auch Pechweg werden von uns überquert, die nach links bzw. Westen hin in ein sanftes Tal abzweigen. An einer größeren Kreuzung sehen wir halblinks die Spitzstein-Biwakhütte. Sollten wir nicht gerade eine Übernachtung eingeplant haben, dann halten wir uns jetzt halbrechts und steigen zum Gipfel des ❸ **Spitzsteins**

Links: Wer will sich denn da noch Katzenvideos anschauen?

Mitte: Steile Treppen warten unterwegs

Rechts: Wer zur Katze möchte, muss hoch hinaus.

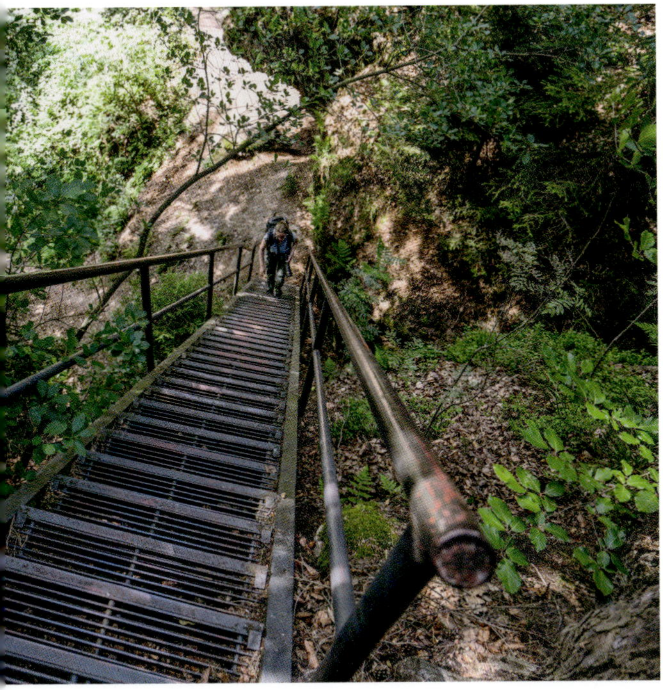

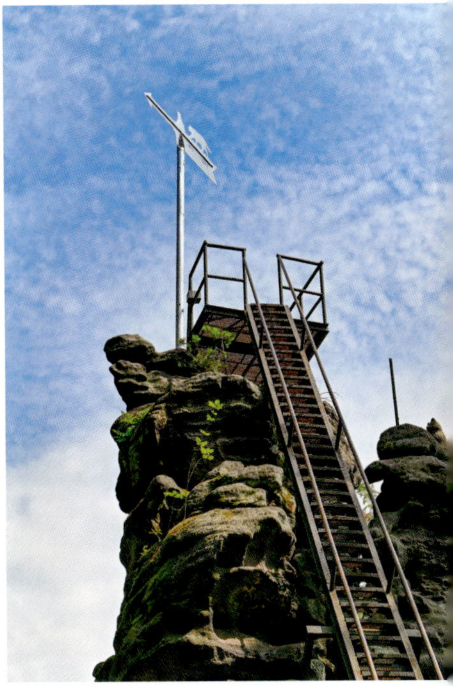

auf. Auch hierbei handelt es sich wieder einmal weniger um einen Berggipfel als um einen Felsen, der aus dem Wald in die Höhe ragt. Und wieder ist er mit einer Leiter zu erklimmen, damit man von oben den schönen Rundumblick genießen kann.

Zurück auf dem Hauptweg wandern wir in die ursprüngliche Richtung weiter und gelangen auf dem Spitzsteinweg zu der eingangs erwähnten Kreuzung. Wir könnten hier natürlich auf dem bekannten Weg in Richtung Freibad zurückgehen und uns unterwegs nochmals in der ❹ **Katzsteinbaude** mit Speisen verwöhnen lassen. Aber wir können uns hier auch links halten und auf der Winterleitenstraße bald schon den Wald verlassen. Dabei sehen wir vor uns schon Cunnersdorf und erreichen zwischen den Feldern die Hauptstraße an der Autowerkstatt. Nun nur noch nach links und schon sind wir an unserem Ⓔ **Ausgangspunkt** angelangt.

23

Die Sächsische Schweiz in Miniatur

Mit Aussichten und Flusswanderung zum Lilienstein

Mittel | 4:30 Std. | 600 Hm | 15,7 km

Tourencharakter
Mittelschwere Wanderung, die zum einen durch ihre Länge Kräfte fordert, aber auch durch die Aufstiege zum Gamrig, aus dem Elbtal hinauf und natürlich auf den Lilienstein. Nach diesem Kräftemarsch wartet zum Abschluss dann noch ein lang gestreckter Aufstieg zum Ausgangspunkt.

Ausgangs-/Endpunkt
Wanderparkplatz Füllhölzelweg

Anfahrt
Mit der Buslinie 253 bis zur Haltestelle Wanderweg nach Kurort Rathen; mit dem Auto ab Bad Schandau über Waltersdorf bis zum Wanderparkplatz auf der linken Seite

Gehzeiten
Bis Gamrig 0:30 Std. – Elbufer 1:15 Std. – Aufstieg Lilienstein 2:00 Std.

Beste Jahreszeit
Ganzjährig

Einkehr
Sonniges Eck, Am Grünbach 3, 01824 Rathen, Tel. 035024/703 55, www.sonnigeseck.de; Biergarten Am Bach, Am Grünbach 4, 01824 Rathen, Tel. 035024/703 27; Einkehr Zum Alten Hansjörg, Liliensteinstraße 29, 01814 Porschdorf, Tel. 035022/421 44; Felsbaude Lilienstein, 01814 Porschdorf, Tel. 035022/409 43, www.felsbaude-lilienstein.de (nur April–Okt.)

Hinweis
Den Lilienstein kann man nur über Leitern und Treppen mit zahlreichen Stufen erreichen.

Diese Wanderung bietet in konzentrierter Form beinahe alles, was die Sächsische Schweiz bzw. das Elbsandsteingebirge zu bieten hat. Von einem eher herkömmlichen Aussichtspunkt wandern wir sowohl durch Wälder, Täler und auch am Elbufer entlang, um als Höhepunkt der Tour einen der klassischen Tafelberge zu erreichen. Viel Spaß beim Panoramablick vom beliebten Lilienstein.

Den Ⓐ **Ausgangspunkt** kennen wir bereits von Tour Nummer 15 durch das Polenztal. Doch dieses Mal verlassen wir den Wanderparkplatz in die andere Richtung und überqueren nicht die Straße, sondern gehen geradewegs in den Wald. Auf dem Füllhölzelweg haben wir nach wenigen Metern gleich mal die Qual der Wahl, denn wir können sowohl links in einer weiten Kurve in den sogenannten Mordsgrund hinabsteigen oder

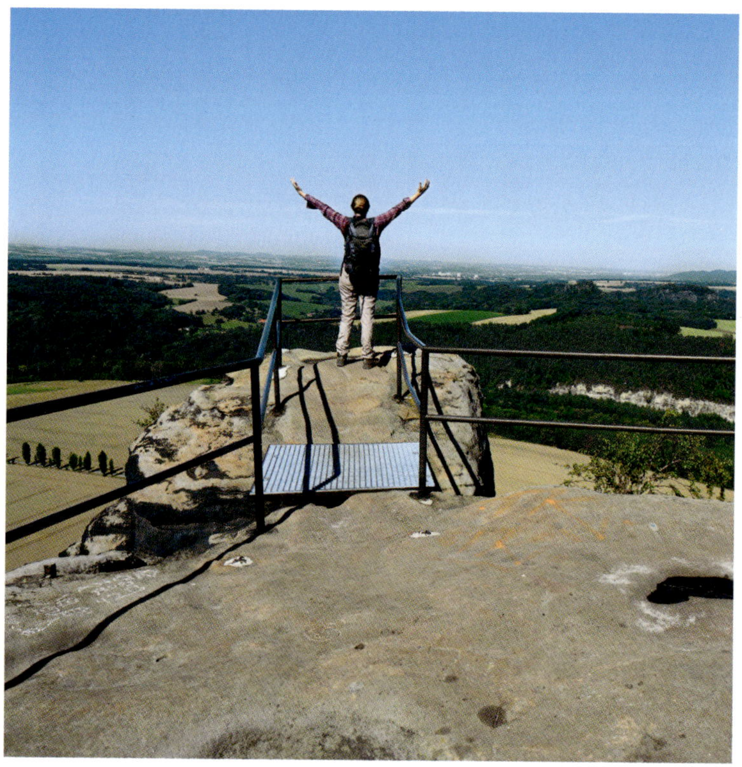

Demnächst bei Instagram (#wandernmachtglücklich)

wir wählen die Treppe, die uns weiter unten wieder auf den Füllhölzelweg bringt. Beide Möglichkeiten treffen zusammen und wir gehen weiter auf dem abwärts führenden Waldweg. Das läuft sich alles sehr angenehm, aber bitte nicht vergessen, dass wir zum Abschluss der Wanderung hier auch wieder hinaufwandern werden.

Rund 100 Meter hinter einer weiteren Spitzkehre verlassen wir den Füllhölzelweg und wenden uns auf einen schmalen Waldpfad nach links. Der Gamrigweg steigt nun deutlich an und geleitet uns hinauf auf den gleichnamigen Felsen. Wir stellen schnell fest, dass unsere bisherige Wanderung auf einem schönen Verbindungsweg zwischen den Touren 11 und 15 stattfand. So könnte man also die Wanderung durch das Polenztal mit den Aussichten von Gamrig und der Bastei kombinieren. Oder wir wandern einfach wie geplant hier weiter, um noch zum Lilienstein zu gelangen. Nachdem wir die wunderbare ❶ **Aussicht vom Gamrig** genossen haben und auch einen Blick in die Gamrighöhle geworfen haben, folgen wir dem Abstieg durch den Wald in Richtung Rathen.

Auf dem schmalen Pfad kommen wir direkt zum Gemeindehaus. Dort wenden wir uns nach rechts und durchqueren den kleinen Ort leicht bergab bis zum Ufer der Elbe. Unterwegs haben wir noch die ein oder andere Einkehrmöglichkeit und passieren den Abzweig in Richtung Amselgrund bzw. Basteiweg. Doch die ❷ **Elbe** ist hier unser Zwischenziel. Vor der Fähre überqueren wir nach links den Grünbach und folgen nun an der Promenade dem Weg am Elbufer. Hinter den prachtvollen

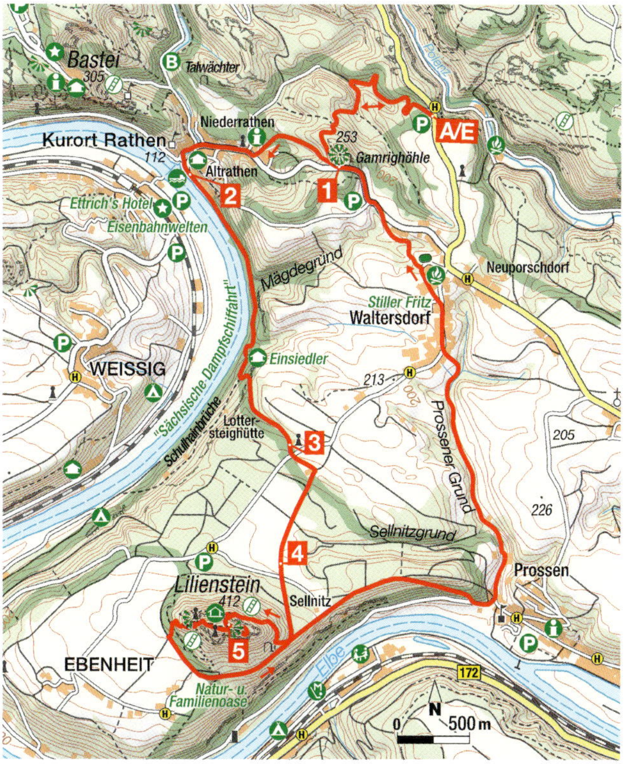

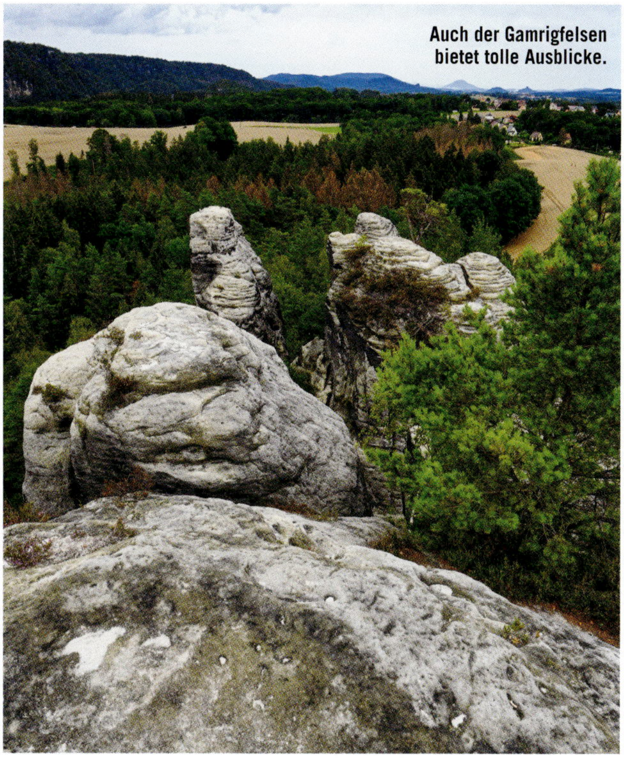

Auch der Gamrigfelsen bietet tolle Ausblicke.

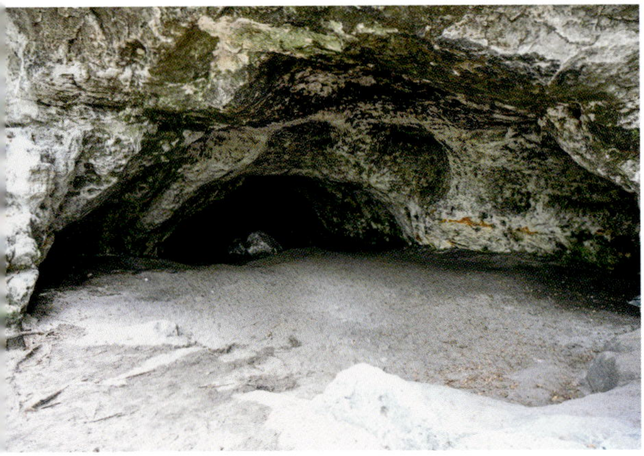

Häusern zu unserer Linken erheben sich die steilen Felswände und wir lassen Rathen hinter uns, indem wir südwärts wandern. Sobald wir die letzten Gebäude hinter uns haben, genießen wir die Felswände zur einen und die Elbe zur anderen Seite. Gleichzeitig sind wir von zahlreichen Bäumen umgeben, die uns idealerweise ein wenig Schatten spenden. Doch so einfach ist die Wanderung nicht dauerhaft. Denn genau dieser Höhenunterschied ist nach einiger Zeit noch zu überwinden. Daher halten wir uns hinter einem frei stehenden Gebäude halblinks und wandern auf dem Lottersteig in die Höhe. Belohnt werden wir für die Mühen, sobald wir den Wald verlassen und auf die ❸ **Einkehrmöglichkeit Zum Alten Hansjörg** treffen. Bei guter Hausmannskost eine kleine Pause einzulegen, schadet ja nicht. Zumal wir uns vielleicht auch für den in Kürze anstehenden Aufstieg auf den Lilienstein stärken wollen. Hierfür überqueren wir zunächst die Straße, gehen zwischen den Feldern geradeaus und biegen gleich an der ersten Gelegenheit nach rechts auf den Kirchweg ab. Wir passieren einen kleinen Waldfriedhof. Gleich daneben erinnert uns eine Gedenkstätte an die dunkle Zeit Deutschlands. Das ❹ **Lager Lilienstein** befand sich in den letzten Monaten des Zweiten Weltkriegs nicht weit von unserem Standort entfernt in dem Wald hinter der Gedenkstätte. Auf dem weiteren Weg geradeaus erhebt sich deutlich vor uns sichtbar die steile Nordflanke des Liliensteins. Dort wollen wir hinauf.

Die Gamrig-Höhle ist nicht besonders groß.

Um auf den Lilienstein hinaufzuwandern, gehen wir geradeaus in den Wald und biegen an einer Kreuzung rechts ab. Hier haben wir die Möglichkeit, den Nordaufstieg über Leitern und Treppen zu absolvieren. Alternativ können wir auch am Fuß des Tafelbergs entweder auf der Nord- oder auf der Südseite einmal um den Lilienstein herumwandern. Dann kommen wir automatisch zum Südaufstieg, der uns ebenfalls mittels Leitern nach oben auf das ❺ **Plateau** bringt. Technisch herausfordernd ist der Aufstieg zwar nicht, jedoch sind es etliche Stufen, bis wir oben angekommen sind und die herrliche Aussicht vom Tafelberg genießen können. Mehrere Aussichtspunkte ermöglichen uns tolle Blicke auf das unter uns verlaufende Band der Elbe. In der Ferne erheben sich weitere Tafelberge und ganz nah, gleich gegenüber am anderen Elbufer, erhebt sich die Festung Königstein. Ein wunderbarer Panoramablick in der Sächsischen Schweiz, den man nicht verpassen sollte.

Manche Landschaften und Straßen sind wie gemalt.

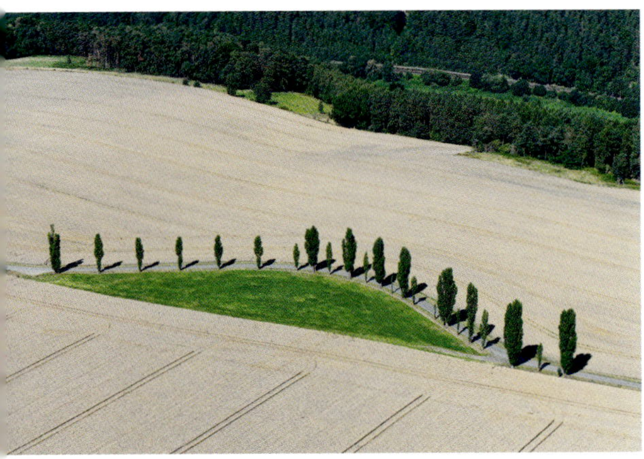

Um den gesamten Lilienstein genießen zu können, entscheiden wir uns beim Abstieg für den anderen Weg. Kamen wir also auf dem Nordaufstieg zum Gipfel, nehmen wir den Südabstieg wieder runter und umgekehrt. In beiden Fällen halten wir uns ostwärts, um wieder zu der Kreuzung im Wald zu gelangen, an der wir den Aufstieg begonnen haben. Zunächst wandern wir noch oberhalb des Elbtals, doch der Ringweg führt uns durch den Wald hinab bis zu den Häusern von Prossen. Hier halten wir uns links und folgen dem Gründelweg durch ein Tal und aus dem Ort wieder hinaus. In dem Tal wandern wir ganz sanft durch eine schöne Grünlandschaft bergauf und erreichen mit Waltersdorf den nächsten Ort. Hier müssen wir ein wenig aufpassen. Hinter der Sparkassenfiliale wenden wir uns halblinks auf den Neuen Weg und erreichen auf diesem wieder in nördlicher Richtung den Wald. Der schmale Waldweg bringt uns zur Landstraße zwischen Waltersdorf und Rathen und wir biegen links ab. Nach einem kurzen Stück entlang der Straße erkennen wir den Gamrig wieder und wandern auf dem Gamrigweg so zurück, wie wir gekommen sind. Nur kurz vor Schluss entscheiden wir erneut, ob wir die Spitzkehre durchqueren oder lieber noch einige E **Stufen** auf uns nehmen.

Lilienstein

Der Lilienstein gilt mit seiner markanten Form als das Symbol des Nationalparks Sächsische Schweiz. Er ist der einzige Tafelberg am rechten Ufer der Elbe. Auf seinem Gipfel befinden sich gleich zwei Obelisken. Der größere von ihnen erinnerte bei seiner Aufstellung im Jahr 1889 mit seinen 16 Metern Höhe an das damals 800-jährige Bestehen der sächsischen Wettiner. Der zweite ist mit 4 Metern Höhe deutlich kleiner. Er wurde anlässlich des Aufstiegs von August dem Starken im Jahr 1708 aufgestellt. Allerdings handelt es sich um eine Nachbildung, da das Original durch einen Blitzschlag zerstört wurde.

Die Aussicht vom Lilienstein ist einfach nur schön.

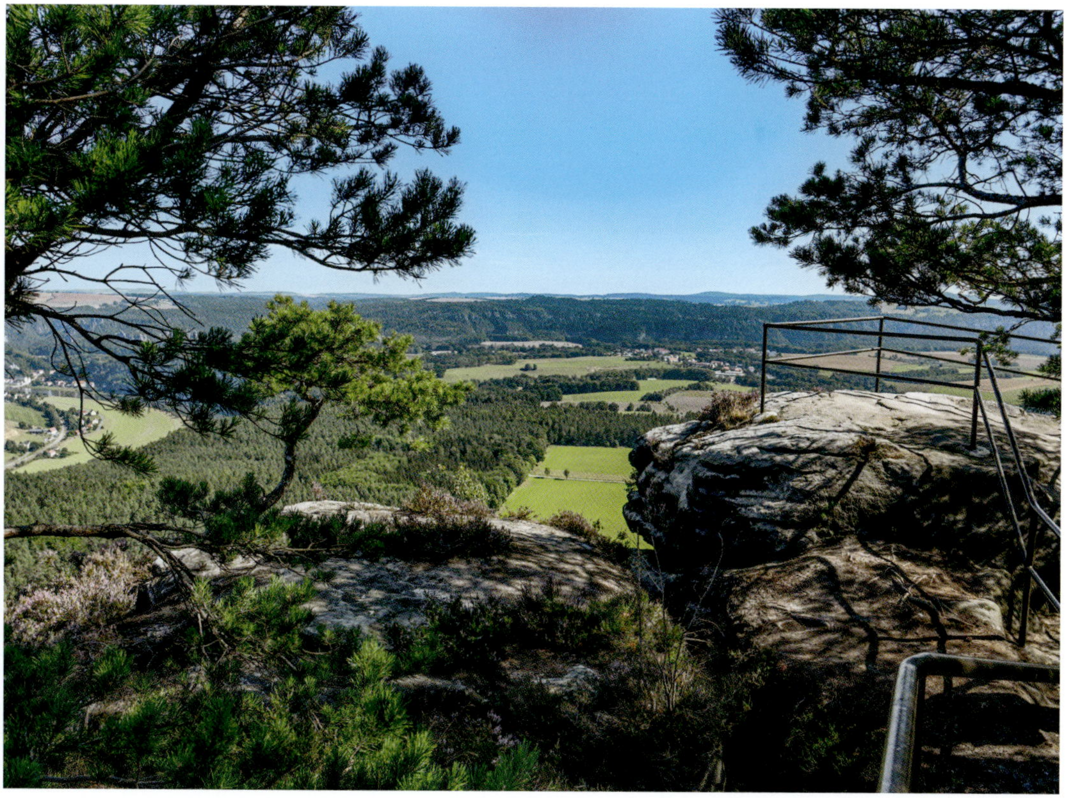

24

Kurzausflug zum Prebischtor

Eindrucksvoller Torbogen auf tschechischer Seite

Mittel | 3:30 Std. | 400 Hm | 7,3 km

Tourencharakter
Durch den steten Aufstieg eine eher mittelschwere Wanderung, wobei geübte Wanderer das nicht so sehen werden.

Ausgangs-/Endpunkt
Landstraße in Hřensko

Anfahrt
Mit der Buslinie 435 bis zur Haltestelle Pravčická brána oder mit dem Auto auf der B172 bis zur deutsch-tschechischen Grenze. Nach Grenzübertritt an der ersten Möglichkeit links, durch den Ort und bis zu den Parkplätzen

Gehzeiten
2:00 Stunden bis Prebischtor

Beste Jahreszeit
Ganzjährig

Einkehr
Gasthof Falkennest (Sokolí hnízdo), direkt am Prebischtor mit Terrasse; verschiedene Einkehrmöglichkeiten in Hřensko

Hinweis
Kleingeld für den Eintritt zum oberen Teil des Wanderwegs mitnehmen. Der Zugang zum Prebischtor ist kostenpflichtig.

Dass es nicht nur im deutschen Teil des Elbsandsteingebirges eindrucksvolle Felsformationen gibt, beweist spätestens diese Wanderung, die gleich hinter der deutsch-tschechischen Grenze verläuft. In der überwiegenden Waldwanderung geht es vom ersten Schritt an bergauf und das zuweilen auch kräftezehrend. Dafür wird man oben mit einer ganz besonderen Naturschönheit belohnt – dem Prebischtor.

Lebhaftes Treiben erwartet uns bei **A** **Hřensko**, dem kleinen, lang gestreckten Ort, der sich ab der Elbfähre nach Osten ausdehnt. Zahlreiche Souvenirläden, Übernachtungs- und Einkaufsmöglichkeiten dominieren das Tal. Für uns dient es als Ausgangspunkt und wir gehen auf dieser Wanderung die ersten Schritte zunächst entlang der Landstraße, die von Hřensko ostwärts verläuft. Bereits auf der Straße merken wir die Steigung, die uns bis zum Prebischtor begleiten wird. Rund eineinhalb Kilo-

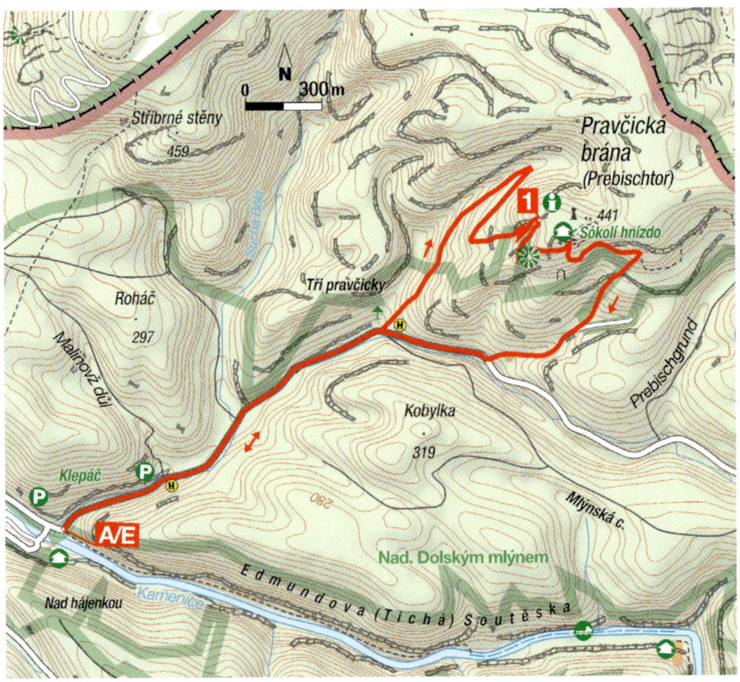

Prebischtor

Das Prebischtor im tschechischen Teil des Elbsandsteingebirges ist nicht nur irgendein Felsgebilde, sondern die größte aus Sandstein bestehende Felsbrücke in Europa. Es hat eine Spannweite von über 26 Metern und ist 16 Meter hoch. Bis zum Jahr 1982 war das Betreten des Bogens noch erlaubt, doch wegen der anhaltenden Erosion entfernte man die damals vorhandenen Stahltreppen, was dem Ausblick auf das Tor sicherlich zugutekommt.

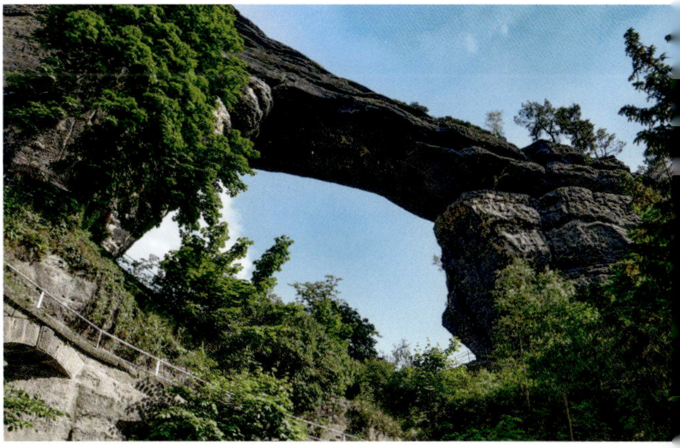

Das Prebischtor von unten

meter sind es, die wir zurücklegen, bis auf der linken Seite der Einstieg in den eigentlichen Wanderweg erscheint. Eine Informationstafel des hiesigen Nationalparks begrüßt uns sowohl auf Tschechisch als auch auf Deutsch, und wir erfahren, dass wir uns zugleich auf einem Lehrpfad befinden, der uns an zwölf Stellen über die lokale Flora und Fauna informiert. Darauf freuen wir uns. Damit es nicht einfach nur dröge aufbereitete Informationen sind, wird dieser Lehrpfad durch gezeichnete Figuren aufgelockert, die einen Nationalpark-Ranger und die Fürstin Elisalex von Clary-Aldringen darstellen. Das Fürstengeschlecht mit dem sonderbaren Namen stammte ursprünglich aus einer Ortschaft am Gardasee in Norditalien, galt aber schon ab dem 14. Jahrhundert als böhmisches Fürstengeschlecht. Elisalex lebte von 1923 bis 1990 und hatte adlige Vorfahren in weiten Teilen Europas. Wir gehen an der

Durch diese hohle Gasse geht es zum Prebischtor hinauf.

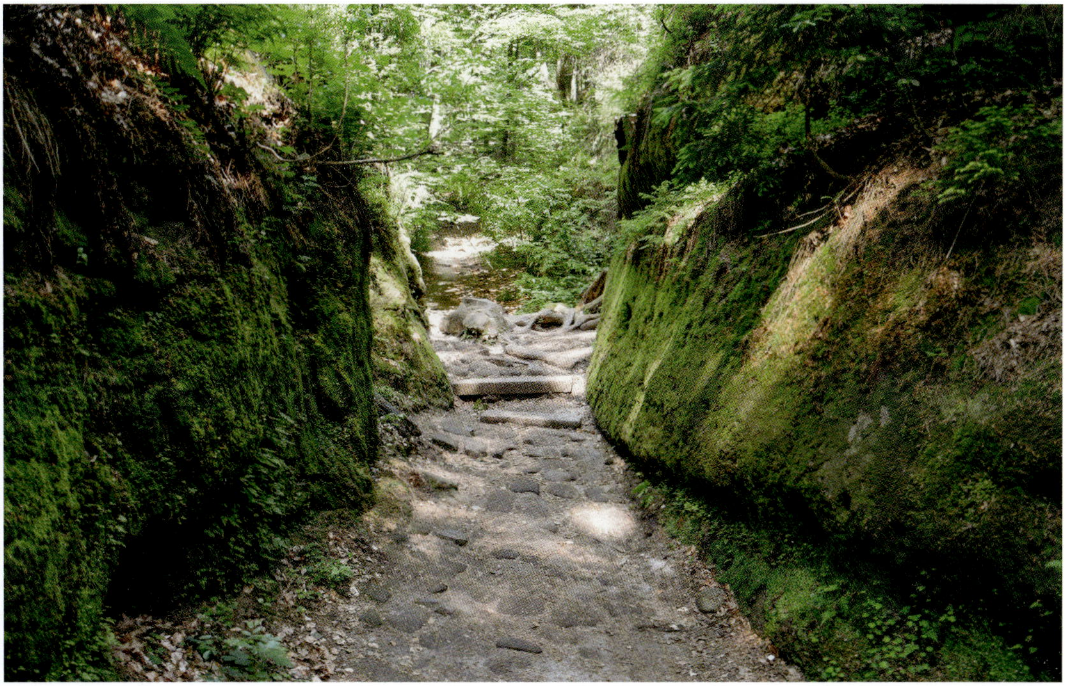

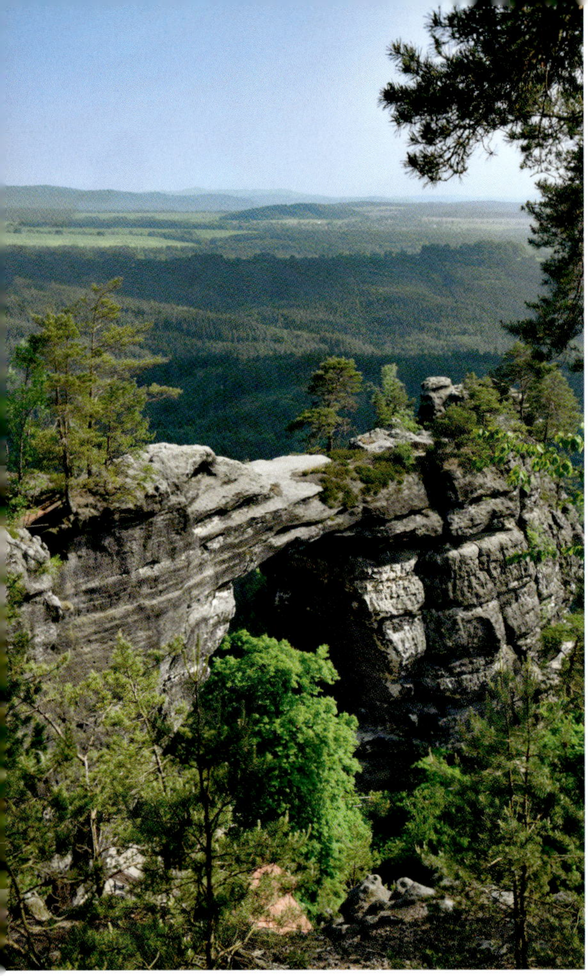

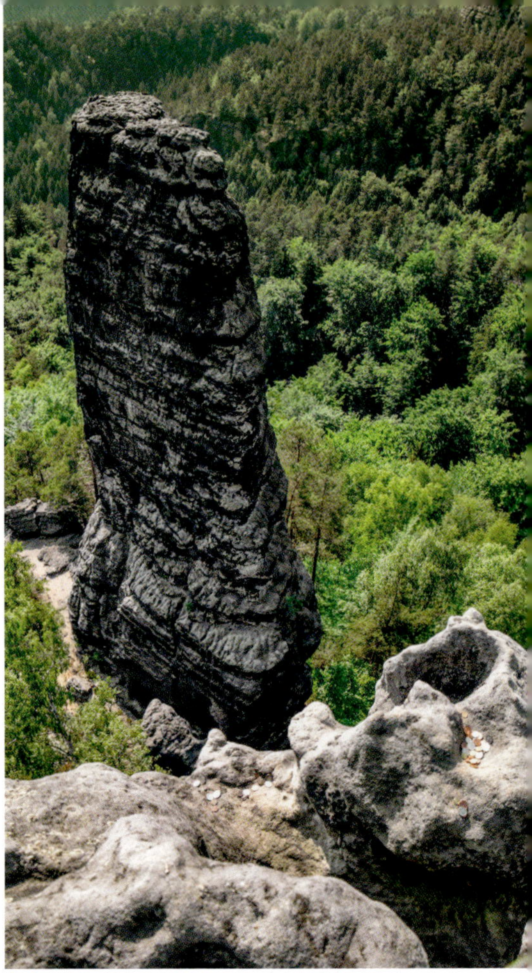

Infotafel vorbei und auf dem breiten Waldweg, der nun deutlich an Steigung erhält, weiterhin stets bergauf. Dabei wandern wir an weiteren Lehrtafeln vorbei und sehen rechts oberhalb, dass der Weg dort weiter in die Höhe steigt.

Die Wanderung zum Prebischtor zählt zu den Highlights in der Region und lockt zahlreiche Menschen in den Wald. Durch mehrere Serpentinen gehen wir nach oben und folgen dem sogenannten Gabrielensteig. Je weiter wir nach oben gelangen, umso öfter wandern wir auch an steil aufragenden Felswänden entlang, wie wir es von den anderen Wanderwegen in der Region gewohnt sind. Eine dieser Felswände umrunden wir zum Teil und staunen darüber, wie in so mancher Felslücke die Bäume Licht und Luft bekommen, um wachsen können. An einer Gabelung halten wir uns halblinks. Wenig später unterqueren wir eine Brücke, nur um nach einer knackigen Steigung auf ihr den Weg zu überqueren. Das Wahrzeichen des Nationalparks Böhmische Schweiz haben wir an dieser Stelle bereits zum ersten Mal gesichtet. Unübersehbar überspannt das 1 Prebischtor die Landschaft und eine erste schöne Gesamtansicht haben wir in der Kurve hinter der Brücke. Weiter kommen wir kostenlos jedoch nicht mehr, denn gleich dahinter wartet das Kassenhäuschen. Wir zahlen den geringen Eintritt und erhalten Zugang zu weiteren Aussichtspunk-

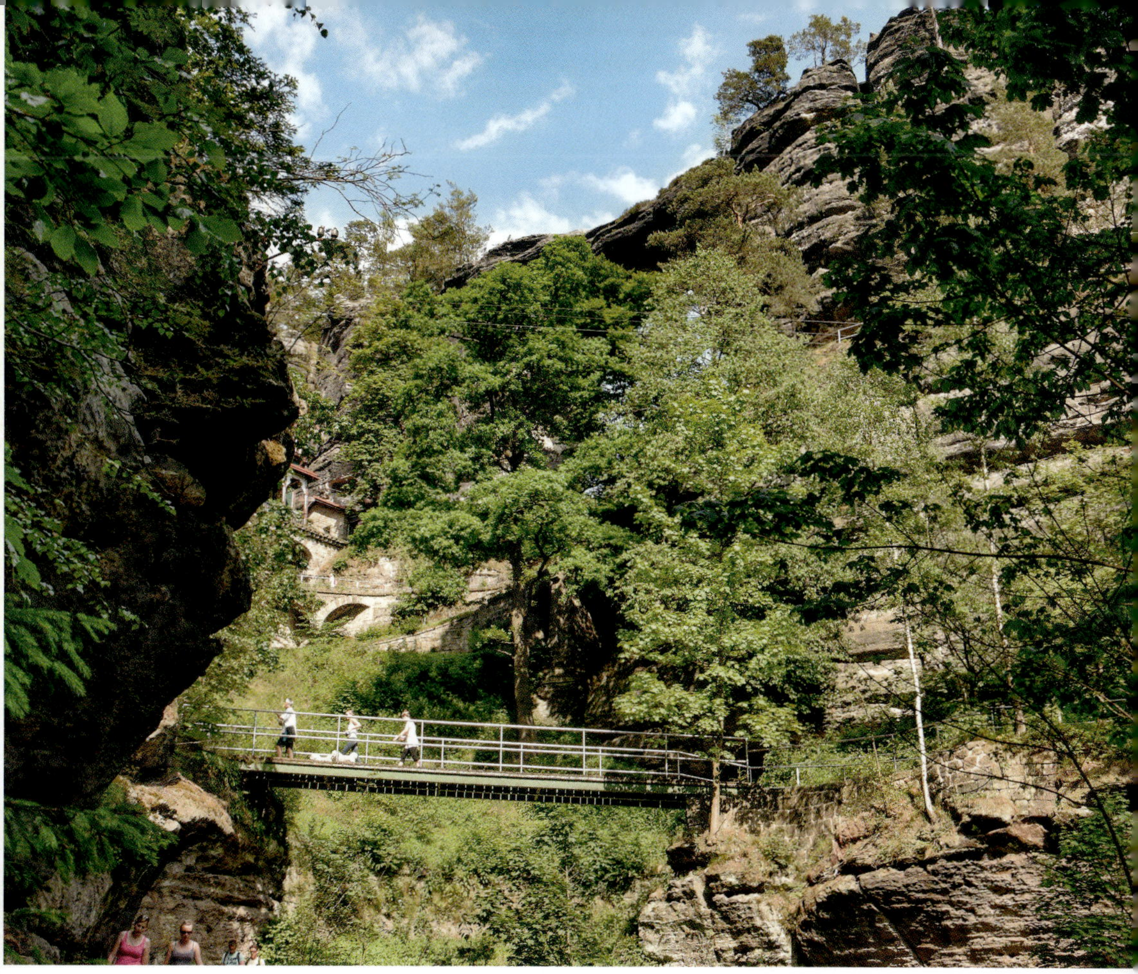

ten und können nach dem anstrengenden Aufstieg im Gasthaus einkehren. Das Prebischtor kann man mittlerweile nicht mehr besteigen, so wie es noch bis Anfang der 1980er-Jahre möglich war. Aber das ist auch besser so, andere wollen nach uns ja auch noch etwas davon haben. Und um das Prebischtor in seiner Schönheit fotografieren zu können, ist es ganz praktisch, dass keine Menschenmassen obendrauf stehen. Halten wir uns hinter dem Eingang links, so erreichen wir einen weiteren Aufstieg, der uns über zahlreiche Stufen zum Prebischkegel bringt. Von diesem Punkt hat man den wohl schönsten Blick auf das Prebischtor, das nun leicht unterhalb zu sehen ist und ein prachtvolles Bild vor den bewaldeten Hügeln des Nationalparks und der Böhmischen Schweiz abgibt. Die meisten Wanderer bzw. Ausflügler benutzen für den Rückweg gerne denselben Weg. Doch wir wollen unterhalb des Prebischtors auf dem Gabrielensteig bleiben und unsere Wanderung zu einer Rundtour ausweiten. Hierfür folgen wir dem Weg unterhalb der steilen Felswände entlang, biegen jedoch an der ersten Möglichkeit rechts ab und wandern nun steil bergab. Auch dieser Weg ist keine große Herausforderung und verläuft ausschließlich durch den Wald, ist aber ein wenig leerer als der eigentliche Aufstieg. Nach einiger Zeit des Abstiegs erreichen wir schließlich die Landstraße. Nun noch einmal nach rechts abbiegen, und wir folgen der Straße bis zum E **Parkplatz** zurück.

Links: Das Prebischtor vor der Kulisse der Böhmischen Schweiz

Mitte: Auch in Tschechien ragen die Felsen weit in die Höhe.

Rechts: Die letzten Höhenmeter bis zum Felsentor

25

Wanderung im Bielatal

Zwischen Kletterern am Herkulesfelsen

Leicht | 2:30 Std. | 250 Hm | 7,7 km

Tourencharakter
Leicht auf und ab führende Wanderung rund um das Bielatal, wo wir zahlreichen Kletterern bei ihrem Sport zuschauen können und selbst zwischen unzähligen Felstürmen hindurchwandern.

Ausgangs-/Endpunkt
Parkplatz im Bielagrund kurz vor der Ottomühle

Anfahrt
Mit dem Bus Nr. 245 nur bis Haltestelle Schweizermühle möglich. Von dort nur zu Fuß bis Ottomühle. Mit dem Auto die B172 bei Krietschwitz verlassen und in Richtung Bielatal fahren. Von dort weiter Richtung Rosenthal und vorher rechts zum Bielagrund

Gehzeiten
Bis Sachsenstein 1:00 Std. – Herkulesfelsen 1:45 Std.

Beste Jahreszeit
April–Oktober

Einkehr
Gaststätte Daxensteinbaude, Ottomühle 8, 01824 Rosenthal-Bielatal, Tel. 035033/715 33, www.rosenthal-bielatal.de; Gasthof Ottomühle, Ottomühle 9, 01824 Rosenthal-Bielatal, Tel. 035033/72 90 20, www.ottomuehle.de; Restaurant Zur Schweizermühle, Schweizermühle 3, 01824 Rosenthal-Bielatal, Tel. 035033/767 88

Auch das Bielatal verwöhnt uns mit dem Anblick von zahlreichen interessanten Felsnadeln. Viele von ihnen sind in fester Hand der Kletterer, doch manche können auch von uns Wanderern erklommen werden. Trittsicherheit und Schwindelfreiheit sind, wie so oft in der Sächsischen Schweiz, erforderlich, aber dafür gibt es dann wiederum tolle Ausblicke, dieses Mal etwas abseits des Elbtals.

Am lang gestreckten Ⓐ **Parkplatz** folgen wir der Straße zu Fuß weiter Richtung Süden, also in die ursprüngliche Fahrtrichtung. Es dauert nicht lange, bis vor der Ottomühle, zu der wir später gelangen, ein Abzweig erscheint, an dem wir scharf rechts abbiegen. Mit einer leichten Steigung führt er uns hinauf in den Wald. Auf dem Kerbensteig wandern wir geradeaus und gelangen ziemlich schnell zu einem weiteren Abzweig, der uns nach nur wenigen Metern zur ❶ **Johanniswacht** oberhalb des Parkplatzes bringt. Über mehrere Steigleitern erreichen wir den höchsten Ort dieses schönen Aussichtspunktes und können den Blick über das Bielatal hinweg zu den gegenüberliegenden Herkulessäulen genießen. Wieder einmal erleben wir wunderbare Felsformationen.

Nach dem Panoramablick gehen wir zum Abzweig zurück und folgen dem Wanderweg in die ursprüngliche Richtung weiter. Wieder sind es nur wenige Minuten, bis wir mit dem ❷ **Sachsenstein** einen weiteren, sehenswerten Felsen erreichen. Er ragt rund 24 Meter in die Höhe und ist ebenfalls über Leitern erreichbar. Empfehlenswert ist es hier jedoch, den Rucksack unten zu lassen. Weiter oben wird es zwischen den Felsen ziemlich eng und da ist der Rucksack eher hinderlich. Belohnt werden wir auch hier mit einer tollen Aussicht über das grüne Bielatal. Nach dem Besuch des Sachsensteins genießen wir unsere Waldwanderung weiter, auf der wir langsam wieder etwas an Höhe verlieren und automatisch zur ❸ **Pension Schweizermühle** gelangen. Diese haben wir zuvor bei der Anreise mit dem Pkw passiert. Doch bei unserer jetzigen, gemütlichen Wanderung haben wir die Muße, auch einen Blick auf die benachbarte Waldkapelle zu werfen, die Ende des 19. Jahrhunderts erbaut wurde. Zwischen Kapelle und Restaurant halten wir uns rechts, überqueren die Straße und steigen auf der anderen Talseite wieder in die Höhe. Dabei durchqueren wir die Felsen des Rosengartens und genießen abermals die Aussicht auf die Schweizermühle. Im stets leichten Auf und Ab geht es weiter durch den Wald des Bielatals und aus scheinbar allen möglichen Richtungen hören wir die Geräusche von Kletterausrüstungen und die Rufe der Kletterer.

Nach einer weiteren Straßenüberquerung folgen interessante Felsgebilde mit Namen wie Vorderer Bielaturm, Hinterer Bielaturm und Schweizermühlenturm. Alle diese Felsen lassen wir hinter uns und gelangen wenig später zu den Herkulesfelsen, wo wir direkt zwischen steil aufragenden Felstürmen hindurchwandern, die ein oder andere Steigleiter nutzen können und dabei aus nächster Nähe zuschauen, wie zahlreiche Kletterer sich an den steilen Wänden versuchen. Felsen bestimmen ohnehin die Landschaft im Tal, das daher besonders bei Kletterern äußerst beliebt ist. Über 200 markante Sandsteinfelsen lassen sich hier erobern. Zu den bekanntesten Kletterfelsen im Bielatal gehören die ❹ **Herkulessäulen**. Dabei handelt es sich um zwei filigran wirkende Felsnadeln, die als Wahrzeichen des Tales gelten. Sie sind beide in etwa 20 Meter hoch und verjüngen sich nach unten hin, was dem Felsen ein markantes Erscheinungsbild gibt. Die etwas Größere der beiden Säulen wurde erstmals 1904 erklommen, die Erstbesteigung der anderen Nadel erfolgte im Jahr 1923.

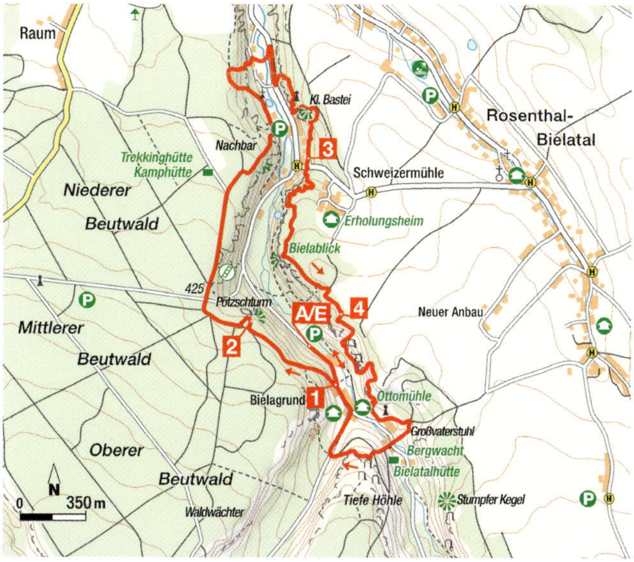

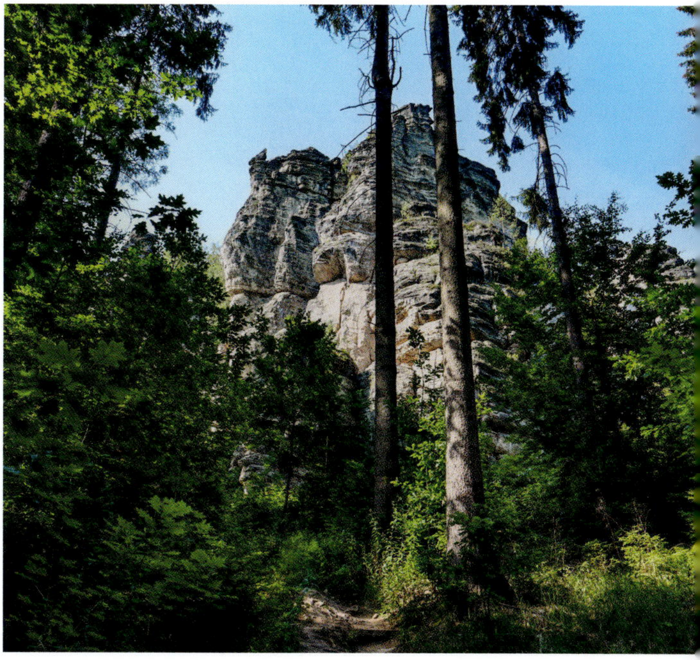

Zahlreiche Felstürme, Wände und kleinere Höhlen begleiten unseren Weg und haben in der Regel alle einen Namen, deren Auflistung an dieser Stelle jedoch den Platz sprengen würde. Auf dem oftmals kurvigen Wanderweg erkennen wir rechts unter uns die Ottomühle, die wir zunächst im weiten Bogen umrunden. Dabei verlieren wir an Höhe und nähern uns ihr an. Der Ⓔ **Gasthof Ottomühle** bietet sich für eine abschließende Einkehr gut an, da wir gleich hinter dem Ort wieder unseren Ausgangspunkt erreichen und daher bei einer zünftigen Speise noch einmal die Wanderung zwischen den zahlreichen Felsformationen Revue passieren lassen können.

Geeignete Felsen zum Bewundern und Erklettern im Bielatal

26

Der Malerweg – Etappe 1

Von Liebethal nach Wehlen

Leicht 4:30 Std. 220 Hm 11,8 km

Tourencharakter
Leichte Wanderung durch zwei malerische Täler, die einem besonders in der Hitze des Sommers angenehme Kühlung verschaffen. Technisch ist die Wanderung keine Herausforderung.

Ausgangs-/Endpunkt
Sackgasse Liebethaler Grund in Pirna; Etappenziel: Wehlen

Anfahrt
Mit dem Bus ab Pirna bis zur Haltestelle Liebethaler Grund. Mit dem Auto über die Straße Altjessen vom Stadtzentrum in Pirna bis zum Liebethaler Grund

Gehzeiten
2:00 Std. bis Uttewalder Grund

Beste Jahreszeit
Ganzjährig

Einkehr
Gasthaus Waldidylle, Grundstraße 2, 01847 Lohmen, Tel. 035024/ 798 46, www.waldidylle-online.de; weitere Einkehrmöglichkeiten in Stadt Wehlen

Der Malerweg ist der Klassiker unter den Wanderwegen in der Region. In acht Etappen lernen wir den Rundwanderweg durch die Sächsische Schweiz kennen und beginnen mit der Wanderung durch den Uttewalder Grund. Kurz zuvor lernen wir den Begriff Konfluenzpunkt kennen.

Auf dem ersten Abschnitt des Malerwegs starten wir im Norden der Stadt Ⓐ **Pirna** und wandern auf einfachen und schönen Wegen zur Elbe in Stadt Wehlen. Um eine komplette Malerweg-Rundwanderung zu absolvieren, kann man die etwas weniger als 12 Kilometer dieser Etappe noch ein wenig ausweiten. Dann starten wir nämlich direkt an der Stadtbrücke von Pirna und legen auch die knapp 4 Kilometer zum eigentlichen Ausgangspunkt im ❶ **Liebethaler Grund** zu Fuß zurück. Aber das ist nur etwas für jemanden, der innerstädtische Spaziergänge mag. Daher beschreiben wir hier den Weg ab dem eigentlichen Ausgangspunkt des Malerwegs und gehen im Liebethaler Grund bis zum Ende der Sackgasse, wo wir direkt in einen Wald eintauchen.

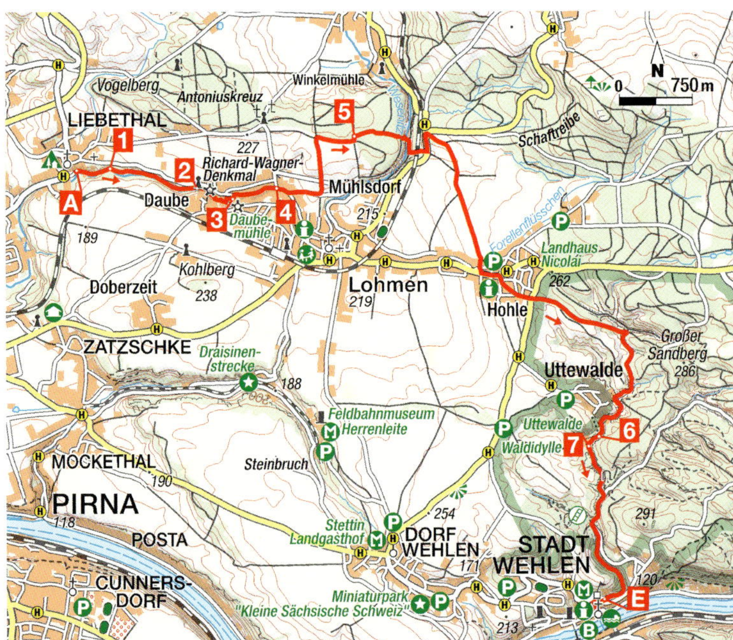

Im Wald wandern wir auf einem schmalen Pfad am nördlichen Ufer des kleinen Flusses Wesenitz entlang. Besonders bei hochsommerlichen Temperaturen genießen wir die erfrischende Kühle, die von diesem kleinen Tal ausgeht. Nach einem angenehmen Einstieg in den Malerweg erreichen wir schon nach kurzer Zeit das ❷ **Richard-Wagner-Denkmal**. Es zeigt sowohl den Komponisten als auch fünf weitere Figuren. Diese symbolisieren die fünf Elemente der Musik, die vom Sphärischen über die Lyrik und die Dramatik bis zum Dionysischen und dem Dämonischen reichen. Kurz hinter dem Richard-Wagner-Denkmal blicken wir auf die alte ❸ **Lochmühle**. Gleich dahinter biegen wir nach rechts ab und überqueren die Wesenitz.

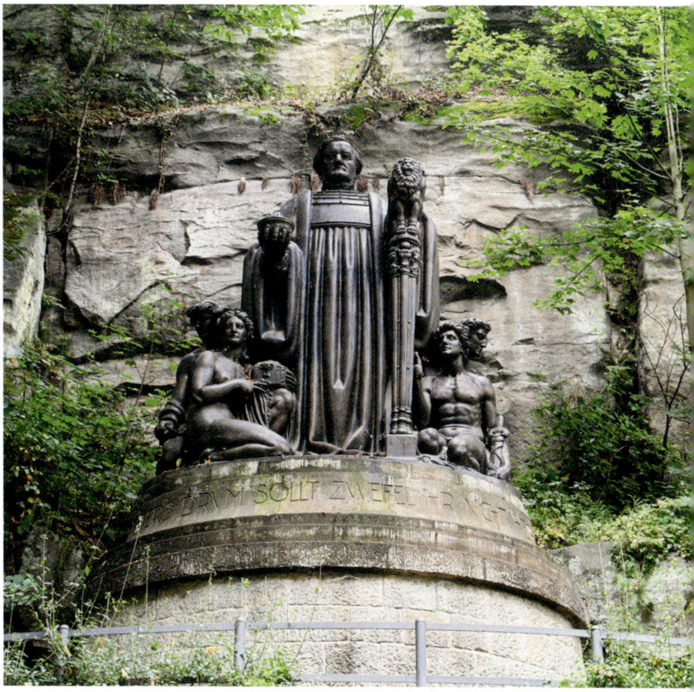

Wagner-Denkmal im Liebethaler Grund

Wir bleiben dem Wasserlauf treu und erreichen nach wenigen Schritten mit der Daubemühle das nächste Gebäude. Auch hier überqueren wir die Wesenitz und sind damit wieder auf dem ursprünglichen Ufer unterwegs. Gleichzeitig gelangen wir leicht bergauf in eine Wohnsiedlung von Lohmen, in der wir der Richard-

Malerisches Tal im Liebethaler Grund

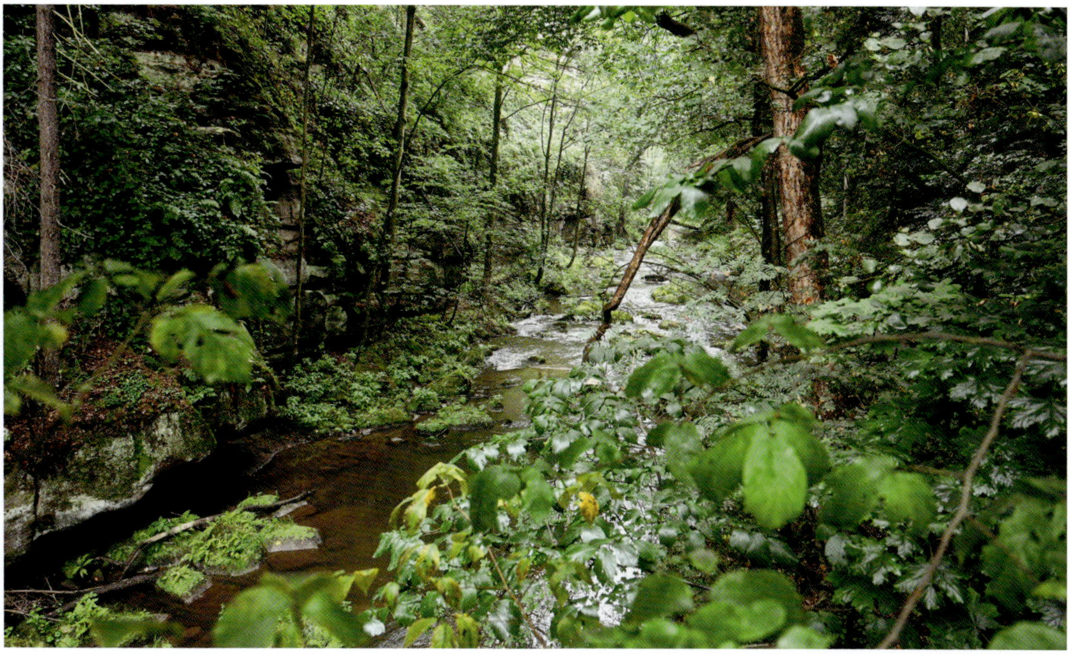

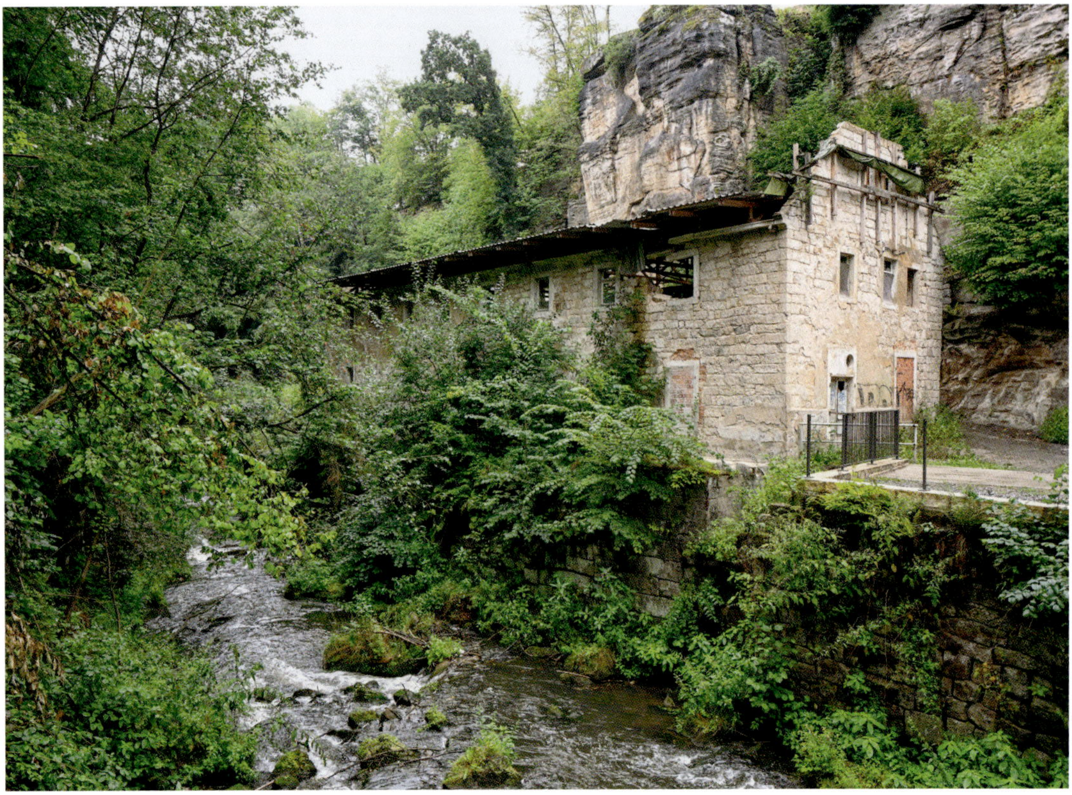

Eine der ehemaligen Mühlen am Ufer der Wesenitz

Wagner-Straße nach rechts folgen. Wenn wir wollten, könnten wir auf der Straße bis in das nahe gelegene Zentrum von Lohmen laufen, um bis zum ❹ **Schloss** der Stadt zu gelangen. Doch der Malerweg zweigt in einer Rechtskurve nach links ab. Auf einem Weg zwischen weiten Feldern gelangen wir zu einer Kreuzung, an der wir erneut nach links abbiegen und uns vor dem Waldrand wiederum nach rechts wenden. Es dauert nicht lange, bis wir auf der linken Seite eine Skulptur sehen, die auf den ❺ **Konfluenzpunkt** aufmerksam macht. Dabei handelt es sich um den Schnittpunkt zwischen dem 51. nördlichen Breitengrad und dem 14. östlichen Längengrad. Gleich hinter der Skulptur gehen wir nach links in den Wald und sofort wieder nach rechts. Dort rechts am Wegesrand erblicken wir im Unterholz einen kleinen Vermessungspunkt, der genau diese geografischen Angaben bestätigt. Nach diesem Ausflug in die Welt der Erdvermessung gelangen wir wenig später zu einem Abstieg, der uns erneut die Wesenitz überqueren lässt. An ihrem Ufer wenden wir uns zwar zunächst nach rechts, nutzen aber direkt die erste Möglichkeit nach links und passieren eine Bahnstrecke. Hinter dieser gelangen wir halblinks zu einer Landstraße, überqueren diese nach rechts und wandern zwischen den weiten Feldern wieder nach Lohmen.

Entlang der Schmiedegasse gehen wir zur Basteistraße, orientieren uns nach links und biegen an der Friedenslinde halbrechts auf die Uttewalder Straße ab. Der Name verrät uns schon unser nächstes Zwischenziel. Denn die Uttewalder Straße

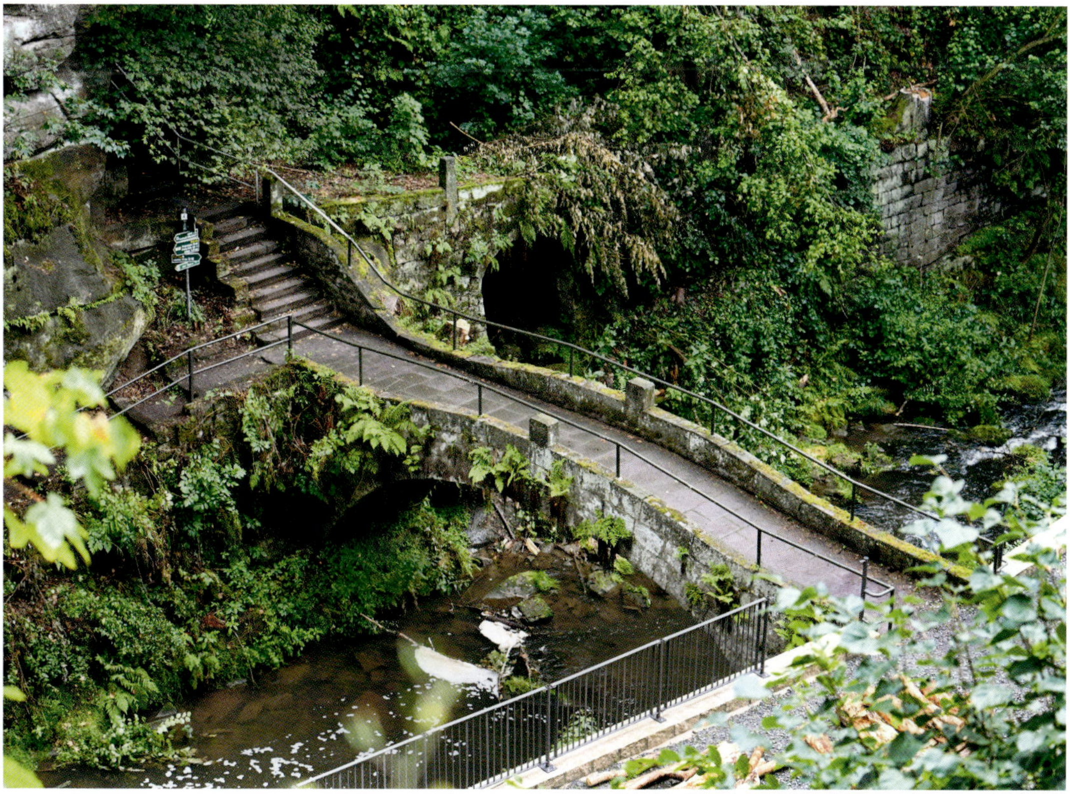

Der Malerweg führt auf Etappe 1 durch den Liebethaler Grund.

hat nicht nur den schönen Effekt, dass sie uns aus der Siedlung hinausbringt, sondern auch geradewegs zu einem Wald, an dessen Rand entlang wir kurz darauf den Uttewalder Grund erreichen. Hier biegen wir rechts ab und wandern durch den wohl schönsten Abschnitt der ersten Etappe des Malerwegs. Einen Teil der Strecke kennen wir zwar schon von der Tour Nummer 6, aber im Uttewalder Grund kann man gar nicht oft genug sein. Unterwegs in dem kühlen und teilweise auch dunklen Tal passieren wir das ❻ **Uttewalder Felsentor**, wo wir kurz den Kopf einziehen müssen und uns an dem Anblick des Felsen erfreuen können. Abermals sind wir in einem kühlen Tal unterwegs, das von moosbewachsenen Felsen umgeben ist. Das ❼ **Gasthaus Waldidylle** offenbart sich als willkommene Einkehrmöglichkeit und untertreibt mit seinem Namen nicht. Nach einer kurzen Pause im Gasthaus wandern wir weiter durch das Grundbachtal und haben dort noch die Möglichkeit, nach rechts einen kleinen Abstecher mit Extrarunde durch den Teufelsgrund zu machen. Anschließend erreichen wir durch das Grundbachtal von ganz alleine die Ⓔ **Stadt Wehlen**, wo wir noch einen Blick auf das Schloss werfen und unsere erste Etappe auf dem Malerweg am Elbufer beenden können.

Konfluenzpunkt

Wer mit seinem GPS-Gerät die Wandertour verfolgt, kann sich am Konfluenzpunkt die Koordinaten des Standortes ganz leicht merken. Sie haben nämlich keine Nachkommastellen. An Konfluenzpunkten schneiden sich immer die ganzzahligen Längen- und Breitengrade. Auf der gesamten Fläche der Bundesrepublik existieren 44 solcher Punkte. Bis auf einen einzigen, der sich in einem Garagenhof befindet, liegen alle anderen entweder im Wald oder auf Äckern.

27

Der Malerweg – Etappe 2

Von Wehlen nach Hohnstein

Schwer 5:00 Std. 500 Hm 11,2 km

Tourencharakter
Waldreiche Wanderung mit einigen deutlichen Steigungen, die zum Wahrzeichen der Sächsischen Schweiz führen, wo man daher keine Einsamkeit erwarten sollte. Hinter dem Amseltal wird es dann wieder ruhiger.

Ausgangs-/Endpunkt
Elbufer in Stadt Wehlen; Etappenziel: Hohnstein

Anfahrt
Mit der Regionalbahn bis Stadt Wehlen und mit der Elbefähre zum Ausgangspunkt. Mit dem Auto über die Kreisstraße von Pirna über Dorf Wehlen nach Stadt Wehlen

Gehzeiten
Bis Steinerner Tisch 1:00 Std. – Bastei 1:30 Std. – Amselsee 2:30 Std. – Hockstein 4:00 Std.

Beste Jahreszeit
Ganzjährig

Einkehr
Panoramarestaurant Bastei, Basteistraße, 01847 Lohmen, Tel. 035024/77 90, www.berghotel-bastei.de; Forellenräucherei Leuschke, Amselgrund 6, 01824 Rathen, Tel. 0172/359 14 16; Hocksteinschänke, Am Hockstein 1, 01848 Hohnstein, Tel. 035975/813 42, www.hocksteinschaenke.de; Gaststätte Polenztal, Polenztal 2, 01848 Hohnstein, Tel. 035975/808 26, www.polenztal.de; außerdem verschiedene Einkehrmöglichkeiten in Stadt Wehlen und Hohnstein

Mit der zweiten Etappe des Malerwegs besuchen wir sowohl einen der Klassiker im Elbsandsteingebirge als auch wunderschöne Täler. Nach dem Aufstieg an der Elbe stürzen wir uns in das Gewusel an der Bastei, wandern zum Amselgrund hinab mitsamt See und Wasserfall, bevor wir anschließend einen Blick in das Polenztal werfen – sowohl im Tal als auch kurz zuvor von den Felsformationen des Hocksteins aus.

Zu Beginn der zweiten Etappe des Malerwegs bleiben wir der **A Elbe** ein Stück lang treu und wandern an ihrem Ufer flussaufwärts auf der Mennickestraße durch Stadt Wehlen. Hinter dem Haus mit der Nummer 33 zweigt der Weg leicht halblinks ab und wir werden unsere erste Steigung auf diesem Abschnitt angehen, während wir in einen Wald hineinwandern. Auf dem Schanzenweg genießen wir dabei einige Male die Aussicht auf die Elbe, von der wir uns aber immer weiter entfernen. Technisch ist der Aufstieg keine große Herausforderung,

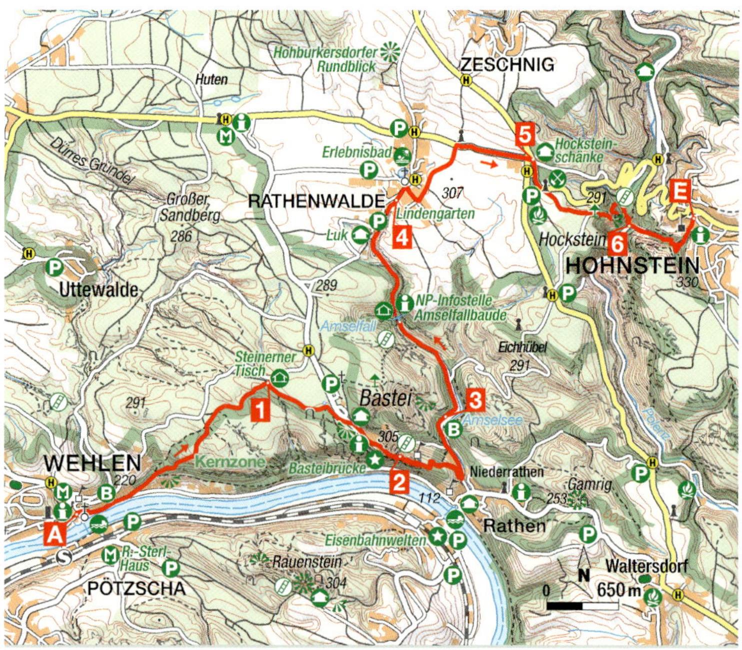

doch ein wenig anstrengend bleibt es, bis wir den höchsten Punkt am ❶ **Steinernen Tisch** erreichen. Dieser tatsächlich aus Stein bestehende Tisch und seine umliegenden Sitzbänke entstanden im frühen 18. Jahrhundert, bieten aber auch heute noch die Möglichkeit einer kurzen Pause nach dem anstrengenden Aufstieg. Wir kennen ihn schon aus Tour 17, als wir von der Bastei hier entlangwanderten. Das benachbarte Gasthaus ist bereits seit einigen Jahren nicht mehr geöffnet und es ist fraglich, ob sich hierfür wieder dauerhaft ein Pächter finden lässt.

Schloss Hohnstein

Die Burg diente im Lauf ihrer Geschichte zahlreichen Zwecken. So war in den Mauern ein Gefängnis untergebracht, aber auch das Verwaltungsamt der Region. Frühzeitig gehörte sie dem Deutschen Jugendherbergswerk an und zählte mit ihren 1000 Übernachtungsplätzen zu den größten Jugendherbergen Deutschlands. Durch ihre mächtigen Burgmauern galt die Jugendherberge auch als die schönste ihrer Art. Ein düsteres Kapitel schrieben die Nazis, als diese die Burg zu einem Schutzhaftlager umfunktionierten und weit über 5000 politische Gegner gefangen hielten. Während des Krieges diente Schloss Hohnstein als Kriegsgefangenenlager und im Anschluss als Schutz für Flüchtlinge und Vertriebene. Zu Zeiten der DDR war sie die größte Jugendherberge des Landes.

Das Basteigebiet wird unser nächstes Zwischenziel sein. Hierfür biegen wir nach rechts ab und merken bereits, dass die Wanderwege nun deutlich voller werden. Denn zu uns Wanderern gesellen sich zahlreiche Tagesausflügler vom nahe gelegenen Parkplatz, mit denen wir uns nun den Weg zur legendären Bastei teilen. Wir gehen am Hotel vorbei und schauen uns im ❷ **Basteigebiet** ausführlich um. Neben Einkehrmöglichkeiten und der Gelegenheit, ein Andenken von unserem Besuch zu erwerben, wollen wir natürlich die sehenswerte Anlage besichtigen. Außerdem lassen wir es uns nicht entgehen, die Aussicht von der Basteibrücke auf das Elbtal zu genießen. Nach der ausführlichen Erkundung gehen wir über

Blick von der Hocksteinaussicht ins Polenztal

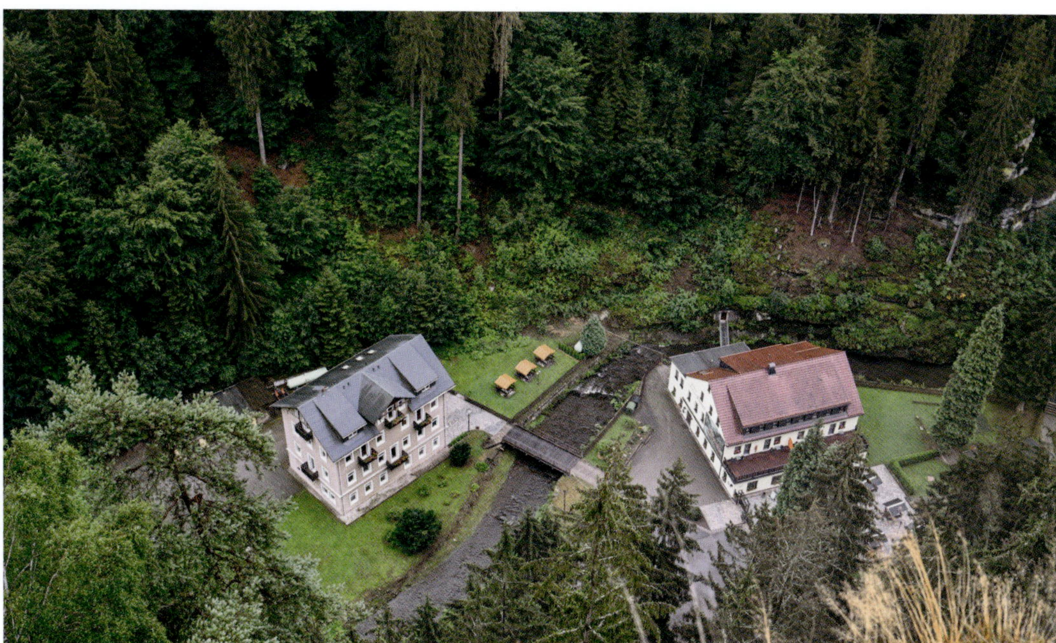

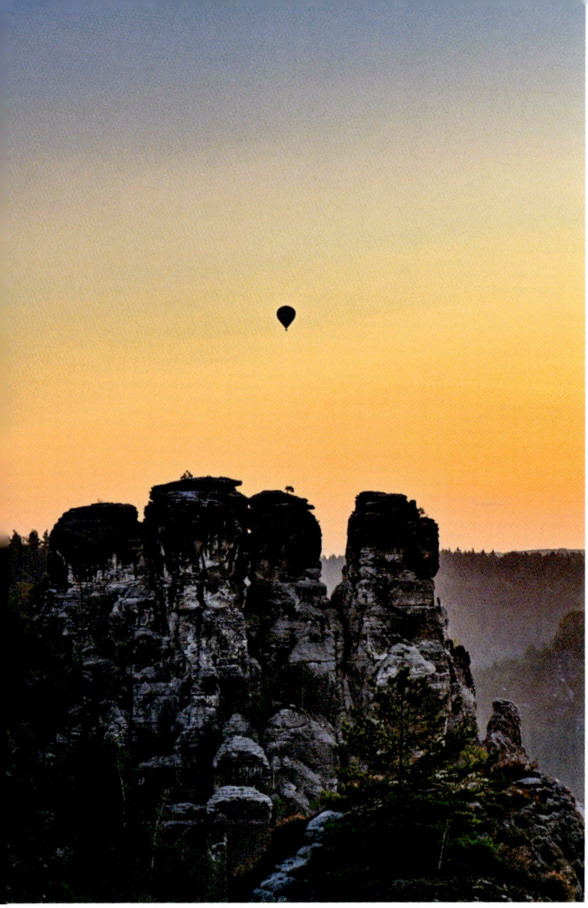

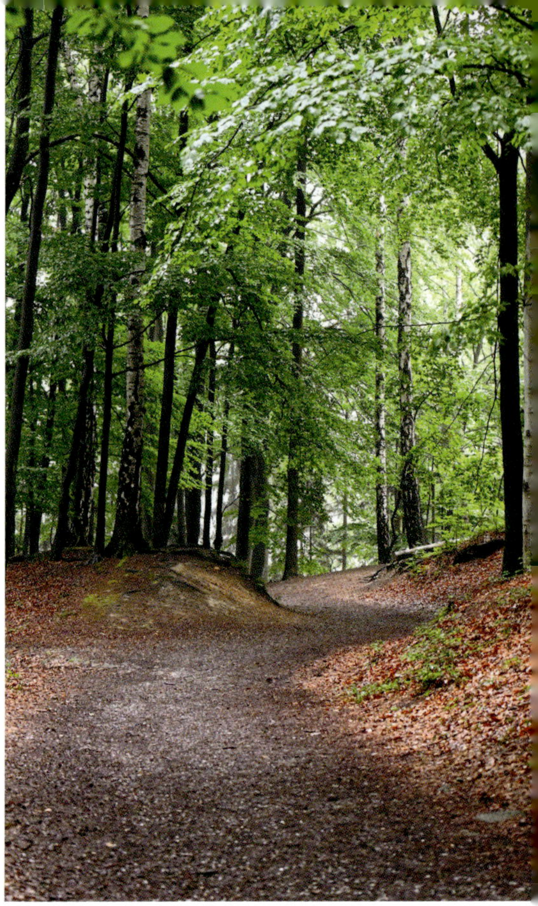

die Basteibrücke hinweg und folgen dem steil abwärts führenden Weg zum Amselgrund bis in die Stadt Rathen. Theoretisch wäre hier auch eine attraktive Abkürzung denkbar: Oben am Parkplatz der Bastei könnten wir durch die nicht minder spannenden Schwedenlöcher hinab zum Amselgrund gelangen. Dann würden wir jedoch den Amselsee verpassen und nicht den kompletten Malerweg erwandern. Daher bleiben wir in Richtung Rathen und halten uns – unten angekommen – links in Richtung ❸ **Amselsee**. Wir genießen die Tour durch das enge Tal und passieren nach kurzer Zeit das kleine malerische Gewässer. Wir bleiben geradeaus und erkennen nach einer Linkskurve eine kleine Brücke, über die wir zu den bereits angesprochenen Schwedenlöchern kämen. Hier würden wir bei besagter Abkürzung herauskommen.

Einen schönen Anblick der Natur bietet uns wenig später am Ende des Amselgrunds der Amselfall. Auch hier bleiben wir geradeaus und wandern durch das stets aufwärts führende Tal, bis wir dieses verlassen und uns in der kleinen Ortschaft ❹ **Rathewalde** wiederfinden. Den Ort durchqueren wir relativ flott. Dafür biegen wir gleich an der ersten Kreuzung rechts in die Teichstraße ein und wenden uns wenig später nach links, um dem Oberweg zu folgen. Hier sind wir bereits am Ortsrand von Rathewalde und lassen das Dorf hinter uns. Zwischen zwei Feldern gelangen wir zu einer kleinen Straße, biegen rechts ab und erreichen die etwas größere

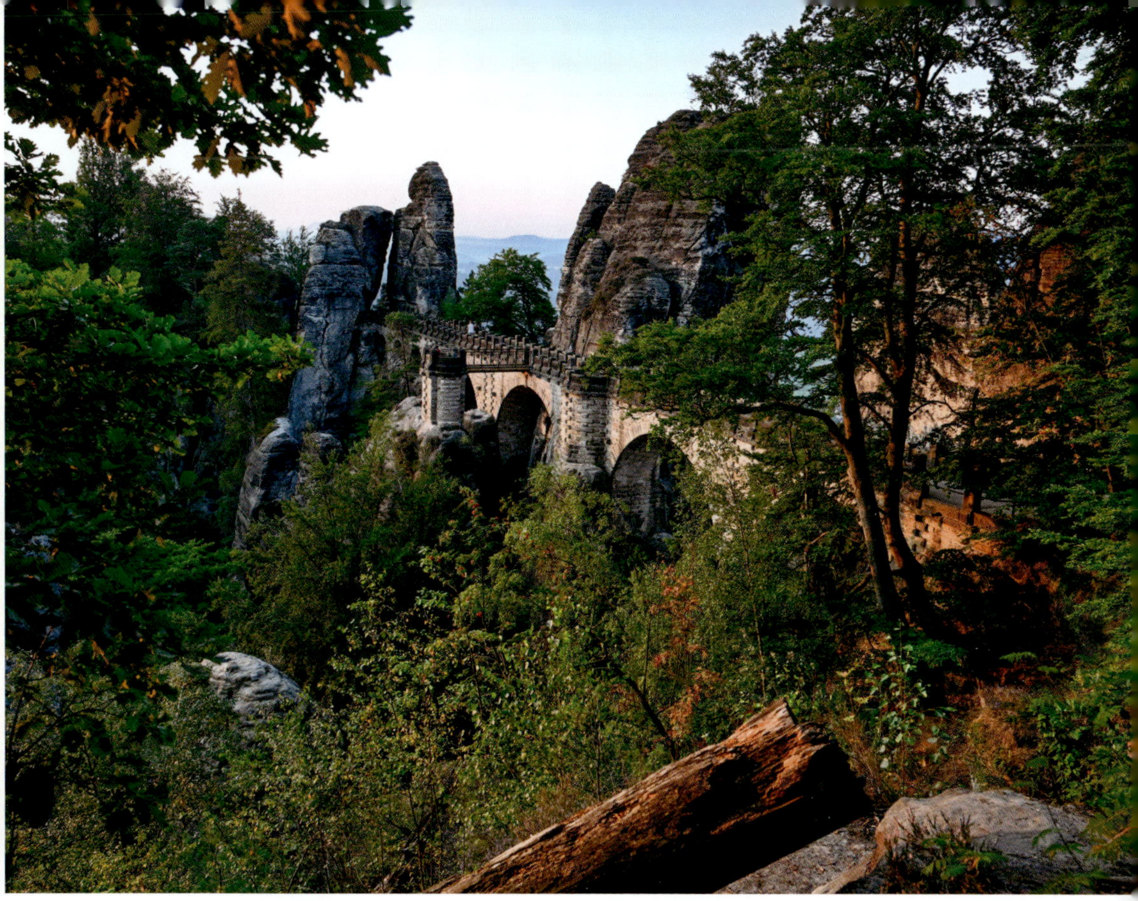

Landstraße. Auch vor dieser biegen wir nach rechts ab. Auf der anderen Straßenseite hätten wir allerdings als ideale Einkehrmöglichkeit die 5 **Hocksteinschänke** kurz vor Abschluss unserer zweiten Malerweg-Etappe. Die Landstraße verlassen wir in einer Linkskurve und zwar nach rechts in den Wald. Damit sind wir auf dem Hocksteinweg unterwegs und wandern bis zum Hockstein.

Links: Manchmal sind es einfach die richtigen Augenblicke.

Mitte:Gemütlicher Waldweg zur Hocksteinaussicht

Rechts: Die Bastei im morgendlichen Sonnenlicht

Der Hockstein ist deutlich weniger besucht ist als die Bastei, verschafft uns aber dennoch einen schönen Ausblick. Zwar ist es nicht die Elbe, die wir unter unseren Wanderschuhen sehen, sondern die Polenz, doch lohnenswert ist dieser Ausblick allemal. Für den Aufstieg muss man etwas Trittsicherheit und Schwindelfreiheit mitbringen, da es, wie so oft in der Region, über eine schmale Leiter durch die Felsen hinaufgeht. Von dem hervorstehenden Felsen erkennen wir auf der anderen Seite des Polenztals bereits unser Etappenziel, die Stadt Hohnstein mit ihrem Schloss. Um es zu erreichen, steigen wir zunächst vom Felsen hinab ins Polenztal, wo mit der gleichnamigen 6 **Gaststätte** erneut eine Einkehrmöglichkeit auf uns wartet. Wer der Wanderung durch das Polenztal in Route 15 bereits folgte, kennt das Gasthaus und auch den nun folgenden letzten Anstieg durch den Schindergraben. Unterhalb des Schlosses wandern wir entlang und steigen deutlich in die Höhe, um weiter oben nach links abzubiegen, wo uns das zweite Etappenziel in der E **Stadt Hohnstein** erwartet.

28

Der Malerweg – Etappe 3

Von Hohnstein nach Altendorf

Mittel | 4:00 Std. | 520 Hm | 14,6 km

Tourencharakter
Stufenreiche Wanderung, die überwiegend durch eine bewaldete Felslandschaft führt. Dabei passiert man die beliebte Brandaussicht, bevor man den Tiefen Grund mit über 1500 Stufen überwindet.

Ausgangs-/Endpunkt
Hohnsteiner Schloss; Etappenziel: Altendorf

Anfahrt
Mit den Bussen 235, 236 oder 237 bis zur Haltestelle Hohnstein Markt. Mit dem Auto ab Pirna über die Basteistraße und Hohnsteiner Straße bis Hohnstein

Gehzeiten
2:00 Std. bis Brandbaude

Beste Jahreszeit
April–Oktober

Einkehr
Brandbaude, Brandstraße 27, 01848 Hohnstein, Tel. 035975/844 25, www.brand-baude.de; Waitzdorfer Schänke, Zum Dorfgrund 1, 01848 Hohnstein, Tel. 035975/813 12, www.schaenke-waitzdorf.de; Gasthaus Heiterer Blick, Sebnitzer Straße 20, 01855 Sebnitz, Tel. 035022/427 14, www.gasthaus-heiterer-blick.de

Hinweis
Sehr viele Treppenstufen sind zu überwinden.

Rechte Seite oben: Die Brandstufen führen durch den Wald

Rechte Seite unten: Idylle in der Ortschaft Hohnstein

Malerische Ausblicke erwarten uns auch im dritten Abschnitt des Malerwegs. Nach dem Besuch der Gautschgrotte blicken wir immer wieder in das Polenztal hinab und genießen die Aussicht, etwa von der Brandbaude. Anschließend heißt es Treppen steigen, um auf der anderen Seite eines Nebentals in ruhiger Einsamkeit weitere Ausblicke über die Sächsische Schweiz zu erleben. Durch das Tal der Sebnitz endet die Etappe ziemlich entspannt.

Nach ausführlicher Besichtigung von **A** **Burg Hohnstein** und einem schönen Aufenthalt inklusive Übernachtung im Ort geht es in dieser dritten Etappe sogleich wieder von Hohnstein hinab in den Schindergraben. Jedoch nicht weit, denn wir biegen an der Bärengartenscheibe nach rechts ab. Auf dem bewaldeten Weg passieren wir nicht nur einige Felsen, sondern wandern auch ziemlich entspannt oberhalb des Polenztals. Der Beginn dieser Wanderung ist identisch mit einem Teil der Tour Nummer 15. Schon nach kurzer Zeit folgt in einer Rechtskurve ein klei-

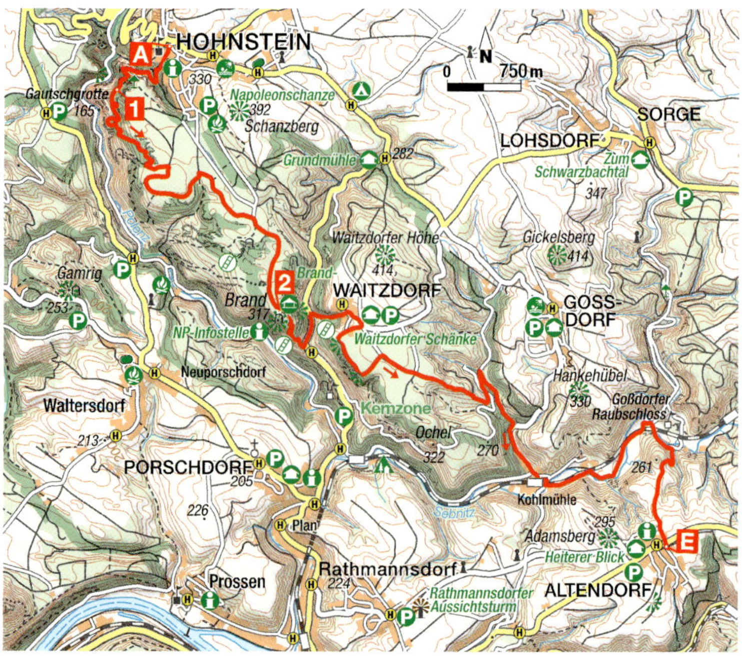

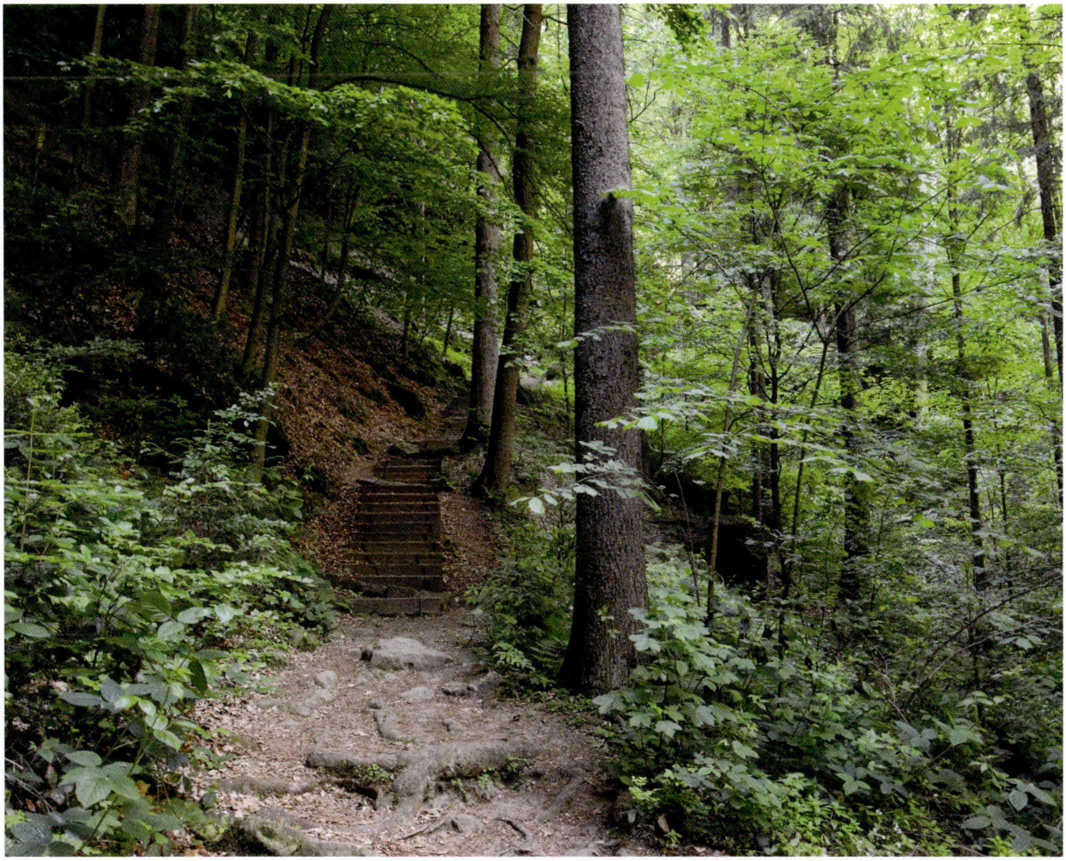

ner Abzweig, der uns zur sehenswerten ❶ **Gautschgrotte** bringt. Sie wird von 18 Meter hohen Felswänden gebildet, zwischen denen ein kleiner Bach entspringt. Prädikat: sehenswert, jedoch weniger eine Grotte als ein Felsüberhang. Nach dem Besuch der Gautschgrotte mit ihren moosbewachsenen Steinen gehen wir zurück zum Halbenweg, der sich durch den Wald windet, und folgen der Beschilderung des Malerwegs. Es folgen, besonders zu unserer Linken, weitere Felsformationen wie der Steinbruchturm oder die Steinbruchnadel. Auch eine weitere Höhle, die Diebshöhle, lockt mit einem ebenfalls kurzen Abstecher. An einer T-Kreuzung wird der Halbenweg vom Räumichtweg abgelöst, dem wir nach rechts folgen. In einem großen Bogen wandern wir weiter durch den Wald, bis wir

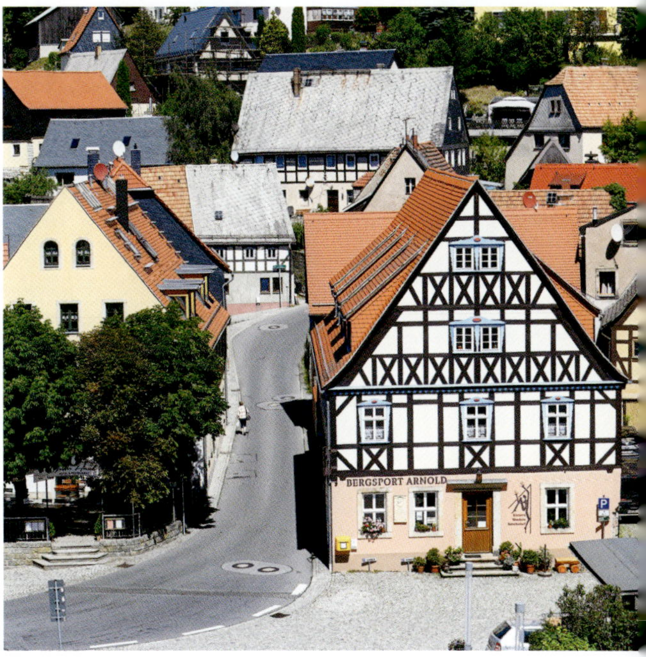

nach einiger Zeit nach rechts auf den Rundweg einkehren und dort schon nach wenigen Metern einen kleinen Tümpel passieren. Der nun nicht mehr ganz so kurvige Weg bringt uns weiter gen Süden und es dauert nicht lange, bis wir zum sehr beliebten und belebten ❷ **Aussichtspunkt Brand** gelangen.

Die Brandaussicht ist viel besucht und schon von jeher ein beliebter Punkt gewesen, um den Fernblick über die Tafelberge der Sächsischen Schweiz zu genießen.

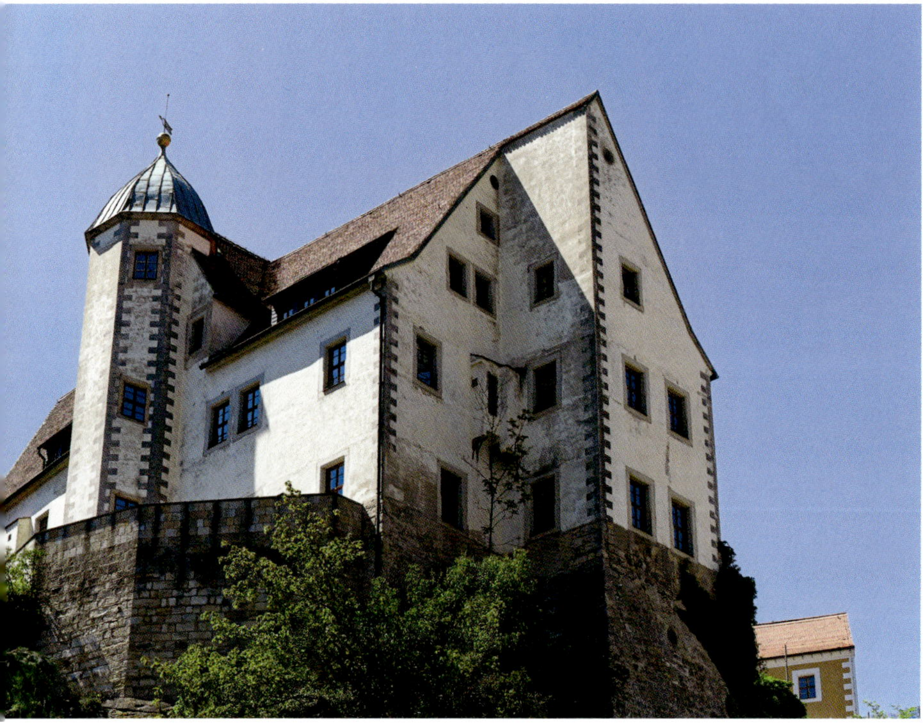

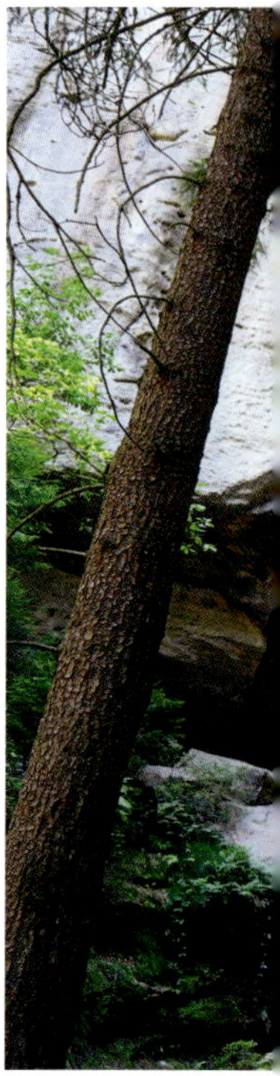

Links: Schloss Hohnstein

Mitte: Beeindruckend ist die Gautschgrotte

Rechts: Erinnerungen ans Mittelalter auf der Burg Hohnstein

Auf dem felsigen Balkon steht man rund 170 Meter über dem Tal der Polenz und kann in der Ferne die Schrammsteine, den Pfaffenstein, den Papststein und natürlich die Bastei erkennen. Kein Wunder also, dass es hier mit der Brandbaude eine attraktive Einkehrmöglichkeit gibt und ihre Geschichte bereits bis in das Jahr 1830 zurückreicht, als eine Frau die hier eintreffenden Besucher noch aus einer Felsspalte heraus bediente. Nach der willkommenen Einkehr in der Brandbaude und dem Genuss des Aussichtspunkts geht es schließlich steil bergab. Über 800 Stufen sind es, die uns zwischen hohen Felsen bis zum Tiefen Grund bringen. Tour 15 zweigt nun nach rechts ab in Richtung Polenztal. Wir wenden uns jedoch auf der Landstraße für ein kurzes Stück nach links und biegen schon an der ersten Möglichkeit wieder nach rechts ab. Nach den vielen Stufen, die uns hinabführten, geht es jetzt zahlreiche Stufen hinauf. Oben angekommen, haben wir den kleinen Ort Waitzdorf erreicht. An der Hauptstraße im Ort wenden wir uns nach rechts, um gleich darauf am Ende des Ortes und hinter dem letzten Wohnhaus nach rechts in den Wald zu verschwinden. Auch hier genießen wir hin und wieder Aussichten, die zu unserer

Rechten mit kleinen Abstechern auf die vorhandenen Felsnasen möglich sind. Unter uns befindet sich das enge Tal, das wir auf den Stufen von der Brandbaue aus erreicht hatten und das zum Polenztal verläuft. Die Aussichten an dieser Stelle sind nicht ganz so populär wie an anderen Orten in der Sächsischen Schweiz. Doch gerade das macht sie wiederum attraktiv, weil sie eben eher unbekannte Perspektiven ermöglichen und man sie oftmals allein genießen kann. Wenig später geht es im leichten Auf und Ab durch den Wald und wir folgen dabei natürlich weiterhin dem

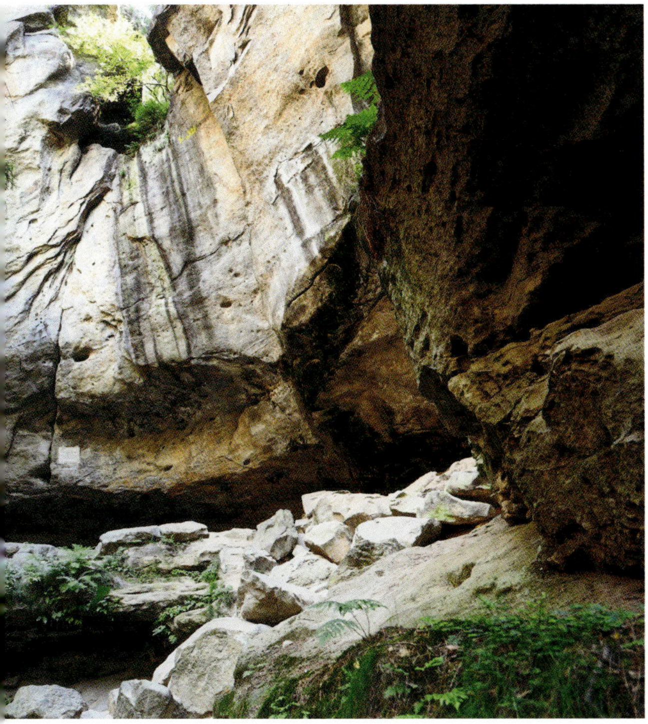

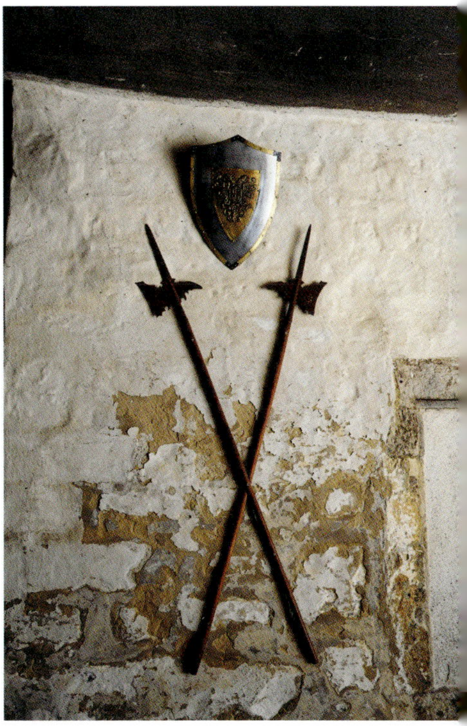

Malerweg. Der Kohlichtgraben, ein breiterer Waldweg, bringt uns sehr einfach in den kleinen Ort Gößdorf-Köhlmühle. Dieser befindet sich im Tal der schmalen Sebnitz, die wir gleich mehrfach überqueren.

Wir bleiben ein Stück im Sebnitz-Tal und werden an einem Abzweig auf das nahe gelegene Raubschloss hingewiesen. Die heutige Ruine entstand als Raubritterburg im 14. Jahrhundert und befindet sich auf einer Anhöhe auf der anderen Seite des Flusses, die über weitere Treppenstufen zu erreichen ist. Mit einem Abstecher über die Bahngleise hinweg können wir die Überreste besichtigen. Ohne Besuch der Burgruine bleiben wir geradeaus auf dem Malerweg, verlassen den Wald kurz darauf und wandern mit Blick auf unser Etappenziel zwischen landwirtschaftlichen Feldern nach E **Altendorf**.

Sebnitz

Die kleine tschechische Ortschaft Brtníky, bekannt als Ausgangspunkt für die Tour 20, ist auch Ausgangspunkt für den Fluss Sebnitz. Dort heißt das Gewässer jedoch Vilémovský potok. Nach ihrem überwiegend westlichen Verlauf erreicht die Sebnitz schon bald die Grenze zu Deutschland und durchquert dort die gleichnamige Stadt. Nach fast 31 Kilometern bildet sie zusammen mit dem Porschdorf den Lachsbach, der wiederum bei Wendischfähre in die Elbe mündet.

29

Der Malerweg – Etappe 4

Von Altendorf nach Neumannmühle

Schwer · 7:00 Std. · 670 Hm · 17,7 km

Tourencharakter
Dieser sehr schöne Abschnitt des Malerwegs führt uns gleich zu mehreren fantastischen Attraktionen im Herzen des Nationalparks. Nach Passieren des Kirnitzschtals gelangen wir zu den spektakulären Schrammsteinen, lernen die Affensteine kennen und besuchen am Ende der Etappe noch den legendären Kuhstall.

Ausgangs-/Endpunkt
Sebnitzer Straße in Altendorf; Etappenziel: Neumannmühle

Anfahrt
Mit der Buslinie 260 ab Sebnitz oder Bad Schandau bis Altendorf. Mit dem Auto von Bad Schandau über die Sebnitzer Straße bis Altendorf

Gehzeiten
Bis Kirnitzschtal 0:45 Std. – Schrammsteintor 1:30 Std. – Lichtenhainer Wasserfall 4:30 Std. – Kuhstall 5:30 Std.

Beste Jahreszeit
April–Oktober

Einkehr
Restaurant Lichtenhainer Wasserfall, 01855 Sebnitz, Kirnitzschtalstraße 11, Tel. 035971/537 33, www.lichtenhainer-wasserfall.de; Berggast-Bergwirtschaft Am Kuhstall, 01814 Bad Schandau, Kuhstall 1, Tel. 035971/520 44, www.berggast.de

Hinweis
Auf einigen Abschnitten sind Trittsicherheit und Schwindelfreiheit gefordert.

Natürlich geizt auch die vierte Etappe des Malerwegs nicht mit landschaftlichen Reizen. Ganz im Gegenteil. Mit den Schrammsteinen und Affensteinen bildet sie einen der reizvollsten Bereiche im Nationalpark Sächsische Schweiz. Das liegt nicht nur an den Aussichten von dort oben, sondern auch an den schroffen Felsen, die einem ein steter Begleiter auf der Wandertour sind.

Um diese Naturschönheiten zu erleben, starten wir den vierten Abschnitt des Malerwegs in **A Altendorf** und folgen zunächst der Straße zum Heerbusch. Gut, es ist zu Beginn ein wenig innerörtlich und nur schwer vorstellbar, welche prächtigen Felsen und Eindrücke uns unterwegs begegnen werden. Doch auf der Straße sind wir nur kurz, um den Ort zu verlassen. Es folgt ein kleines Waldgebiet und durch die Dorfbachklamm wandern wir zunächst einmal hinab bis zum Kirnitzschtal. Im Tal angekommen, wenden wir uns nach links und bleiben eine kurze Zeit auf dem Flößersteig parallel und etwas oberhalb zur Straße. Der Flößersteig

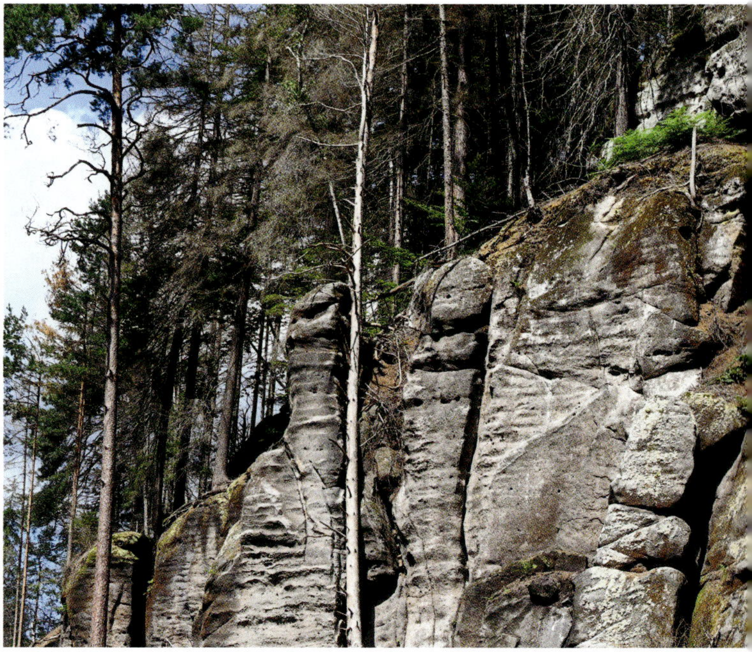

Steile Felsen im Nationalpark Sächsische Schweiz

bringt uns hinab und wenig später überqueren wir die Straße sowie die Gleise der Kirnitzschtalstraßenbahn und natürlich den Fluss selbst. Mit Blick auf den ❶ **Campingplatz Ostrauer Mühle** wandern wir gleich darauf wieder in einen Wald. Hier sind wir nun für einige Zeit auf derselben Strecke unterwegs wie bei Tour 3.

Hinter dem Campingplatz gewinnen wir deutlich an Höhe und erblicken immer wieder schroffe Felsen, die sich zwischen den Bäumen abzeichnen. Sie sind die Vorboten der Schrammsteine, denen wir uns auf dem Malerweg nähern. Unter anderem gelangen wir zum ❷ **Schrammsteintor**, das den eigentlichen Beginn der Wanderung durch die Schrammsteine markiert. Kurze Zeit später wagen wir uns an den Aufstieg über den ❸ **Wildschützensteig**, der uns zu den eigentlichen Aussichtspunkten der Schrammsteine hinaufbringt. Treppauf, treppab und durch zahlreiche Kurven geht es über die spektakulären Felsgebilde hinweg und wir sollten ausreichend Zeit mitbringen, um nicht nur die Aussicht zu genießen, sondern auch einige der interessanten Abzweige zu erforschen, die uns zu weiteren Aussichtspunkten bringen und die wiederum ständig neue Ausblicke und Ansichten ermöglichen.

Man mag sich gar nicht sattsehen, immer wieder kann man anhalten, die Ausblicke genießen oder sich einfach

Lichtenhainer Wasserfall

Der Lichtenhainer Wasserfall war einst ein nur schmaler, beinahe unbedeutender Wasserfall, der jedoch in der ersten Hälfte des 19. Jahrhunderts umgestaltet wurde, um den Tourismus anzukurbeln. Man staute das Wasser und ließ es durch ein hochziehbares Wehr regelmäßig viel imposanter den Hang hinab rauschen. Durch Verpachtung konnte sich der hiesige Betreiber der Einkehr so noch etwas Geld hinzuverdienen. Auch heute wird das Wasser, mittlerweile unter musikalischer Begleitung, auf einmal in die Tiefe abgelassen.

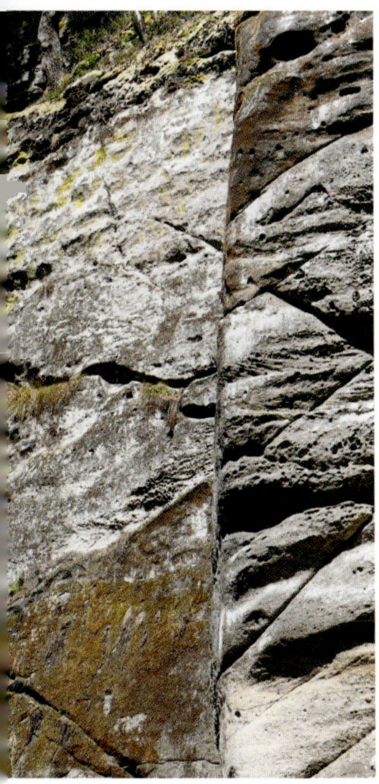

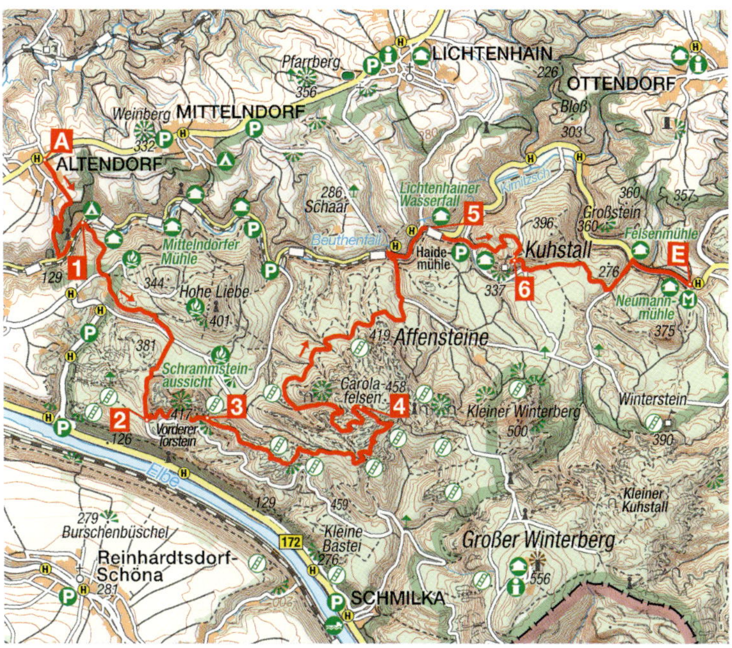

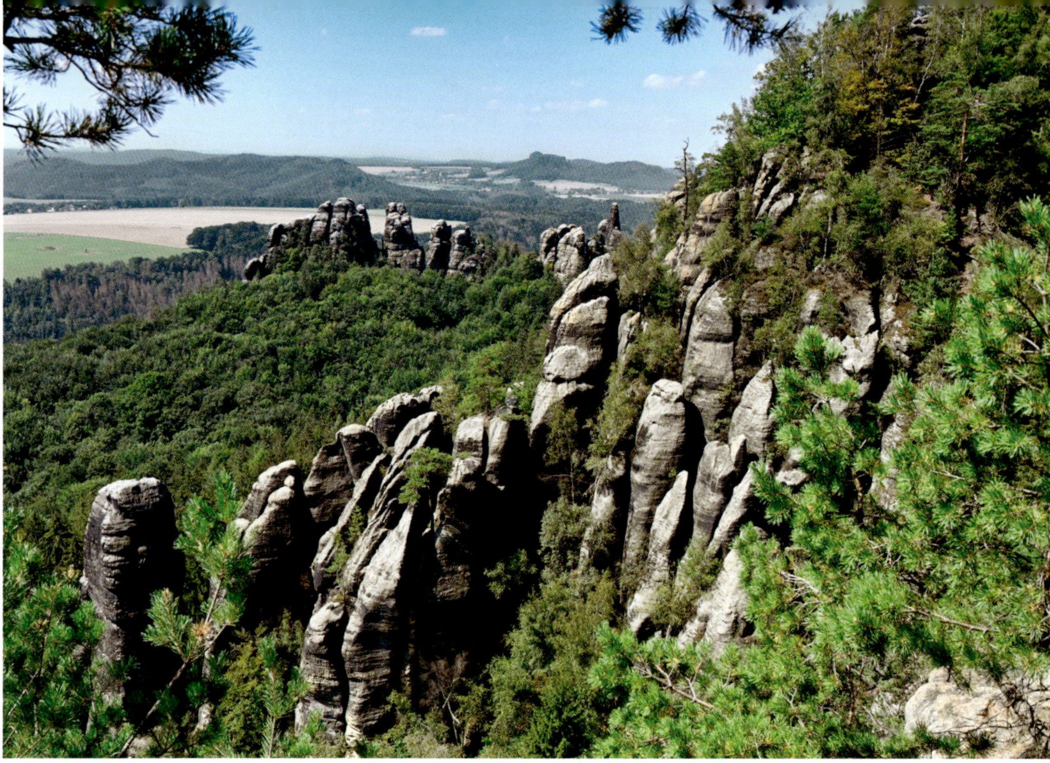

Einfach nur schön ist es an der Schrammsteinaussicht.

für eine kleine Brotzeit niederlassen. Weiter geht es auf dem Schrammsteinweg in Richtung Osten und man wähnt sich zurecht mitten im Herzen des Nationalparks Sächsische Schweiz. Nach den Schrammsteinen ist mit den schönen Aus- und Ansichten noch lange nicht Schluss, denn mit einem Zwischenstopp an der Breiten Kluft geht die Felslandschaft fast fließend in die Affensteine über, die sich ebenfalls als eine stark zerklüftete Felsgruppe präsentieren. Nicht nur, dass man hier auch wieder zahlreichen Kletterern begegnet, man hat hier auch die Gelegenheit, bei

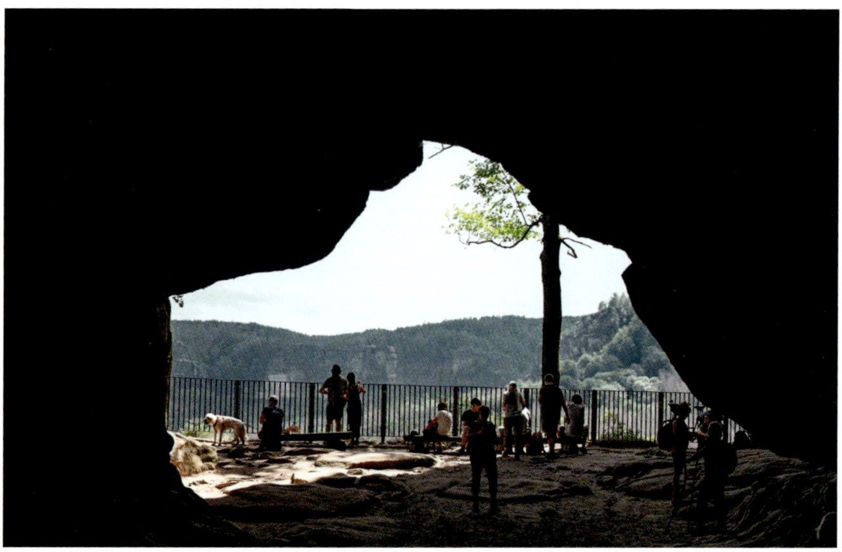

Auch am Kuhstall wartet eine schöne Aussicht.

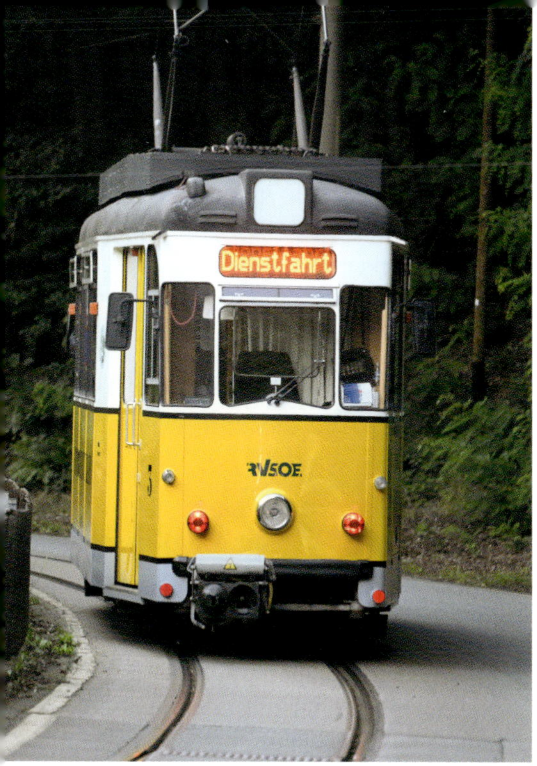

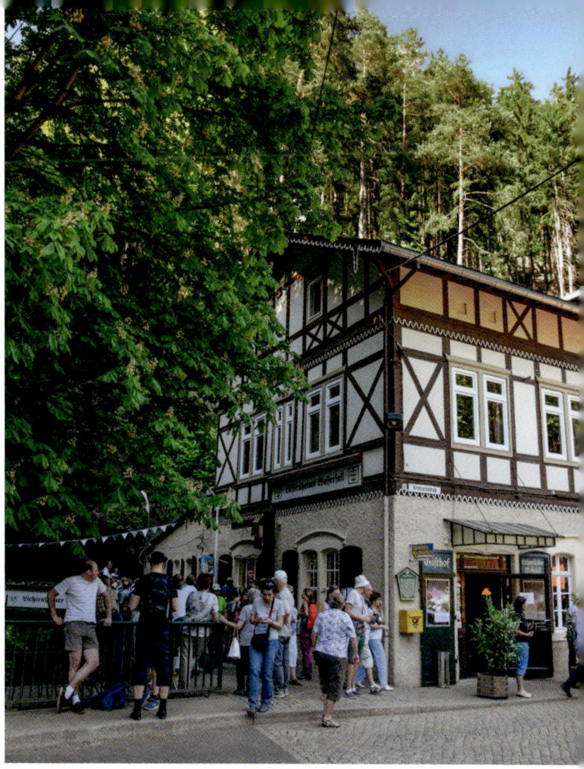

Links: Mit der Überlandstraßenbahn ins Kirnitzschtal

Rechts: Andrang am Lichtenhainer Wasserfall

einem größeren Abstecher den ❹ Carolafelsen zu überqueren. Er ist der höchste Punkt der Affenfelsen und ragt fast 460 Meter in die Höhe.

Auf dem Unteren Affensteinweg gelangen wir durch zahlreiche Kurven waldreich zur Zeughausstraße, an der wir links abbiegen und wieder hinab zum Kirnitzschtal wandern. Wir überqueren den Fluss, wenden uns nach rechts und erreichen nach kurzer Zeit den ❺ Lichtenhainer Wasserfall. Hier haben wir nicht nur die Gelegenheit, der Kaskade zuzuschauen, sondern auch in der angrenzenden Gaststätte einzukehren. Schräg gegenüber befindet sich die Endhaltestelle der Kirnitzschtalstraßenbahn, mit der wir von hier aus bequem nach Bad Schandau fahren könnten. Wir bleiben jedoch auf dem Malerweg, überqueren den Fluss und erreichen den Aufstieg zu einem weiteren sehenswerten und beliebten Punkt im Nationalpark Sächsische Schweiz. Der ❻ Kuhstall präsentiert sich als größte Felsenhöhle der Region und ist satte 11 Meter hoch und 17 Meter breit. Da wir schon mal hier sind, lassen wir es uns nicht entgehen, die Himmelsleiter zu erklimmen, um nach dieser spannenden Engstelle die Aussicht vom Kuhstall auch von weiter oberhalb erleben zu können. Wer sich nicht traut, die schmale Leiter zu benutzen, kann unten an der Gaststätte auf seine Mitwanderer warten. Sie werden über den weiter westlich gelegenen Weg wieder hinabkommen, da die Himmelsleiter sinnvollerweise eine Einbahnstraße ist. Zurück auf dem Malerweg ist es anschließend nun ein Leichtes, bis zu einer Kreuzung zu gelangen, links abzubiegen und ein drittes Mal das Kirnitzschtal zu erreichen. Wieder wenden wir uns nach rechts und folgen dem Fluss nur ein kurzes Stück zu unserem Etappenziel, der Ⓔ Neumannmühle, in der wir uns ein kleines Museum zur Papierherstellung anschauen können.

30

Der Malerweg – Etappe 5

Von Neumannmühle nach Schmilka

Schwer | 5:00 Std. | 670 Hm | 13,3 km

Tourencharakter
Waldreiche Wanderung, die ihren Schwierigkeitsgrad den zahlreichen und deutlichen Anstiegen zu verdanken hat. Dazu gehört die Besteigung des höchsten Berges im Nationalpark Sächsische Schweiz.

Ausgangs-/Endpunkt
Parkplatz an der Neumannmühle im Kirnitzschtal; Etappenziel: Schmilka

Anfahrt
Ab Sebnitz mit dem Bus 269 bis Buschmühle oder ab Bad Schandau mit der Kirnitzschtalstraßenbahn bis zur Endhaltestelle und weiter mit dem Bus 241 bis Neumannmühle. Mit dem Auto von Bad Schandau durch das Kirnitzschtal bis zur Neumannmühle

Gehzeiten
Bis Räumichtmühle 1:15 Std. – Zeughaus 2:15 Std. – Großer Winterberg 4:00 Std.

Beste Jahreszeit
April–Oktober

Einkehr
Berghütte und Wirtshaus Neumannmühle, Neumannmühle Berghütte, Kirnitzschtalstraße 4, 01855 Sebnitz, Tel. 035974/505 65, www.saechsische-schweiz.com; Gasthaus Altes Zeughaus, Zeughausstraße 5, 01855 Sebnitz, Tel. 035974/55 74 44, www.alteszeughaus.de

Eine waldreiche Wanderung genießen wir auf der fünften Etappe des Malerwegs. Sie ist gleichzeitig die östlichste Etappe und auch der Wendepunkt auf dem Fernwanderweg. Von hier aus nähern wir uns wieder dem Ausgangspunkt. Doch zuvor besteigen wir noch einige Felsformationen und Berggipfel, die aus den Wäldern der Hinteren Sächsischen Schweiz in die Lüfte ragen.

An der Ⓐ **Neumannmühle** brechen wir zur zweiten Hälfte des Malerwegs auf. Die fünfte Etappe beginnt so, wie die vierte Etappe endete, nämlich mit einer Wanderung durch das Kirnitzschtal. Es dauert nicht lange, bis wir die Buschmühle erreichen, hinter der wir gleich links abbiegen. Anfangs parallel zum Ottendorfer Dorfbach gehen wir leicht ansteigend in einen Wald, wenden uns aber schon bald scharf nach rechts. Ein Abstecher auf den Arnstein wäre hier möglich, doch oberhalb der Kirnitzsch wandern wir weiter zwischen zahlreichen Bäumen und erkennen besonders auf der linken Seite weitere aufragende Felsen. Einer dieser Kletterfelsen ist der Kleinstein, in dessen unmittelbarer Umgebung sich die ❶ **Kleinsteinhöhle** befindet. Sie ist nach dem Kuhstall das zweitgrößte Felsentor der Sächsischen Schweiz und inspirierte zahlreiche Maler. Den kurzen, aber knackigen Aufstieg zum Kleinstein sollten wir uns auf keinen Fall entgehen lassen. Mittlerweile haben wir an dieser Stelle auch schon die Kirnitzsch verlassen. Ihr Tal zweigte nach Süden ab, während wir weiter nach Osten wandern und uns nun oberhalb des Saupsdorfer Bachs befinden.

Nach einer weiten Rechtskurve gelangen wir in das Tal hinab und überqueren den Saupsdorfer Bach und die Landstraße. Im Tal erreichen wir kurz darauf die ehemalige ❷ **Räumichtmühle**, in der sich heute ein Gasthof befindet. Mit der Räumichtmühle haben wir den am weitesten entfernten Punkt von Pirna, also unseren Ausgangspunkt des Malerwegs, erreicht. Ab hier machen wir kehrt und wandern, grob betrachtet, wieder zurück zum Startpunkt des Malerwegs. Dass wir dabei noch einige Tafelberge erklimmen und die Elbe überqueren, werden wir im Lauf der noch kommenden Etappen feststellen. Doch jetzt sind wir erst einmal hier im Seitental des Kirniztschtals. Da wir dieses jetzt verlassen, geht es sogleich an die nächste Steigung. Hier wenden wir uns vor der Räumichtmühle nach rechts und überwinden einige Höhenmeter auf dem Weg Mühlschlüchte. An einer Kreuzung östlich des 417 Meter hohen ❸ **Kleinen Pohlshorns** haben wir nun den östlichsten Punkt des Malerwegs passiert. Fortan wandern wir auf dieser Etappe überwiegend in westliche Richtung und steuern dabei geradewegs auf das Große Pohlshorn zu, das rund 40 Meter niedriger ist als der zumindest namentlich kleinere Bruder. Nichtsdestotrotz bietet der bewaldete Gipfel eine schönere Aussicht auf die Hintere Sächsische Schweiz. Kurz vor den letzten Metern des Aufstiegs zweigt der Malerweg plötzlich nach links ab und bringt uns teilweise über zahllose Stufen wieder hinab in das Kirnitzschtal. Einmal unten angekommen, überqueren wir den Fluss ein letztes Mal, und zwar über die Dreisteigenbrücke. Anschließend gewinnen wir wieder deutlich an Höhe und erreichen nach einiger Zeit die ❹ **Gaststätte Zeughaus**, die aus einem ehemaligen Forsthaus hervorgegangen ist. Neben der Einkehr im Gasthof haben wir die Möglichkeit, einen Blick in die Informationsstelle des Nationalparks zu werfen.

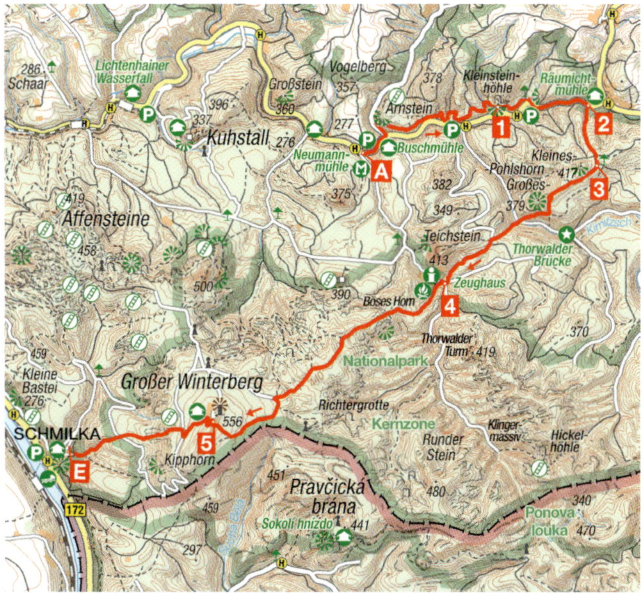

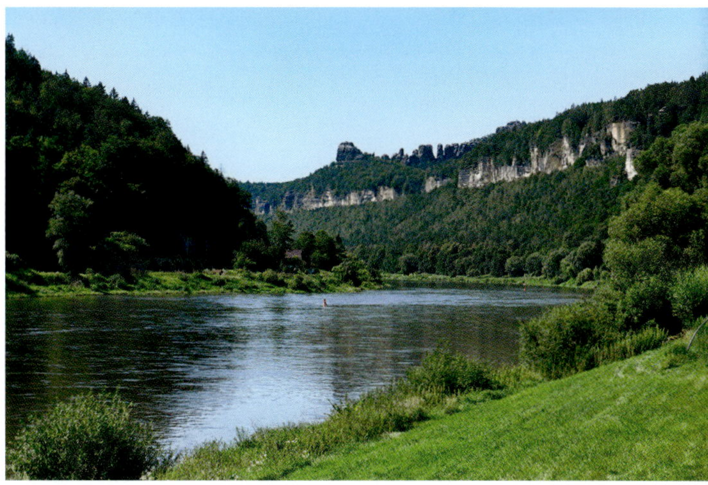

Die Schrammsteine von Schmilka aus gesehen

Eine kleine Einkehrpause schadet an dieser Stelle übrigens nicht, denn nach kurzem Durchatmen geht es nun auf dem Roßsteig weiterhin bergauf. Am Katzenstein halten wir uns halblinks, bis wir nach einem weiteren Aufstieg den höchsten Berg im Nationalpark Sächsische Schweiz erreicht haben. Der ❺ **Große Winterberg** steht mit seinen 556 Metern Höhe an fünfter Stelle der höchsten Berge im gesamten Elbsandsteingebirge und ist nach dem Großen Zschirnstein der größte Berg auf deutscher Seite. Auf dem Gipfel befindet sich neben einem ehemaligen Hotel noch ein Aussichtsturm, von dem man einen Blick auf den Nationalpark hätte. Doch der Betrieb ist derzeit eingestellt und es bleibt abzuwarten, ob es wieder einen Pächter geben wird, der die Anlage öffnet. Auf dem anschließenden Bergsteig geht es zum Teil steil bergab, bis wir die Ortschaft Ⓔ **Schmilka** und damit auch die Elbe wieder erreicht haben.

31

Der Malerweg – Etappe 6

Von Schmilka nach Gohrisch

Schwer 6:30 Std. 700 Hm 17,4 km

Tourencharakter
Steigungsreiche Wanderung, die zunächst durch besiedelte Landschaft verläuft, sich aber zum Ende hin mit der Besteigung vom Papststein und dem Gohrisch steigert und tolle Aussichten ermöglicht.

Ausgangs-/Endpunkt
Fähranleger bei Schmilka bzw. am gegenüberliegenden Ufer an der S-Bahn-Haltestelle; Etappenziel: Gohrisch

Anfahrt
Mit der Regionalbahn bis zur Haltestelle Schmilka-Hirschmühle. Mit dem Auto über die B172 bis Schmilka.

Gehzeiten
Bis Kaiserkrone 1:00 Std. – Kripental 2:30 Std. – Papststein 4:00 Std.

Beste Jahreszeit
Ganzjährig

Einkehr
Verschiedene Einkehrmöglichkeiten in Schmilka; Liethenmühle, Liethenhäuser 3, 01824 Gohrisch, Tel. 035028/802 40, www.liethenmuehle.de; Bergwirtschaft Papststein, 01824 Gohrisch, Auf dem Papststein 1, Tel. 035021/609 56, www.berggast.de

Wir lassen auf dieser Etappe die markanten und rauen Felslandschaften im Nationalpark hinter uns, erleben dafür aber am linken Elbufer die Tafelberge, auf die wir bisher immer nur geblickt haben. Auch wenn die Landschaft sich nun ein wenig verändert, heißt das also nicht, dass das Wandern langweilig wird. Ganz im Gegenteil. Mit der Kaiserkrone, dem Papststein und dem Gohrisch überqueren wir einen Tafelberg nach dem anderen.

Unsere heutige Etappe auf dem Malerweg beginnt mit einer Ⓐ **Schifffahrt** auf der Elbe. Denn mit der Fähre verlassen wir nicht nur Schmilka, sondern auch den rechtselbischen Teil des Elbsandsteingebirges. Wir genießen die ruhige und kurze Überfahrt mit Blicken auf die Felswände an beiden Ufern. Ein bisschen Wehmut kommt auf, wenn wir in der Ferne auf die Schrammsteine schauen, die wir in der Wanderung zwei Tage zuvor durchquert haben. Doch Wehmut ist nicht angebracht, denn wir haben noch drei Etappen auf dem Malerweg vor uns und lernen dabei die Tafelberge des Elbsandsteingebirges näher kennen.

Nach der Ankunft des kleinen Schiffs am linken Elbufer gehen wir ein kurzes Stück neben dem Elbradweg nach links und biegen gleich an der

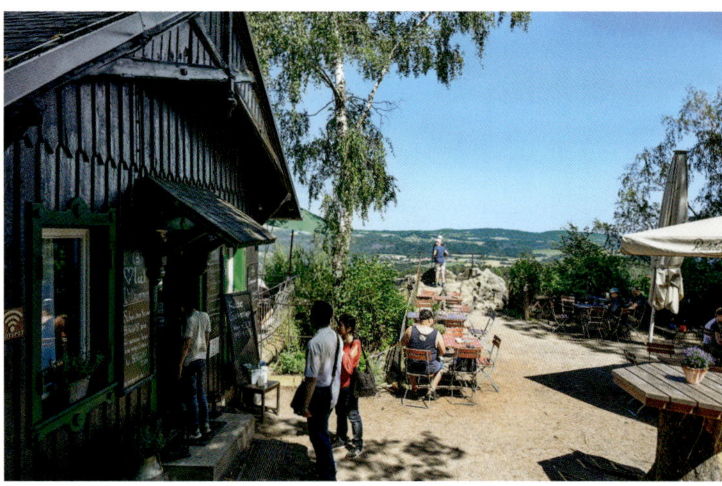

Verdursten muss man auf dem Papststein nicht.

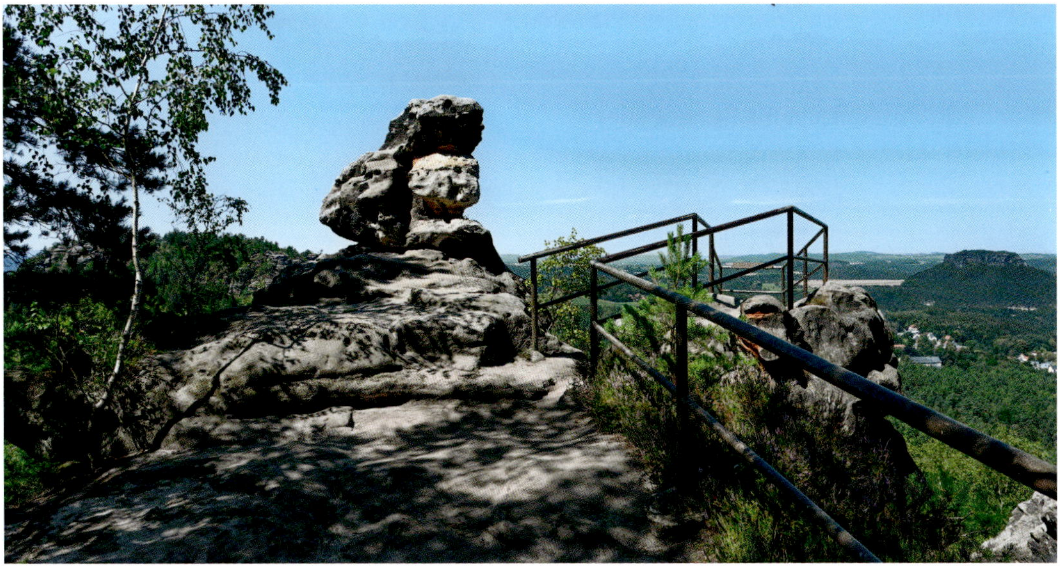

ersten Möglichkeit nach rechts ab, um die Bahngleise zu passieren. Direkt im Anschluss wandern wir auf den Stufen des Aschersteigs steil bergauf. Spätestens hier ist die Wehmut verflogen, wir sind wieder mittendrin im Wanderweg oder im »Flow«, wie man sagt. Nach etwas über 100 Höhenmetern bleibt uns etwas Zeit zum Verschnaufen, oder wir machen noch einen kleinen Abstecher nach rechts auf die ❶ **Kaiserkrone**. Hierfür wären noch einmal knapp 100 Höhenmeter nötig. Belohnt werden wir dafür mit der Aussicht, die vermutlich Caspar David Friedrich hatte, als er sich für sein berühmtes Werk *Wanderer über dem Nebelmeer* inspirieren ließ. Näheres hierzu ist in der Tour des Caspar-David-Friedrich-Wanderwegs nachzulesen (Tour 19).

Immer wieder sieht man den markanten Lilienstein, hier rechts im Bild.

Ansonsten bleiben wir zunächst bodenständiger und durchqueren die Ortschaft Reinhardtsdorf-Schöna auf der Bahnhofstraße, der Hauptstraße und der Straße Am

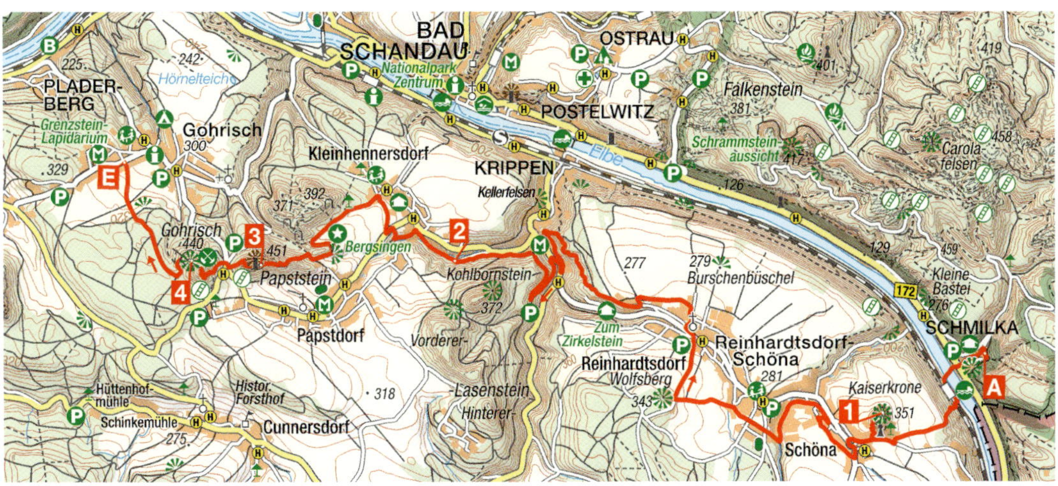

Feldrain, die uns am Ortsrand entlangführt. In einem weiten Linksbogen durchqueren wir den Grundweg und wenden uns in einem kleinen Tal nach rechts. Zwischen Feldern wandern wir in Sichtweite der Besiedlung, passieren einen kleinen Teich und erreichen den Wolfsberg mit dem gleichnamigen Hotel. An der davor verlaufenden Straße biegen wir wiederum rechts ab und durchqueren den kleinen Ort Krippenberg, unter anderem auf der gleichnamigen Straße. Gemütlich wandern wir am nördlichen Ortsrand in Richtung Westen und nähern uns einem Wald. In diesen tauchen wir ein und verlieren wieder ein wenig an Höhe.

Links: Das hier ist noch eine der breiteren Engstellen im Elbsandsteingebirge.

Mitte: Ein Augenschmaus, wie sich die Felsen oft präsentieren.

Rechts: Am Wegesrand erhebt sich die Kirche von Reinhardtsdorf.

Nach diesem kurzen Waldstück gelangen wir in das Krippental und überqueren hier eine Landstraße, bevor wir mit einer deutlichen Steigung bis Kleinhennersdorf weitergehen. Unterwegs passieren wir die ❷ **Liethenmühle**, die uns auch eine willkommene Einkehrmöglichkeit ist. Gleich am Ortseingang von Kleinhennersdorf wenden wir uns nach links in die Liethenhäuser Straße, überqueren die Hauptstraße und gehen in den Alten Schulweg, der halblinks zu sehen ist. Bei der ersten Möglichkeit biegen wir links ab und wandern zunächst am Waldrand entlang. Sobald uns der Wald umschlossen hat, geht es schon wieder bergauf, und das nicht zu knapp. Über zahlreiche Stufen steigen wir bergauf, um das Gipfelplateau des

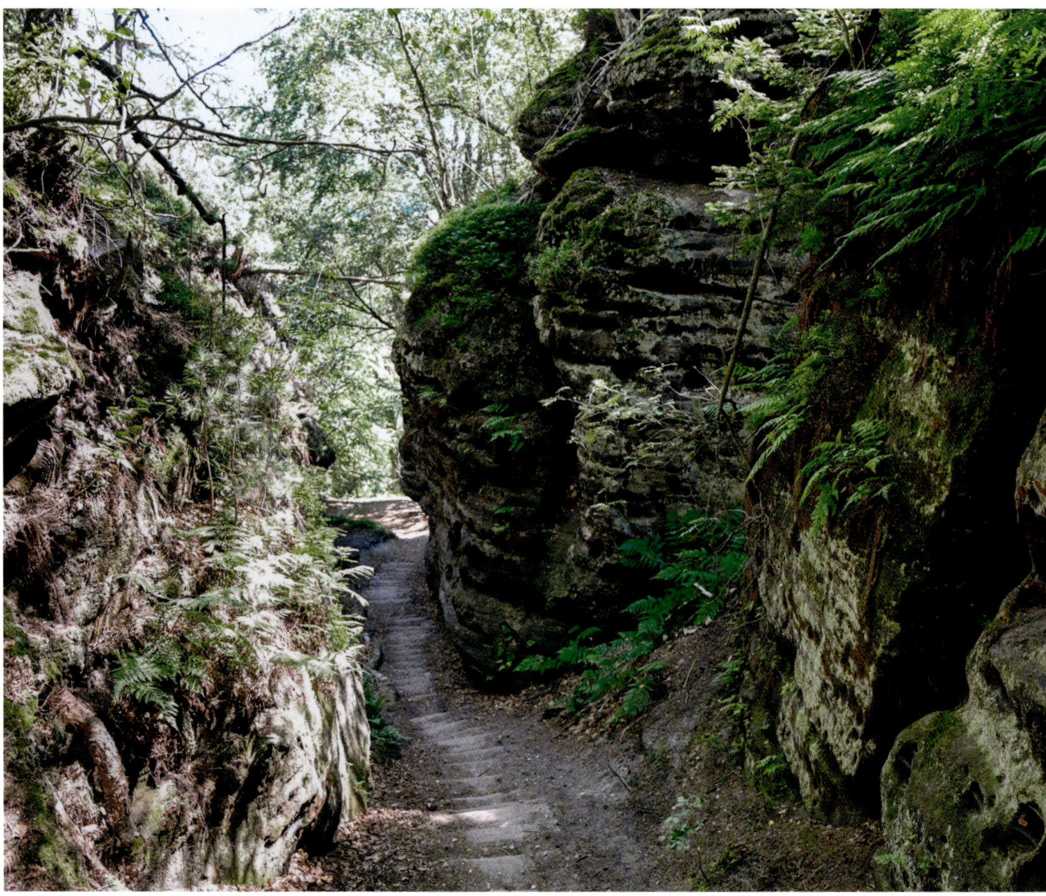

❸ **Papststeins** zu erreichen. Herrliche Aussichten belohnen uns im letzten Teil dieser Etappe für die lange Wanderung. Die Bergwirtschaft auf dem Papststein gibt ihr Übriges, damit wir uns erholen und diesen Abschnitt des Malerwegs ebenfalls in guter Erinnerung behalten werden.

Über weitere Treppen, Stufen und Engstellen geht es an der Westseite des Papststeins wieder hinunter. Am Wanderparkplatz überqueren wir die Straße und starten gleich dahinter den nächsten Aufstieg. In einem weiten Bogen geht es durch den Wald zu den Felsformationen des kleineren Tafelbergs ❹ **Gohrisch**, wo wir ebenfalls faszinierende Ausblicke zwischen steilen Felswänden genießen können. Auf dem Muselweg geht es abschließend bergab und wieder durch den Wald. Wenn wir ihn verlassen, sehen wir vor uns die Häuser unseres Etappenziels Ⓔ **Gohrisch**. Hier verweilen wir, um gleich am nächsten Tag die vorletzte Etappe des Malerwegs in Angriff zu nehmen.

Malerweg

Dem M folgen wir bereits seit vielen Kilometern. Es markiert den 112 Kilometer langen Malerweg, der als Hauptwanderweg durch die schönsten Stellen des Elbsandsteingebirges verläuft. Zahlreiche Maler haben sie in den vergangenen Jahrhunderten auf Leinwand festgehalten, dazu zählen Künstler wie Caspar David Friedrich, Anton Graff, Adrian Zingg, Carl Gustav Carus und viele andere.

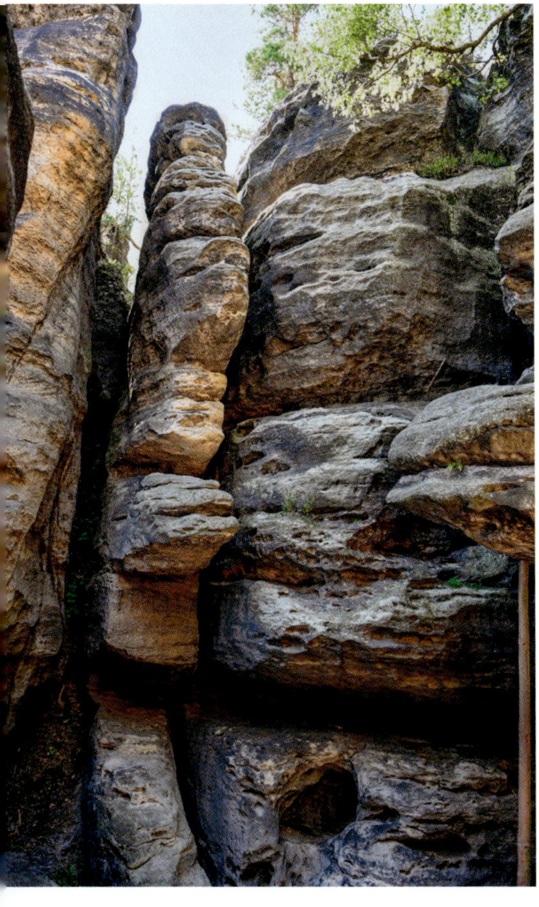

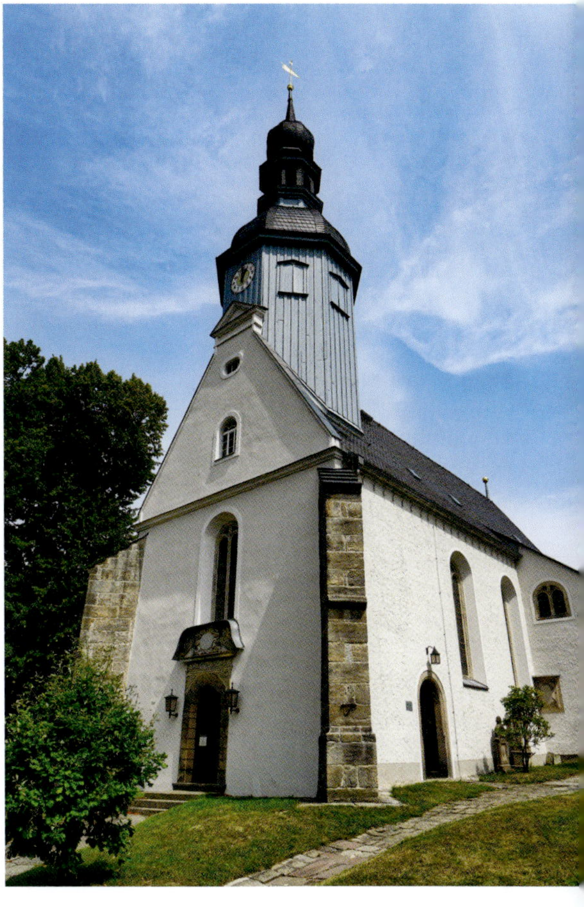

32

Der Malerweg – Etappe 7

Von Gohrisch nach Weißig

Mittel 5:00 Std. 560 Hm 16,1 km

Tourencharakter
Abwechslungsreiche Wanderung, bei der wir im steten Auf und Ab mehrere Tafelberge kennenlernen und die Möglichkeit haben, die prächtige Festung Königstein zu besichtigen.

Ausgangs-/Endpunkt
Parkplatz an der Pfaffendorfer Straße im Kurort Gohrisch; Etappenziel: Weißig

Anfahrt
Mit dem Bus 244 ab Königstein bis zum Parkplatz im Kurort Gohrisch. Mit dem Auto ab Königstein über Landstraßen bis Kurort Gohrisch

Gehzeiten
Bis Papststein 1:30 Std. – Quirl 2:30 Std. – Festung Königstein 3:30 Std.

Beste Jahreszeit
Ganzjährig

Einkehr
Bergwirtschaft Papststein, 01824 Gohrisch, Auf dem Papststein 1, Tel. 035021/609 56, www.berggast.de; Café im Sachsenhof, Bielatalstraße 21, 01824 Königstein, Tel. 035021/99 37 24, www.sachse-dohna.de; Schrägers Gasthaus, Kirchgasse 1, 01824 Königstein, Tel. 035021/683 52, www.schraegers-gasthaus.de; Restauration Festung Königstein, Festung 1, 01824 Königstein, Tel. 035021/644 44, www.festung.com; Adoratio Schokoladenkunst, Am Schloßberg 2, 01796 Struppen, Tel. 035021/996 48, www.adoratio-schokoladenkunst.de sowie weitere Einkehrmöglichkeiten in Königstein

Auf der vorletzten Etappe kommen wir noch einmal ganz schön ins Schwitzen, wenn wir die vor uns liegenden Tafelberge besuchen. Der erste ist der Pfaffenstein, der schon kurz nach Verlassen des Kurorts Gohrisch zu sehen ist. Es folgt der deutlich kleinere Quirl und zum Abschluss der Königstein, der von der mächtigen und gleichnamigen Festung dominiert wird. Zwischendurch genießen wir den Aufenthalt im Ort Königstein direkt an der Elbe. Es gibt also viel zu tun.

Nachdem wir uns in **A Gohrisch** von den Besteigungen der Tafelberge in Etappe 6 erholt haben, machen wir uns nun auf den Weg für weitere Aussichten, Panoramen und Aufstiege. Hierfür wandern wir in Gohrisch auf der Pfaffendorfer Straße nach Westen und gehen wenig später halbrechts in den Alten Schulweg. Damit lassen wir den Hauptort hinter uns und durchqueren ein kurzes Waldstück. Doch dieser erste Aus-

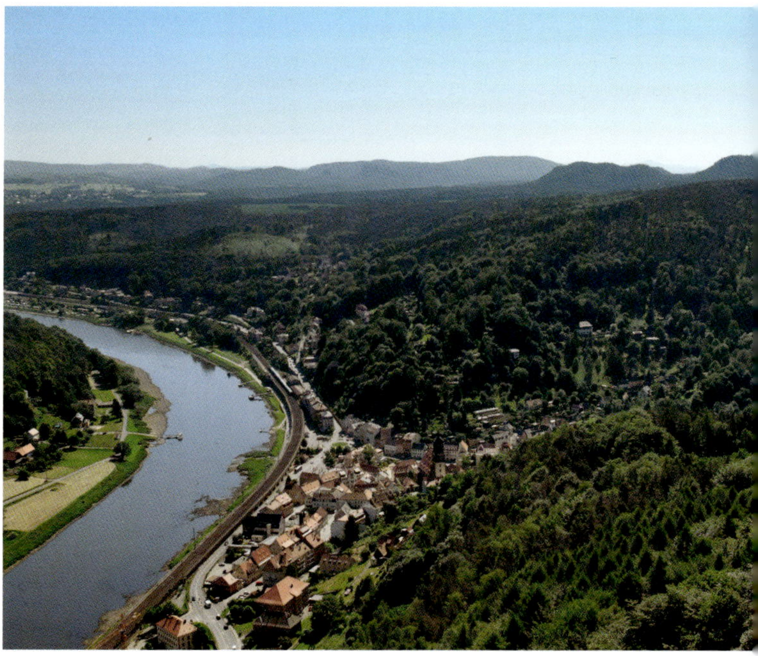

Von der Festung Königstein blickt man auf die Ortschaft unten an der Elbe.

flug in die Natur ist nur von kurzer Dauer. Mit einem leichten Gefälle wandern wir in einem großen Bogen in den Ort Pfaffendorf hinab. Im Süden sehen wir bereits, wie sich hinter den Häusern der Pfaffenstein erhebt. So folgen wir in Pfaffendorf dem Weg zum Pfaffenstein und entscheiden uns an einer Weggabelung für den halblinks abzweigenden Weg.

Königstein

Die Festung Königstein ist beinahe eine kleine Stadt für sich. Ihre Geschichte beginnt als mittelalterliche Burg im 13. Jahrhundert und berichtet von ihrer militärischen, aber auch zivilen Nutzung. Für wenige Jahre zu Beginn des 16. Jahrhunderts wurde Königstein sogar als Kloster genutzt. Heute ist die Festung von einer breiten, 2 Kilometer langen Mauer umgeben, die zwischen und über den zerklüfteten Felsen des Tafelbergs errichtet wurde. Auf ihr kann man die Festung einmal komplett zu Fuß umrunden. Innerhalb der Festungsmauern befinden sich zahlreiche Gebäude, angefangen beim Torhaus, über Mannschaftsbaracken und weitere militärische Bauten bis hin zur Burgkapelle, die das älteste heute noch vorhandene Bauwerk auf dem Berg ist und vermutlich zu Beginn des 13. Jahrhunderts errichtet wurde.

Wir erklimmen die Stufen und Treppen, die uns durch das sogenannte Nadelöhr zwischen zahlreichen und manches Mal engen Felsformationen hinauf zum Plateau bringen. Es erwarten uns eine ❶ Gaststätte, in der wir uns für den weiteren Weg stärken können, und ein angrenzender Aussichtsturm. Ausblicke haben wir aber nicht nur vom Turm, sondern auch von den Felsvorsprüngen an den steil abfallenden Felskanten des Papststeins. Einer dieser Ausblicke geht auf eines der Wahrzeichen des Elbsandsteingebirges. Daher gehen wir zunächst geradeaus durch weitere Engstellen, bis ein schmaler Durchgang zu unserer Linken zu einem Aussichtsbalkon führt und wir dort den Blick auf die markante Felsnadel Barbarine genießen können.

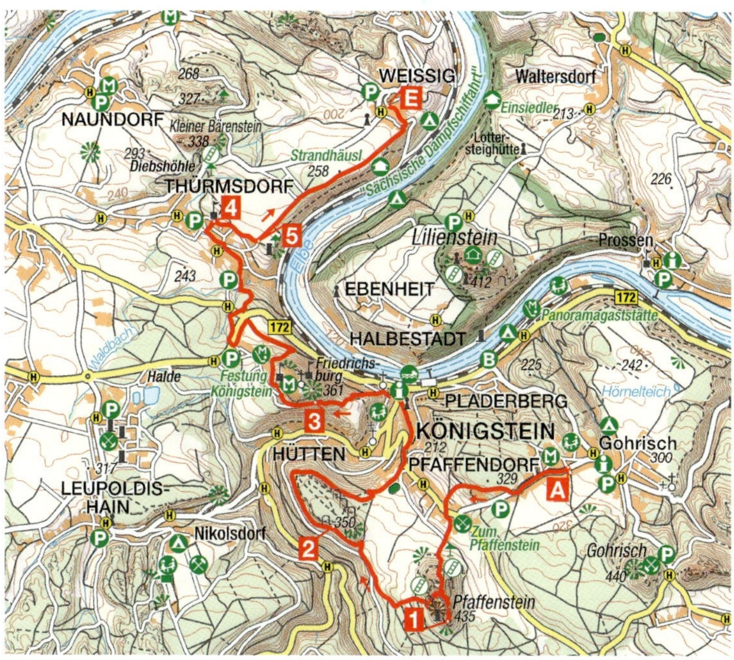

Nach einem Fotostopp an der Barbarine und vielleicht einer Brotzeit auf dem nahe gelegenen Plateau folgen wir dem Malerweg weiter und verlassen den Pfaffenstein in westlicher Richtung. Hierfür gehen wir von der Barbarine wieder durch die Engstellen zurück in das Zentrum des Gipfelplateaus und halten uns vor der Gaststätte bzw. dem Aussichtsturm nach links. Nach der Durchquerung des sogenannten Bequemen Abstiegs sehen wir vor uns bereits mit dem Quirl die nächste Erhebung in der sächsischen Landschaft. Der ❷ **Quirl** ist nicht ganz so hoch und auch nicht sonderlich markant im Vergleich zum Pfaffenstein. Außerdem überqueren wir den Quirl nicht direkt, sondern umrunden sein Plateau fast komplett. Am Fuß des 350 Meter hohen Tafelberges wenden wir uns hierfür scharf nach links. Wer – aus welchen Gründen auch immer – ein wenig Strecke abkürzen möchte, kann hier einfach geradeaus weitergehen und trifft dann wieder auf den Malerweg, auf dem wir den bewaldeten Tafelberg im weiten Bogen umrunden. Für welchen Weg man sich auch entscheidet, im Anschluss an den Quirl wandern wir auf der Straße Pfaffenberg bergab bis in die Ortschaft Königstein, wo wir den Fluss Biela überqueren und auch die Elbe aus nächster Nähe erleben können. Nach einem kleinen Rundgang durch den Ort wenden wir uns vor der Kirche nach links und wandern deutlich bergauf. An der Palmschänke geht es für uns vorbei, bis wir die mächtigen Mauern der beachtlichen ❸ **Festung Königstein** auf dem gleichnamigen Tafelberg erreichen.

Für eine Besichtigung der Festung sollten wir ausgiebig Zeit mitbringen. Aber diese können wir uns ruhig nehmen, denn der Rest der Wanderung wird nicht mehr anstrengend sein. Nach dem Rundgang durch das weitläufige Gelände gehen wir am Parkplatz und dem Panoramafahrstuhl geradeaus vorbei und verlassen den Tafelberg Königstein über die Alte Festungsstraße. Vor der folgenden Bundesstraße 172 wenden wir uns nach links, passieren die Straße nach kurzer Zeit und wandern durch einen Wald bis zur Ortschaft Thürmsdorf. Diese durchqueren wir kurze Zeit, wenden uns aber schon bald nach rechts. Durch die Straße Am Schlossberg verlassen wir den Ort, nachdem wir dem dortigen ❹ **Schloss** einen interessierten Blick zugeworfen haben. Gegenüber besteht übrigens die Möglichkeit, den Wanderrucksack

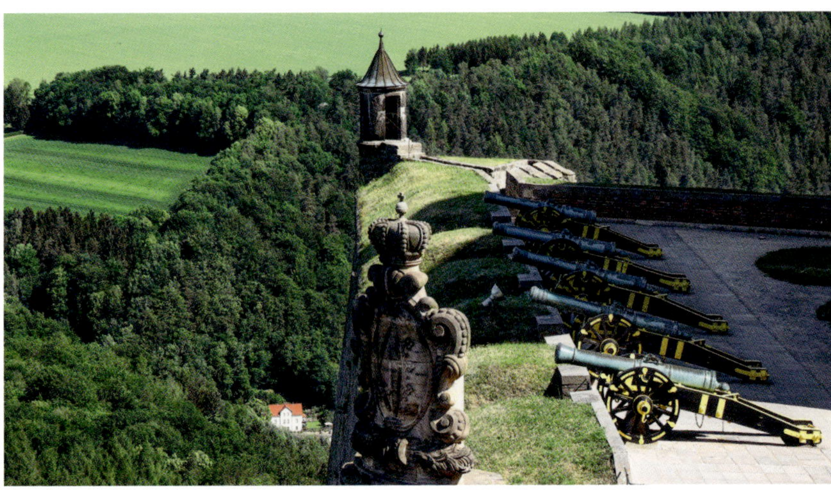

Scharf geschossen wird auf der Festung Königstein nicht mehr.

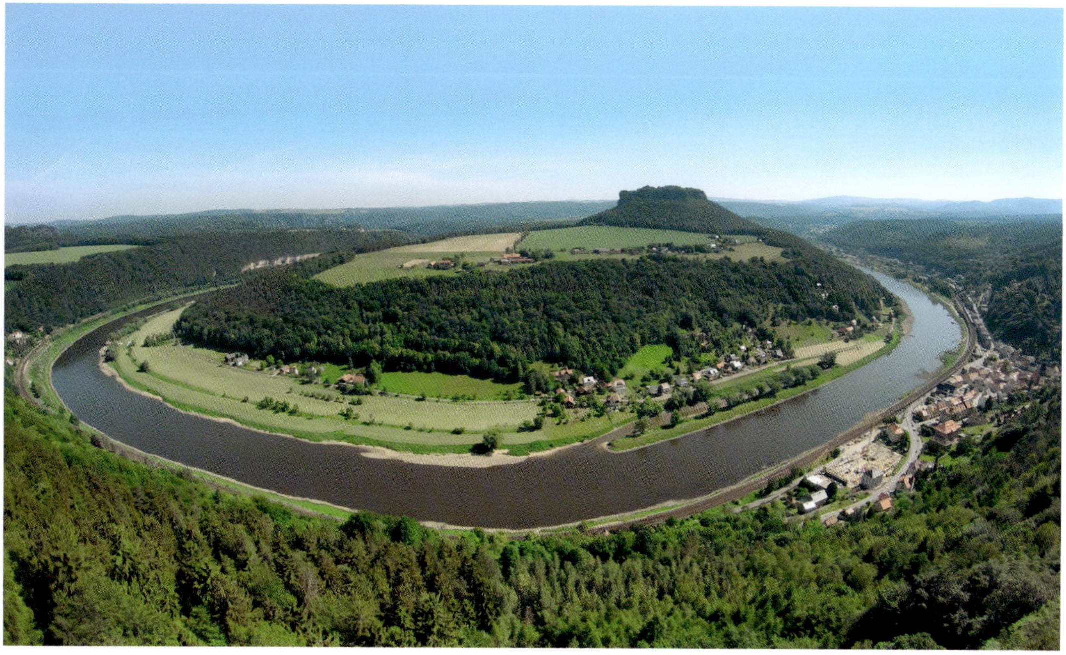

Der Lilienstein und die Ortschaft Königstein von der Festung aus betrachtet.

mit Leckereien aus der Schokoladenmanufaktur aufzufüllen. Wenig später gelangen wir in einer Kurve zum 5 **Biedermann-Mausoleum**, auch Malerweg-Kapelle genannt. Das einstige Mausoleum wurde für Freifrau von Biedermann errichtet, doch nach zahlreichen Plünderungen bettete man sie und ihre Familienangehörigen um. Es folgten ein langer Leerstand und die Umwidmung zu einer Kapelle. Gleich neben dem ehemaligen Mausoleum schuf der Maler Johann Alexander Thiele ein Gemälde, das die Festung Königstein zeigt. Daher wird der Ort auch Thiele-Aussicht genannt. Wenn das Panorama nicht gerade zugewachsen ist, genießen auch wir hier den Blick über das Elbtal hinweg. Anschließend wandern wir oberhalb der Elbe entspannt zwischen Wald und Feld bis zu unserem Etappenziel E **Weißig**.

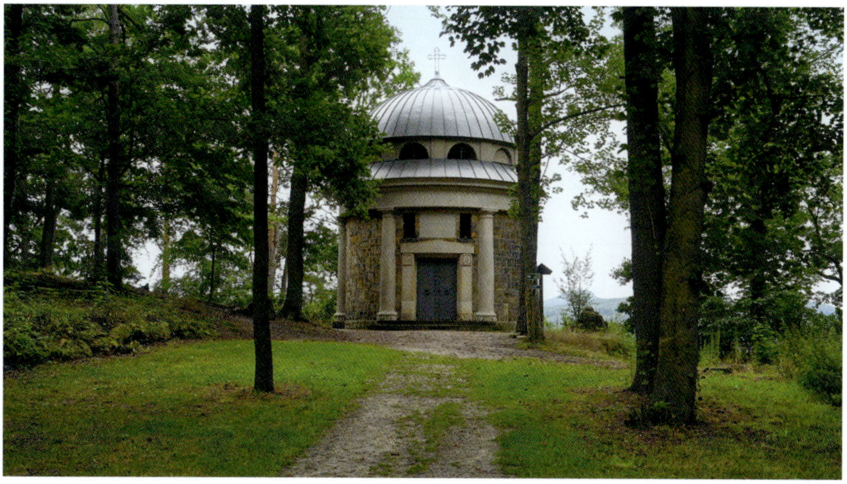

Das Biedermann-Mausoleum erreicht man auf dem Malerweg ganz automatisch.

33

Der Malerweg – Etappe 8

Von Weißig nach Pirna

Leicht | 4:00 Std. | 350 Hm | 13,4 km

Tourencharakter
Einfache Wanderung, die zunächst über den Rauenstein führt und uns wenig später zum Elbufer bringt, wo wir den Fluss ein kurzes Stück direkt am Wasser begleiten.

Ausgangs-/Endpunkt
Parkplatz in der Straße Weißig in Weißig; Etappenziel: Pirna

Anfahrt
Mit der Buslinie 246 von Pirna nach Weißig. Mit dem Auto von der B172 beim Kreisverkehr vor Königstein über Struppen bis Weißig

Gehzeiten
Bis Rauenstein 0:30 Std. – Robert-Sterl-Haus 1:00 Std. – Königsnase 2:30 Std.

Beste Jahreszeit
Ganzjährig

Einkehr
Berggaststätte Fels Rauenstein, 01796 Struppen, Tel. 035021/678 81, www.fels-rauenstein.de; Gasthof Schöne Höhe, Am Bärenstein 18, 01796 Struppen, Tel. 035020/709 31, www.pension-schoene-hoehe.de; Gasthof Obervogelsang, Obervogelgesang 22, 01796 Pirna, Tel. 03501/76 25 88, www.gasthof-obervogelgesang.de; verschiedene Einkehrmöglichkeiten in der Altstadt von Pirna

Die Abschlussetappe des Malerwegs ist für die meisten Wanderer vermutlich die leichteste, aber – und das muss man auch zugeben – landschaftlich nicht ganz so attraktiv wie die anderen Touren, die wir auf dem Malerweg kennengelernt haben. Dafür erleben wir aber noch einmal einen tollen Ausblick von einem der Tafelberge und genießen den Abschluss dieses Fernwanderwegs am Ufer der Elbe, bevor wir zur Stadtbesichtigung in Pirna aufbrechen.

Wir starten in **A Weißig** und verlassen den kleinen Ort am Parkplatz in der gleichnamigen Straße. Dort wenden wir uns hinter dem Parkplatz und vor dem kleinen Waldstück nach links. Unser Weg steigt direkt an und bringt uns auf einem schnurgeraden Abschnitt zum Fuß des Rauensteins. Auf der linken Seite sehen wir hinter den Feldern den Kleinen und den Großen Bärenstein, bekannt aus Tour 8 in diesem Buch. Wir haben ihn auch schon von vielen anderen Aussichtspunkten in der Sächsischen Schweiz aus der Ferne betrachtet. Der fast vollständig bewaldete Tafelberg **1 Rauenstein** fasziniert mit den imposanten Wänden aus Sandstein, die wir beim Marsch über den Kammweg kennenlernen. Hierfür haben wir jedoch wieder zuvor erst noch einige Stufen zu absolvieren, die

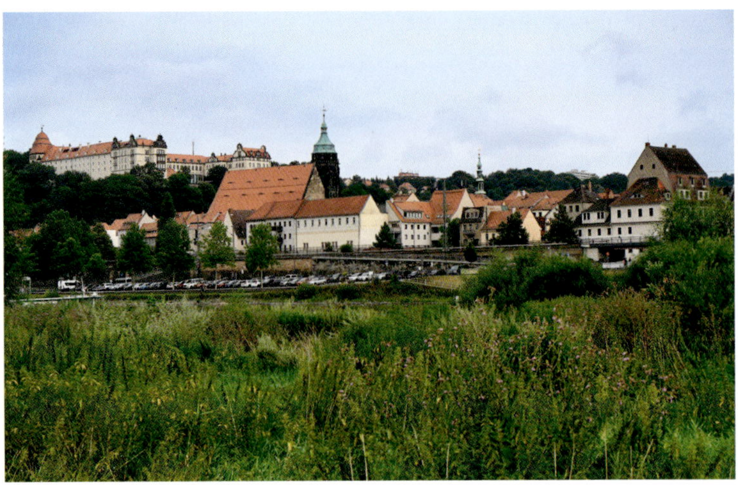

Das Schloss erhebt sich über der Altstadt von Pirna.

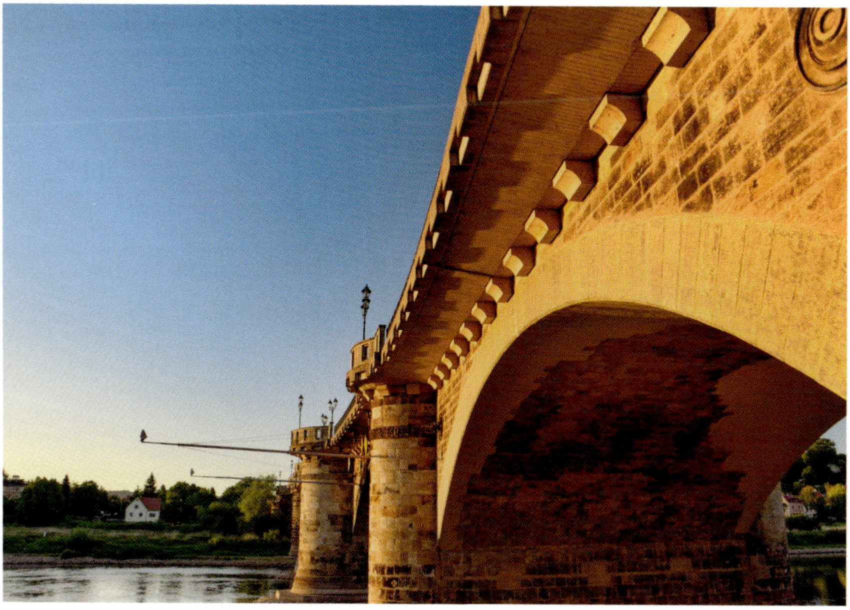

Elbbrücke in Pirna

uns zum Aussichtspunkt Rauenstein bringen, wo zudem noch eine Gaststätte zu einer ersten Rast einlädt. Dem Duft, der aus der Küche strömt, folgen wir gern, denn unsere Wanderung auf dem Malerweg nähert sich spürbar dem Ende und so ist der Rauenstein gute Gelegenheit, die gesamte Tour noch einmal Revue passieren zu lassen.

Schloss Sonnenstein in Pirna

Schloss Sonnenstein liegt oberhalb der Altstadt von Pirna. Das massive Bauwerk wurde im 13. Jahrhundert erstmals erwähnt. Mehrfach war die Burg umkämpft, so im Dreißigjährigen Krieg und Anfang des 19. Jahrhunderts bei der Eroberung durch napoleonische Truppen. Damals bereits als Heilanstalt genutzt, erlangte das Schloss während der Nazi-Diktatur traurige Berühmtheit, als hier Anfang der 1940er-Jahre 13 720 psychisch Kranke und geistig behinderte Menschen umgebracht wurden. Heute erinnert eine Gedenkstätte an diese Verbrechen.

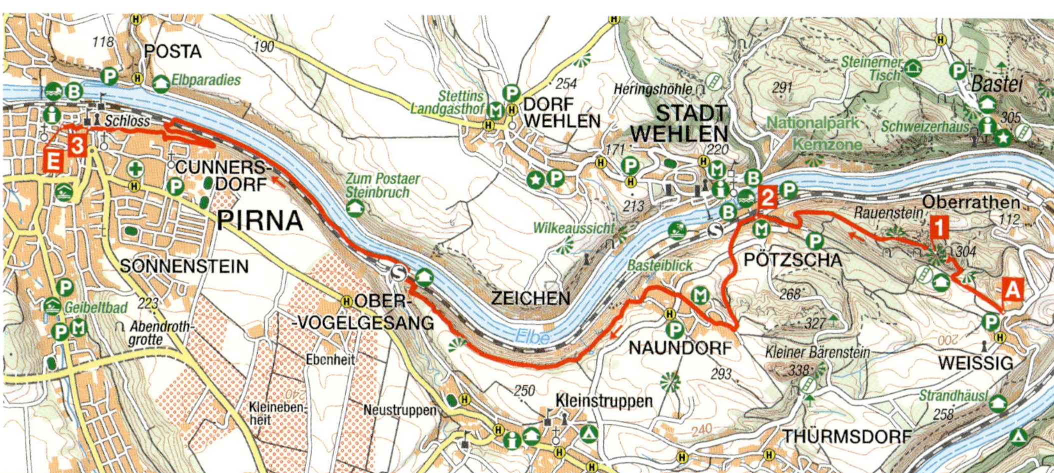

Der Rauenstein ist unser letzter Berg und Aussichtspunkt auf dem Malerweg. Einmal oben angekommen, wandern wir über Metallstege von Fels zu Fels und anschließend in der Folge stets bergab. Dabei tauchen wir in einen Wald ein und lassen den Tafelberg auf dem Rauensteinweg langsam hinter uns. Bei einer gemütlichen Waldwanderung erreichen wir die Robert-Sterl-Straße, an der wir nach links zum ❷ Robert-Sterl-Haus abbiegen. Robert Sterl lebte von 1867 bis 1932 und studierte

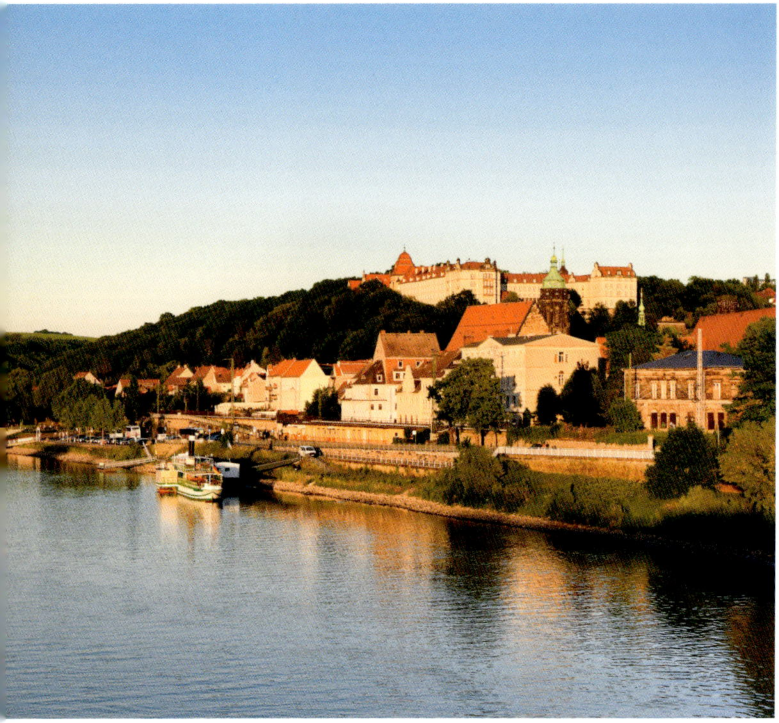

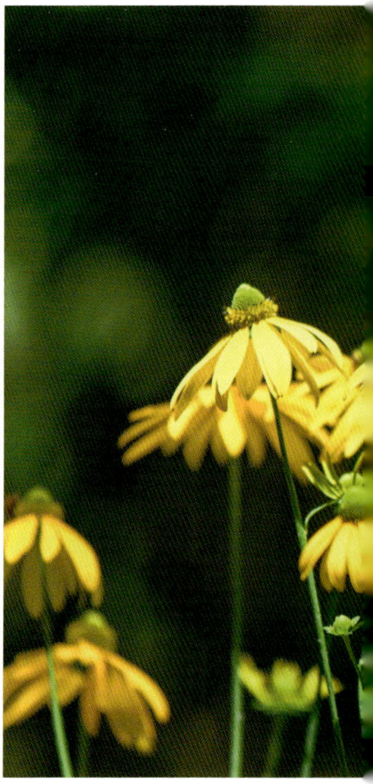

an der Königlichen Akademie der bildenden Künste in Dresden, wo er später auch als Professor unterrichtete. In seinem ehemaligen Wohnhaus werden das Leben und Wirken des Impressionisten vorgestellt. Damit ist es das einzige Malermuseum am Malerweg. Unsere Wanderung auf dem Malerweg führt weiter nach Stadt Wehlen bis zu den Gleisen der Eisenbahnstrecke. Kurz vor dem Bahnhof von Stadt Wehlen verlassen wir das Elbtal und wandern deutlich bergauf. Zwischen Feldern überqueren wir die Robert-Sterl-Straße, bleiben geradeaus und tauchen kurze Zeit später in einen Wald ein, durch den wir die kleine Ortschaft Naundorf erreichen.

An der Straße Am Bärenstein wenden wir uns nach rechts und folgen dieser durch den Ort. Am Ehrenmal überqueren wir die Wehlener Straße, gehen in die Borngasse und folgen dieser bis zu ihrem Ende am Wald, wo wir links abbiegen. Wir wandern nun einige Zeit in einem weiten Bogen oberhalb der Elbe durch den Wald und gelangen zum Aussichtspunkt Königsnase. Dort steigen wir aber nicht sofort zum Elbufer hinab, sondern genießen zuvor noch ein letztes Mal den Ausblick auf den Fluss und sein Tal. Nach dem Abstieg passieren wir den S-Bahnhof Obervogelgesang und gelangen hinter den Gleisen direkt zum Elbufer. Nun wird aus der Wanderung eher ein Spaziergang. Aber diesen genießen wir und bis die ersten Häuser von Pirna erscheinen, bleiben wir der Elbe treu. Übrigens ist es das längste Stück des gesamten Malerwegs, bei dem wir direkt an der Elbe entlangwandern. Nach dieser langen Wanderung auf acht Etappen haben wir uns zum Abschluss auch mal eine so einfache Strecke verdient. Die Felswände des Elbsandsteingebirges liegen hinter uns,

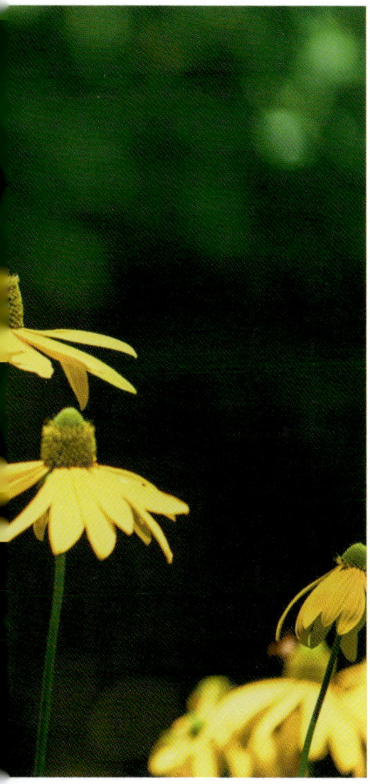

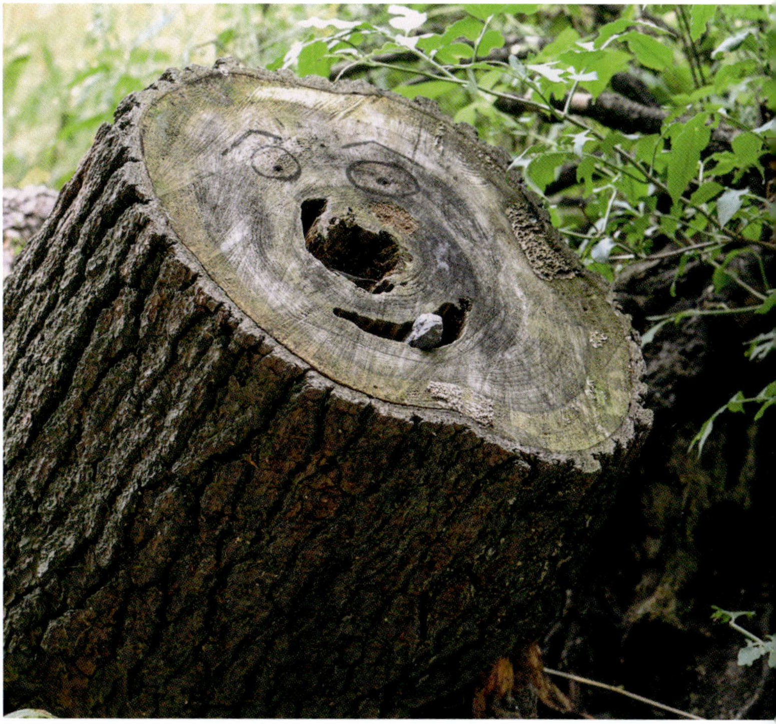

selbst am gegenüberliegenden Ufer der Elbe ist davon nichts mehr zu sehen. Eine Unterführung unter den Gleisen ist uns Zeichen, links abzubiegen und direkt an der ersten Möglichkeit erneut nach links zu gehen.

Links: Abendstimmung am Ende des Malerwegs

Mitte: Unterwegs gibt es natürlich auch viel Natur zu erleben.

Rechts: Ein Emoji der ganz anderen Art

Wir gehen wieder in einen Wald, der uns ein letztes Mal einige Höhenmeter beschert, und wenden uns am Abzweig zum Canaletto-Weg scharf nach rechts. Auf diesem wandern wir unterhalb der Festung Sonnenstein entlang und haben vor uns die ❸ St. Marienkirche fest im Blick. Nachdem wir diese abschließend passieren, erreichen wir den Markt in der Altstadt von Pirna und haben den kompletten Malerweg absolviert. Hier bleiben uns die Besichtigung der kleinen Altstadt und der Besuch des Schlosses sowie der Gedenkstätte Pirna-Sonnenstein, die an ein dunkles Kapitel der deutschen Geschichte erinnert. Wer den Malerweg komplett als Rundwanderung erleben und zum Ausgangspunkt der Etappe 1 wandern möchte, überquert die Elbe entweder mit der kleinen Fähre nach Pirna-Copitz oder über die nahe gelegene Brücke. Von dort geht es dann über die Hauptstraße und kleinere Nebenstraßen zurück zum Ⓔ Liebethaler Grund.

Für jeden Tag die richtige Tour

			in h	Hm	km											
1	●	Barbarine	02:30	470	5,6 km	●	●	●			●		●			
2	●	Gelobtbachtal	05:00	470	18,6 km	●	●	●		●			●			
3	●	Schrammsteine	05:00	560	13,6 km	●	●	●		●			●			
4	●	Panoramarunde	04:00	330	11,9 km	●	●	●		●			●			
5	●	Tafelberge	02:30	440	5,2 km	●	●	●	●		●		●			
6	●	Uttewalder Grund	02:30	190	7,8 km	●	●	●			●		●			
7	●	Kirnitzschklamm	05:00	490	13,3 km	●	●	●			●		●			
8	●	Bärenstein	04:30	450	12,6 km	●	●	●	●		●		●			
9	●	Winterstein	05:00	580	13,5 km	●	●	●			●		●			
10	●	Großes Pohlshorn	04:00	660	12,5 km	●	●	●			●		●			
11	●	Schwedenlöcher	03:30	480	9,3 km	●	●	●	●		●		●			
12	●	Häntzschelstiege	04:30	650	9,8 km			●			●		●		●	●
13	●	Starke Stiege	04:00	700	10 km	●		●			●		●		●	●
14	●	Kohlbornstein	04:00	470	11,4 km	●	●	●	●	●			●			
15	●	Polenztal	03:30	420	14,2 km	●	●	●	●		●		●			
16	●	Linkselbische Tafelberge	07:30	700	21,5 km	●		●		●			●			
17	●	Rathen zur Bastei	03:30	330	10,6 km	●	●	●			●		●			

Nr.		Tour	Gehzeit (in h)	Hm	Länge	Einkehr	kindergeeignet	Sehenswürdigkeit	wintergeeignet	viel Sonne	schattiger Weg	Baden	ÖPNV	Mehrtagestouren	Klettersteig	Klettern
18	●	Hoher Schneeberg	07:00	630	25,6 km	●		●	●		●		●			
19	●	Kaiserkrone	04:00	410	14,4 km	●	●	●	●	●			●			
20	●	Böhmerwald	06:00	480	15,4 km	●	●	●	●	●						
21	●	Kögler Naturpfad	08:00	700	21,8 km	●		●	●		●					
22	●	Katzfels	03:00	400	13,8 km	●	●	●			●	●	●			
23	●	Lilienstein	04:30	600	15,7 km	●	●	●			●		●			
24	●	Prebischtor	03:30	400	7,3 km	●	●	●	●		●		●			
25	●	Bielatal	02:30	250	7,7 km	●	●		●		●		●			
26	●	Malerweg – Etappe 1	04:30	220	11,8 km	●	●	●	●		●		●	●		
27	●	Malerweg – Etappe 2	05:00	500	11,2 km	●	●	●			●		●	●		
28	●	Malerweg – Etappe 3	04:00	520	14,6 km	●	●	●			●		●	●		
29	●	Malerweg – Etappe 4	07:00	670	17,7 km	●	●	●			●		●	●		
30	●	Malerweg – Etappe 5	05:00	670	13,3 km	●	●	●			●		●	●		
31	●	Malerweg – Etappe 6	06:30	700	17,4 km	●	●	●	●	●			●	●		
32	●	Malerweg – Etappe 7	05:00	560	16,1 km	●	●	●	●		●		●	●		
33	●	Malerweg – Etappe 8	04:00	350	13,4 km	●	●	●	●		●		●	●		

Piktogramme erleichtern den Überblick

- Länge
- Höhenunterschied hinauf/hinab
- Gehzeit
- Einkehr
- kindergeeignet
- Sehenswürdigkeit
- wintergeeignet
- viel Sonne
- schattiger Weg
- Baden
- ÖPNV
- Mehrtagestouren
- Klettersteig
- Klettern

PS:

Jede Menge Lieblingstouren

Falls Sie mich nach meiner persönlichen Lieblingstour fragen, dann kann ich das nur schwer beantworten. Alle Touren haben natürlich ihren besonderen Reiz. Doch in der Tat gibt es auch für einen wandernden Buchautor Augenblicke, die schöner sind als andere.

Besuch bei der steinernen Katze

So hat mir zum Beispiel die Wandertour zum Katzfels sehr gut gefallen. Es kommt ja sonst auch nicht allzu oft vor, dass man beim Besteigen eines Aussichtspunktes von einer in Stein gemeißelten Katze begrüßt wird. Diese Tour war zudem überraschend wenig besucht, obwohl es zur selben Zeit anderenorts verhältnismäßig voll war. Gut besuchte Spots lassen sich übrigens auch durch frühes Aufstehen oder auch durch spätes Wandern sehr gut vermeiden.

Für Frühaufsteher und Langschläfer

Beim späten Wandern sollte man natürlich den Einbruch der Dunkelheit nicht falsch kalkulieren. Aber gerade zu diesen Zeiten, kurz nach Sonnenaufgang oder kurz vor Sonnenuntergang, ist man selbst auf der Basteibrücke unter Umständen (fast) alleine unterwegs. Hinzu kommt, dass man gleichzeitig eine wunderbare Atmosphäre mit tollem Licht genießen kann. Und eben dann ist es beinahe egal, von welchem Felsen oder von welchem Tafelberg aus man die Landschaft überblickt – es ist dann überall schön.

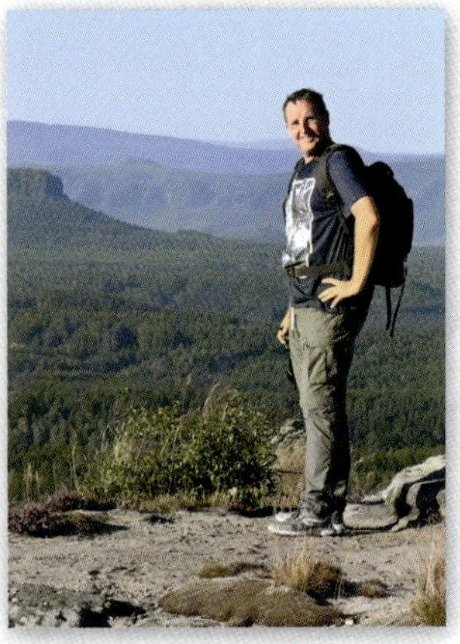

Ich wünsche Ihnen viel Freude beim Wandern und grüßen Sie bitte die Katze von mir.

Ihr Michael Moll

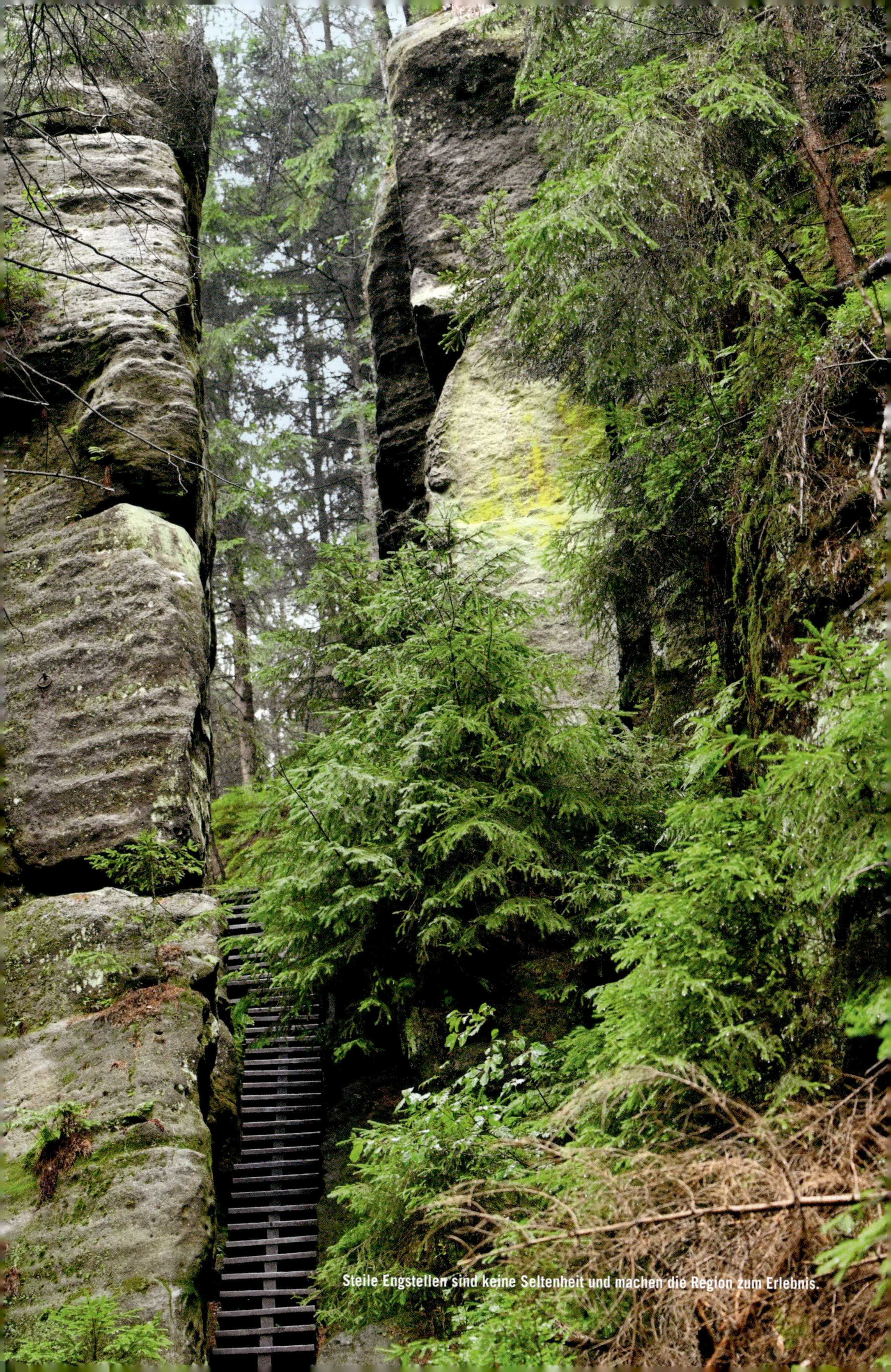

Steile Engstellen sind keine Seltenheit und machen die Region zum Erlebnis.

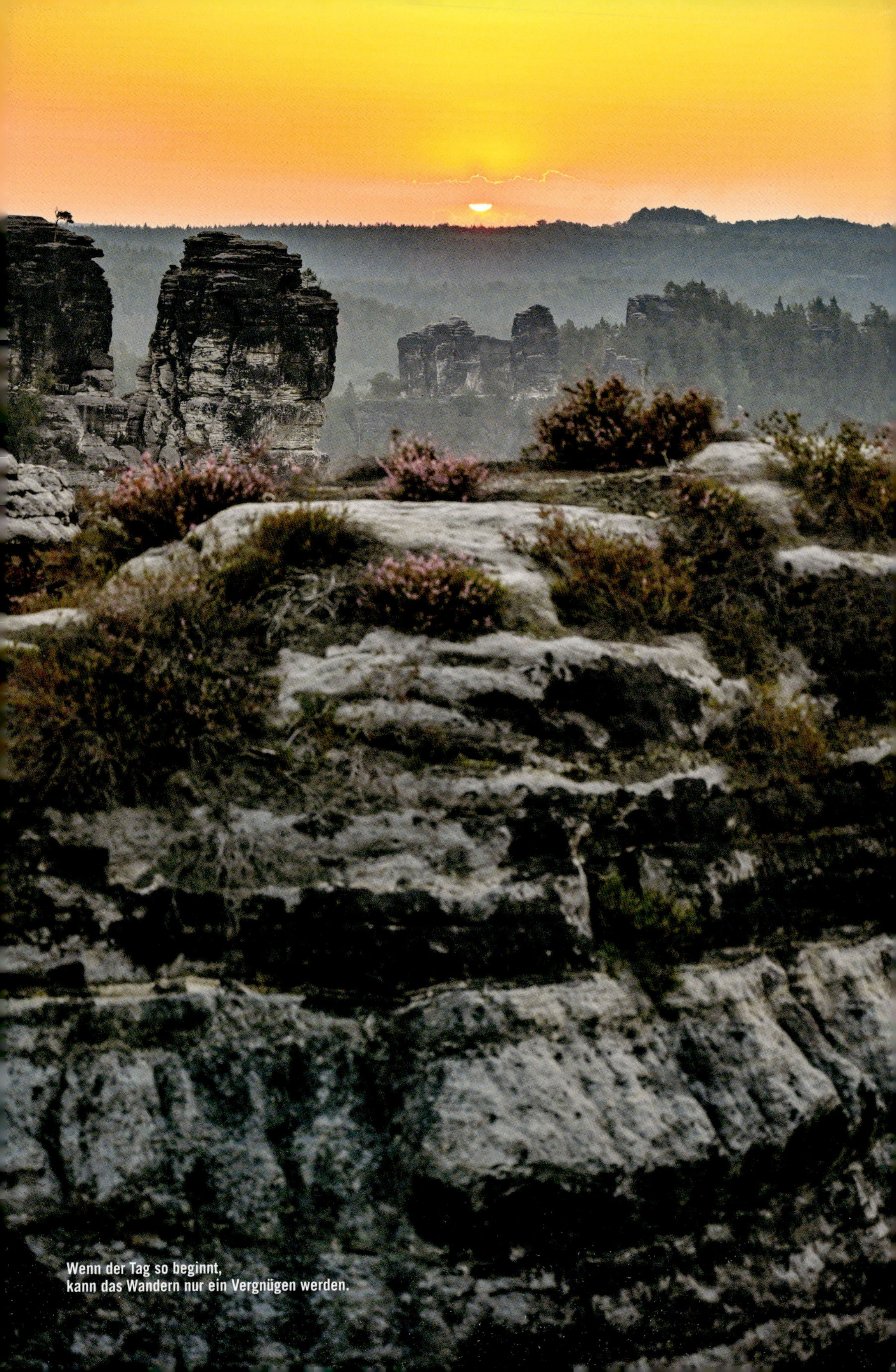

Wenn der Tag so beginnt,
kann das Wandern nur ein Vergnügen werden.

Register

Ebenfalls erhältlich ...

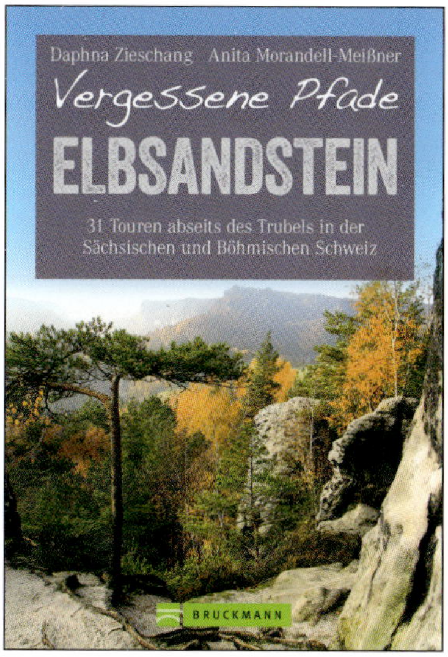

ISBN 978-3-7343-1063-8

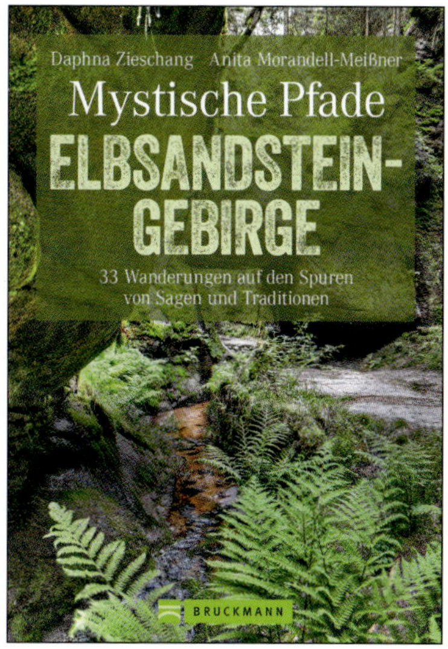

ISBN 978-3-7654-5933-7

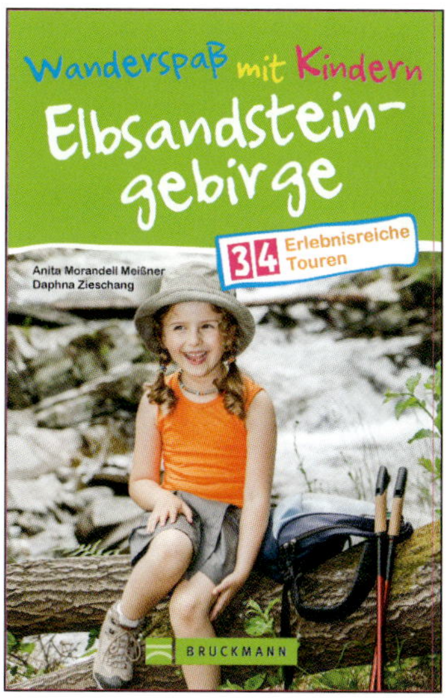

ISBN 978-3-7343-1320-2

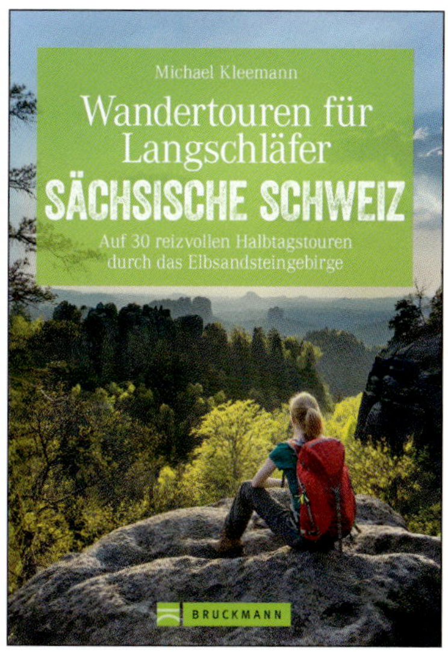

ISBN 978-3-7654-8270-0

Impressum

Verantwortlich: Stefanie Krüger
Layout: BUCHFLINK Rüdiger Wagner, Nördlingen
Korrektorat: Eva Ebenhoch
Umschlaggestaltung: Rudi Stix
Repro: Cromika
Kartografie: Bruckmann Verlag GmbH
Herstellung: Stephanie Schlemmer
Printed in Slovenia by Florjancic

★★★★★

Sind Sie mit diesem Titel zufrieden? Dann würden wir uns über Ihre Weiterempfehlung freuen.
Erzählen Sie es im Freundeskreis, berichten Sie Ihrem Buchhändler, oder bewerten Sie bei Onlinekauf. Und wenn Sie Kritik, Korrekturen, Aktualisierungen haben, freuen wir uns über Ihre Nachricht an Bruckmann Verlag, Postfach 40 02 09, D-80702 München oder per E-Mail an lektorat@verlagshaus.de.

Unser komplettes Programm finden Sie unter www.bruckmann.de

Alle Angaben dieses Werkes wurden vom Autor sorgfältig recherchiert und auf den neuesten Stand gebracht sowie vom Verlag geprüft. Für die Richtigkeit der Angaben kann jedoch keine Haftung übernommen werden, weshalb die Nutzung auf eigene Gefahr erfolgt. Insbesondere bei GPS-Daten können Abweichungen nicht ausgeschlossen werden. Sollte dieses Werk Links auf Webseiten Dritter enthalten, so machen wir uns die Inhalte nicht zu eigen und übernehmen für die Inhalte keine Haftung.

In diesem Buch wird aus Gründen der besseren Lesbarkeit das generische Maskulinum verwendet. Weibliche und anderweitige Geschlechteridentitäten werden dabei ausdrücklich mitgemeint, soweit es für die Aussage erforderlich ist.

Empfehlung der Redaktion: Sie sind auf der Suche nach weiterführender Literatur? Dann empfehlen wir Ihnen den Titel »Mystische Pfade Elbsandsteingebirge« von Daphna Zieschang und Anita Morandell-Meißner. Oder Sie werfen einen Blick in die Zeitschrift BERGSTEIGER. Hier werden Sie bestimmt fündig.

Bildnachweis: Alle Bilder im Innenteil stammen vom Autor.
Umschlagvorderseite: Grenzüberschreitende Felslandschaften, hier von den Tyssaer Wänden in Tschechien, Tour 18
Umschlagrückseite: Frühmorgendlicher Ausblick an der Basteibrücke, Tour 27

Die Deutsche Nationalbibliothek verzeichnet diese Publikation in der Deutschen Nationalbibliografie; detaillierte bibliografische Daten sind im Internet über http://dnb.d-nb.de abrufbar.

ISBN 978-3-7343-1338-7